U0120509

孙英刚————著

隋唐

文明的转向

图书在版编目（CIP）数据

隋唐：文明的转向/孙英刚著.—上海：上海古
籍出版社,2023.10
ISBN 978-7-5732-0874-3

Ⅰ.①隋… Ⅱ.①孙… Ⅲ.①中国历史—研究—隋唐
时代 Ⅳ.①K240.7

中国国家版本馆CIP数据核字（2023）第177554号

隋唐·文明的转向

孙英刚 著

上海古籍出版社出版发行

（上海市闵行区号景路 159 弄 1-5 号 A 座 5F　邮政编码 201101 ）

（1）网址：www.guji.com.cn

（2）E-mail: guji1 @ guji.com.cn

（3）易文网网址：www.ewen.co

上海中华印刷有限公司印刷

开本 787×1092　1/16　印张 25　插页 4　字数 324,000

2023 年 10 月第 1 版　2023 年 10 月第 1 次印刷

印数：1—10,100

ISBN 978-7-5732-0874-3

K·3467　定价：128.00 元

如有质量问题,请与承印公司联系

目 录

导　言

如果我们穿越回唐朝，站在长安的天街上，会如何看待这个时代和这个文明呢？直观的感受恐怕会与我们作为后人用倒放电影式的概括不同。在中国数千年文明史中，唐朝占有不可忽视的地位，甚至被描述为中国的黄金时代。桥水基金的创始人达里奥（Ray Dalio）精于用历史周期做投资决策，在他看来，唐朝是中国文明的一个高峰，而之后的宋文明，虽然精致，却是一个长长的 B 浪反弹，酝酿着更大规模的下跌。

那么我们如何来概括唐朝呢？我想用下面五个词来描述：

第一个词是"世界主义"。"世界主义"（Cosmopolitanism）是半个世纪以来中外学者最常用来描述唐朝的概念。比如《剑桥中国史》的主编杜希德（Denis Twitchett）早在 1973 年出版的《唐代概观》（*Perspectives on the T'ang*）中就用"世界主义"来概括唐代的中国文明，而日本著名的唐代史学者气贺泽保规教授也以"绚烂的世界帝国"来描述唐朝。这种世界主义的特质是浑厚、包容，其以海纳百川的气度再造了中国文明，进而带来了宗教、文化、制度、知识的璀璨和辉煌。唐代尤其是盛唐之前，华夷之辨并不占据主流。唐太宗认为四海之内不论华夷，都是自己的子民。彼时盛行的佛教强调众生平等，部分化解了传统"士农工商"的四民结构以及华夷之间的壁垒。更为典型的例子就是粟特人（Sogdian）。这些被称为昭武九姓（康、安、曹、石、米、何、火寻、戊地、史）的族群，"利所在无不至"，是丝绸之路上的贸易担当。他们不但连通了中国和域外的商业网络，还充当了大唐的使节、将士、音乐人、画家等，给大唐文化注入了新鲜血液。比如随着龟兹等地的中亚音乐的传入，宫、商、角、徵、羽中土五音音律的固有缺陷被不断挑战，"琵琶及当路，琴瑟殆绝音"——以琴瑟、钟磬为乐器的时代过去了，音乐进入了新的时期。又如武则天时期，一个叫安金藏的粟特人，本是太常乐人，为了保护当时的皇储李旦，剖腹以证皇储不曾谋反，被称为"烈士"。安史之乱后中国文明逐渐走向民族主义，而粟特人却逐渐融入汉人之中，这或许是中国人善于做生意的部分基因来源。

第二个词是"佛教帝国"。如果我们把隋唐和其他朝代相比较，就会发现那是一个佛教繁荣的时代，唐朝可谓是一个"佛教帝国"。上至政治宣传、意识形态，下到日常生活、节日习俗，都能看到佛教的影响。大唐的长安和洛阳的天际线被佛塔所装点，人们的心灵被笼罩在佛光下。佛教在亚洲的兴起与传播，是人类历史上的一件大事。它不但带来了宗教信仰的传入与传出、政治意识形态的冲突与融合，也带来了几乎全面的知识和观念的革新：地理知识、宇宙观、生命轮回、语言系统、新的艺术形式、风俗习惯、城市景观等。这种文化融合和再造，不只是"取塞外野蛮精悍之血，注入中原文化颓废之躯"，更是高度发达的知识和信仰体系之间的磨合。仅仅从政治史的层面讲，佛教对未来美好世界的描述，以及对理想的世俗君主的界定，在数百年中，对当时中土政治的理论和实践都产生了重要的影响，包括政治术语、帝国仪式、君主头衔、礼仪革新、建筑空间等方面。武则天正是在佛教繁荣的背景下，才能以佛教转轮王的身份登上皇位。又比如从城市空间的角度看，佛教兴起之前的中国城市，基本上分为"官""民"两种空间，像用于国家祭祀的礼仪空间老百姓是进不去的。佛教的出现，在官—民的结构之外，提供了双方都可以去的近乎公共空间的场域；城市空间在世俗空间之外，也出现了宗教（神圣）空间。从《两京新记》中，我们可以生动地读出这种变化带来的城市活力。如果我们对比汉朝的长安和唐朝的长安，就会发现，这是两个完全不同的城市——唐朝的长安是一座佛教都市。

唐代的中国，在宗教信仰上处于文化优势地位，佛教已经成为中国文明的一部分，而且是中国思想世界最为复杂繁密的一部分，唐朝也已经成为当时整个佛教世界的中心。正如近代以来欧洲传教士到东方传教，唐代时中国佛教强势对外传教，比如日本把佛教引入本国，各大宗派都视长安的某个寺院为自己的祖庭。佛教对日本文明的再造起到非常大的作用，直到现在仍然是日本人重要的心灵家园。佛教的传入也为中国带来了新的艺术形式和艺术主题，敦煌莫高窟、龙门石窟等，都是人类文明的瑰宝。除了佛教，还有三夷教（景教也就是基督教的聂斯托利派、摩尼教、祆教或者琐罗亚斯德教）也传入中国，让大唐文明呈现出浑厚璀璨的景象。

第三个词是"贵族政治"。你如果穿越回唐朝，可能会发现出身很重要。所以我们在隋朝和唐代前期，看到了大量权势熏天的皇子政治集团：隋朝的晋王杨广夺取了太子杨勇的储位；唐朝的秦王李世民发动玄武门政变，杀死了自己的兄长和弟弟，夺取了皇位；唐太宗的几个儿子也跃跃欲试，觊觎着最高权力。各大家族各自下注，甚至两边下注，希望能延续自己的政治地位。甚至外姓的武则天夺取了李唐皇权，成为中国历史上唯一的女皇帝。唐前期，几乎没有一个太子能够顺利继承皇位，最终真正继承大统的往往是残酷宫廷斗争的胜利者。初唐波谲云诡的政治斗争，催生了一大批个性鲜明的政治人物，中晚唐的政治史同样很精彩。马克斯·韦伯（Max Weber）在《政治作为一种志业》中认为，皇权与贵族权的斗争使得皇权要引进新的政治力量。比如，中晚唐时宦官的崛起，他们的权力来自皇帝，是皇权的延伸；又如僧侣，中世纪欧洲的教士识文断字，具有行政处理能力，同时恪守独身的原则，切断了跟大家族的联系，而在中国，佛教僧侣在特定情况下也成为皇权的重要支持者。

第四个词是"律令制社会"。唐朝是一个律令社会，非常讲究律法和制度。从制度创新上说，它进一步发展的三省六部制、科举制度等，对周边文明都有影响。我们以前对科举制度有非常多的批评，甚至认为它影响了中国的现代化，实际上这种批评是很不公平的。如果放在整个人类文明史上看，科举制度可以说是非常重要的发明，也是中国对人类历史非常大的贡献。说到底，科举制度是一种文官考试制度，近代英国开始进行文官考试制度的时候，考试的内容还不如我们的科举制度——英国考《圣经》。所以问题不在于制度本身，而在于其具体的社会功用以及政治功用。考试的内容是大家诟病的地方，但制度本身是非常重要的发明。唐代的科举制度在最初并没有改变贵族社会的本质，相比寒门子弟，士族子弟拥有更多的资源和优势准备考试，让科举变成有利于自己的新的游戏。但是随着时间的推移，科举在唐朝之后培养了一大批具有人文主义精神的士大夫阶层，他们的崛起，取代了以前依靠家族出身决定政治前途的贵族阶层。

自汉魏之际到盛唐的四百余年中，法制领域出现了一个连绵不绝且逐浪高涨地强调法典作用和地位的历史运动。法典作用和地位的持续上升，至唐永徽二年（651）及开元二十五年（737）臻于顶点。安史之乱以后制定法运动迅速跌落：法典修订长期停滞，《律》《令》成为具文，形形色色的敕例反而成为司法过程中最为重要的依据。历晚唐五代及于宋初而再度向近乎秦汉旧式《律》《令》体制发展的轨道复归。简单地说，初唐的律法具有一定权威，甚至能平衡皇权，唐太宗非常强调法律的严肃性，抑制"朕即法律"的冲动，这是大唐盛世法律基础；但是之后皇帝的"王言"又压倒了律法，成为最权威的法律来源。

第五个词是"神文时代"。从汉代到隋唐，虽然学术与思想几经变革，但是就政治论述而言，总归不脱神文主义的总体架构。纬学为经学的重要组成部分，当时许多其他知识体系，比如天文、气象、音律、历法、祥瑞灾异、阴阳五行，乃至许多信仰体系如佛教、道教，无不与其紧密相关。这些知识和信仰系统共同构成了中古时代的知识世界和信仰世界。在中古时代弥漫的天人感应、阴阳五行的知识体系中，人类世界是天命秩序的反映，晚至唐代，这种宇宙观依然在学术和思想上占据显著的位置。我们会看到唐代政治操作中频繁出现天象、祥瑞、灾异等讨论，一点都没有自欺欺人的意思。包装皇权、打击政敌，往往会引入天文星占和祥瑞灾异。唐代的这些知识传入日本，结合日本本土信仰，发展成平安时代的阴阳道传统。

唐代禁谶不禁纬，纬书仍被视为六经的重要补充，而且谶纬之书并非神文思想唯一的载体，中古时代大多数的知识体系都带有神学的色彩。例如《五经正义》中就屡引纬书，因而遭到清儒皮锡瑞等激烈批评。更不要说庾季才、吕才、李淳风等掌握"术数"知识的群体在政治和日常生活中扮演着重要的角色。从政治意识形态来说，真正对天人感应、五德终始的天命说提出挑战的，主要发生在中唐以后。宋代新的儒学潮流兴起，将佛、道、谶纬等带有神秘色彩的怪力乱神都排挤出正统学术体系。欧阳修作《论删去九经正义中谶纬札子》、南宋魏了翁作《九经要义》删去谶纬之说，谶纬才最终衰绝。反映到其他知识领域，欧阳修作《新五代史》，取消自汉朝以来诸史相沿的《五行志》，代之以《司天考》，专记天象而不载事应；《新唐书》虽有《五行志》也仅仅著其灾异而削其事应。从政治思想方面说，经历了儒学复兴运动以后，在北宋中期以后士大夫的论说中，五德终始说、谶纬、封禅、传国玺等传统政治文化、政治符号都走向了末路，神秘论在儒学当中逐渐被摈弃。从神文到人文，从天命说到王者仁政说，这是唐宋之际思想变革的一大面相。

以上是我总结的大唐的五大特点。不过，大家最津津乐道的可能还是大唐的国力强盛。唐高宗时期，经过八十多年的战争，唐朝破灭了地区强国高句丽，奠定了东亚长期的政治格局。在这场战争当中，朝鲜半岛在新罗的旗帜下统一，日本干预大陆事务的企图遭到了挫败，之后的将近一千年，日本都没有入侵大陆的计划。唐朝在对内亚的游牧民族战争中也取得了突破性进展，先后攻灭东、西突厥，把中国的影响力拓展到中亚腹地，这是前所未有的重要成就。

中国历史的重要转折点也发生在唐朝。755 年发生的安史之乱使得唐朝从中亚退出。从思想上说，安史之乱引起了唐朝思想界的转向。唐中期以后，要求回到中国古典文明的呼声日高，佛教也被视为外来文明因素，韩愈、柳宗元等倡导的带有文艺复兴性质的文学、思想运动，以及唐武宗以行政暴力迫害佛教，将佛教从主流的意识形态和学术体系中清除出去。唐朝在走向民族主义的同时，自动放弃成为佛教世界领导者的角色。思想世界的变迁，改变了唐朝士人的价值观，连带文学格调、社会观念也发生重要变化。

总体而言，隋唐时代可以说是中国历史上的第二个帝国时期。第一个长期统一的帝国是秦汉，经过三百年的分裂、战乱以及种族和信仰的冲击融合，引塞外野蛮精悍之血注入中原文明，中华文明又实现了第二次政治上的统一。中国文明之所以能够经久不衰，生生不息，最重要的原因在于中国文明的开放性和创造性。就开放性而言，中国文明展开双臂拥抱外来文化元素，将其变成自身传统的一部分，比如佛教；就创造性而言，隋唐时代呈现得非常明显，三省六部权力制衡的政治体制、文官考试制度等，均为周边民族和国家效仿；中国博大开放的文明更吸引了日本、朝鲜等周边国家的高僧、士人、贵族子弟。

本书共分三册，上册讨论到武则天统治时期，这段时期的典型特征是贵族政治的繁荣、唐朝对外开拓的辉煌胜利、典章制度的逐渐完备；中册从后武则天时期跨越开元盛世到安史之乱，这段时期唐朝盛极而衰，隐藏其中的盛衰痕迹值得探索；下册从安史之乱到唐朝灭亡，这一时期的主要特征是唐朝试图中兴和藩镇割据、党派之争、宦官专权交织在一起。

本书的内容，笔者在多个场合讲过，听取了很多朋友的建议。要特别感谢我的博士生朱小巧，她完整看完了书稿，不但做了一些校改工作，还提出了很多很好的意见，并增补了大量注释。也感谢喜马拉雅音频平台的各位朋友，你们的支持是本书成型的关键。

司马迁说："究天人之际，通古今之变，成一家之言。"更好地理解现在和未来的演进脉络，也对个人在历史中的命运起伏有更深刻的理解，达到知古鉴今、增广智慧的目的。大家读了我的书，如果有所感悟，那是你自己的思想升华，我会非常高兴你能分享我的想法。

第一章

安禄山叛乱的背景

756 年爆发的安史之乱，不但是唐朝由盛转衰的转折点，而且也是整个中国历史的分水岭。安史之乱后，中国文明由海纳百川的雄浑气度，转而寻求回到先王的古典时代，呈现出内转的一面。佛教、粟特文明等曾在大唐文明中扮演重要角色的文化因子，逐渐变形或者退潮。中国放弃世界佛教中心的地位，佛教在中亚逐渐被连根拔起。陆上丝绸之路逐渐衰落，作为丝绸之路贸易担当者的粟特人融入本土人群。思想上，禅宗兴起，儒家以道学的形式复兴，政治理念从天上拉回人间，天人感应学说消退，君主仁政和士大夫克己复礼的心性追求得到强化。连带美术等艺术形式也发生变迁。

一、安禄山的崛起

《安禄山事迹》是我们了解安禄山事迹的重要文献，这也是目前仅存的关于安禄山叛乱的唐人撰述。全书共三卷，每卷都题"华阴县尉姚汝能纂"①。电视剧《长安十二时辰》里也有一个姚汝能，说是姚崇的后人。实际上有关姚汝能，史籍并无更多的信息。我们只能根据《安禄山事迹》的题记和喻坦之的《寄华阴姚少府》推测，姚汝能在会昌年间（841—846）中乡贡进士，大中年间（847—860）任华阴尉，与"咸通十哲"之一的喻坦之关系很好。如此看来，姚汝能撰写《安禄山事迹》时，距离安史之乱已过了一百多年②。

《安禄山事迹》自安禄山出生一直写到安禄山之死，其中很多细节描写不见于其他文献，比如玄宗数次赏给安禄山的各类物资名目，以及安禄山为叛乱所做的各种准备等。《新唐书》所记安禄山之事较《旧唐书》更为详细，很多事即取材自《安禄山事迹》。《长安十二时辰》的主人公张小敬也出自《安禄山事迹》——在马嵬坡杀死杨国忠的士兵就叫张小敬。

安禄山（703—757），比玄宗小十八岁，营州粟特胡人，小名轧

---

① （唐）姚汝能撰，曾贻芬点校：《安禄山事迹》，北京：中华书局，2006 年。

② 参看陈尚君：《〈安禄山事迹〉的成书年代》，《中华文史论丛》第九十辑，2008年，第 48 页。

荦山。他的母亲阿史德氏是突厥巫女，因为一直没有孩子，就向突厥的斗战神轧荦山祈祷①，战神显灵使她生下了安禄山。据说，安禄山出生那天夜里赤光傍照，群兽四鸣，望气者见妖星芒角闪动，落在毡帐之上，就报告上级妖星降落，有不祥之兆。当时的长官张韩公派人搜查他们住的地方，安禄山被人藏了起来，张韩公找了很多地方没找到人，便下令无论男女老幼，全部杀掉。安禄山小的时候身上发生了很多怪兆异相，他的母亲认定儿子是神，所以借用战神之名称呼他为轧荦山。

安禄山从小随母在突厥部族生活，他的父亲可能是一位康姓胡人（郭子仪上表中提到安禄山本姓康），之后母亲改嫁于突厥将军安

图1　唐韦贵妃墓壁画胡人献马图。

---

① 《旧唐书》在解释安禄山名字时，省掉了"斗战神"的"神"字。蒲立本认为："这个变化非常有寓意。很显然，《旧唐书》的作者看到了有关他出生的神话故事，但是不愿意接受其中的神化色彩。"见［加］蒲立本著，丁俊译：《安禄山叛乱的背景》，上海：中西书局，2018年，第181页。

图 2　北齐墓葬浮雕上的粟特人。巴黎集美博物馆藏。

波注之兄安延偃。开元初年，其族破落离散，他与将军安道买之子安孝节，安波注之子安思顺、安文贞一起逃离突厥，与安思顺等约为兄弟，从此冒姓安氏，改名安禄山。

　　早在 1925 年，日本学者桑原骘藏就推断，安禄山是康国出身的粟特人[1]。1955 年，蒲立本的《安禄山叛乱的背景》也肯定安禄山是粟特人[2]。他母亲所属的阿史德氏，是突厥汗国中仅次于可汗家族阿史那的族姓。他的名字"轧荦山"是粟特语"光明"一词。其实粟特人中叫禄山的很多，比如安禄山、曹禄山等，这个名字与粟特人信仰的索罗亚斯德教或者拜火教有很深的关联。安禄山死后被追谥为"光烈皇帝"，同样也是取"光明"之意。跟安禄山一起造反的史思明也是营

①　参看《隋唐时代に支那に来往した西域人に就いて》，《内藤博士还历祝贺：支那学论丛》，东京：弘文堂书房，1926 年，第 624—626 页。

②　参看［加］蒲立本著，丁俊译：《安禄山叛乱的背景》，第 11—12 页。

州粟特人，本名窒干，是粟特语中"燃烧""发光"的意思，所以玄宗给他改名思明。

安禄山长而奸贼残忍，多智计，善揣人情，懂九种胡语。他一开始在幽州，给其他做生意的胡人充当翻译和掮客。粟特是个商业民族，粟特语是丝路贸易的通用混合语。《唐会要》记载过一件事：中书令褚遂良压价强买中书译语人史诃担的房子。这个"中书译语人"就是在中书省担任翻译的人，也是个粟特人。

张守珪为范阳节度使，安禄山偷羊被抓，准备处死。安禄山大呼："大夫不欲灭奚、契丹两蕃耶？而杀壮士！"[1]张守珪很惊讶，便留下他在军前驱使，与史思明同为捉生将。张守珪很喜欢安禄山，后来把他收为养子。这是安禄山崛起的非常重要的一步。天宝元年（742），玄宗任安禄山为平卢节度使，兼柳城太守，押两蕃（奚、契丹）、渤海、黑水四府经略使。他迎合玄宗好大喜功的心意，屡次挑起边衅，以邀功赏，得到了玄宗的赏识，又先后获封范阳、河东节度使，遂身兼三镇。在他的周围聚集了高尚、严庄、史思明、安守忠、李归仁、蔡希德、崔乾祐、尹子奇、武令珣、田承嗣等文臣武将，建立起一支八千人的精兵"曳罗河"（壮士或者奴隶之意），同时蓄养战马、搜刮军备。

安禄山在拜火教中地位很高。《安禄山事迹》记载：

> 潜于诸道商胡兴贩，每岁输异方珍货计百万数。每商至，则安禄山胡服坐重床，烧香列珍宝，令百胡侍左右，群胡罗拜于下，邀福于天。禄山盛陈牲牢，诸巫击鼓、歌舞，至暮而散。遂令群胡于诸道潜市罗帛，及造绯紫袍、金银鱼

---

[1] 《资治通鉴》卷214《唐纪三十》，第6815页。

袋、腰带等百万计，将为叛逆之资，已八九年矣。[1]

他们拜的"天"，就是"胡天"，就是"阿胡拉·玛兹达"。安禄山以拜火教团结胡人，自比斗战神，被胡人认为是神，获得大量胡人的支持；又利用他的粟特人身份，派遣粟特商旅到各地做生意为自己筹集资金，每年粟特商胡交纳的珍货达数百万。粟特人对安禄山叛乱的支持，也导致了安史之乱中粟特人大量被杀。这个曾在丝绸之路上扮演重要角色的民族，在安史之乱后遭受重创，同时也加速融入中土民众中，逐渐从中国历史的图景中消退。

安史之乱后，大量胡人往河北地区集中，更加加强了河北地区的特殊性。有的学者把这个情况称为"胡化"。直到安史之乱多年以后，幽蓟一带的老百姓还称呼安禄山、史思明为二圣。安史之乱后唯一由朝廷任命的幽州节度使张弘靖"以禄山、思明之乱，始自幽州，欲于事初尽革其俗，乃发禄山墓，毁其棺椁，人尤失望"[2]，很快被当地人轰走。大历八年（773），魏博节度使田承嗣"为安、史父子立祠堂，谓之四圣"[3]。北宋时期屡次北伐想征服幽州都非常困难，军事只是其中一个问题，更重要的问题是幽州人的认同已经不一样了。

---

① （唐）姚汝能撰，曾贻芬点校：《安禄山事迹》卷上，第 83 页。

② 《旧唐书》卷 129《张弘靖传》，第 3611 页。

③ 《资治通鉴》卷 224《唐纪四十》，第 7222 页。

二、唐朝的军事改革

可能在唐朝人看来，安史之乱完全是一个出乎意料的"偶然"——那时的唐朝欣欣向荣，对外战争不断取得胜利，从长安到中亚，畅通无阻；安史之乱的前一年还刚因粮食丰收减免了当年的租赋。历史事件发生后，我们往往会回溯、总结，找出一些痕迹来解释事件发生的原因。比如安禄山叛变几乎摧毁唐帝国的一个重要原因，可能在于唐朝的军队改革。

唐初实行府兵制，其系统可概括为"卫——折冲府——府兵"。"卫"即十六卫，由隋制"十二卫四府"发展而来。十六卫是唐朝最高军事机构，既负责拱卫京师，又掌控府兵（左右卫、左右骁卫、左右武卫、左右威卫、左右领军卫和左右金吾卫这十二卫是府兵的领导机构），十六卫长官多为皇帝身边的近臣，直接对皇帝负责。折冲府则是唐代的基层军事机构。三分之一的折冲府集中在关中地区，其次按照距离长安的远近部分在河东、河南，南方鲜少设立。武德初年，李渊仿照隋制的设置，将关中地区分为十二道，于每道设置一个军府，统称为"关中十二军"。武德七年（624），军府长官骠骑将军改名为"统军"，副官车骑将军改名为"别将"，军府也改称为"统军府"。太宗时又用回隋时旧称，"统军府"改称"折冲府"，"统军"改为"折冲都尉"，"别将"改为"果毅都尉"。各地折冲府以军府所在地命名，主要负责登记府兵们的军籍和日常军事训练，并不能直接领导府兵。府兵们农闲时期进行军事训练，战争时期征调参军，此外还要轮流前往京城承担一部分禁军工作。在名义上由十二卫及东宫六率（太子亲卫）统领折冲府，实际的调兵权仍掌握在中书、门下手中。当战争发生时，府兵们和其他临时应召的征兵由皇帝直接任命的"行军大总管"或"行军大元帅"全权指挥。在这种体制下，领兵的将领和兵士之间难以形成紧密的联系，有效地防止军队将领以军干政。府兵制的重点在首都——长安周围集中了最多的折冲府，这种内重外轻的安排，对定都西部的唐帝国具有重要意义。

中书门下等中央各官署位于宫城以南，因此各中央官署及宰相又被称为南衙或南司，隶属旗下的十二卫又被称为"南衙十二卫"。玄宗早期，由于府兵逃亡现象严重，宰相张说废弃了府兵番上宿卫的制度，召募壮丁十二万人，免其赋役，命名为"长从宿卫"，后又改称"彍骑"，分隶十二卫，最终散入羽林军。南衙十二卫在安史之乱前夕，作为一支整体的战斗力量实际上已经消失。与"南衙十二卫"相对的是"北衙禁军"。北衙禁军因常屯驻宫城北门（玄武门等）故名，由皇帝直接控制，其职能也与戍卫京城的十二卫有所区别，只负责守卫皇宫。北衙禁军在历次宫廷政变中都扮演了重要角色，所以玄宗在政变结束后刻意打压了禁军将领王毛仲等，使北军有所削弱。因为长期不打仗，其成员大部分是长安富裕的商人和城市居民，甚至雇佣替身或者派遣家仆代替他们当兵，所以北衙禁军也成了一支微不足道的军队。可以说，在安史之乱爆发后，唐朝中央政府根本派不出一支真正能够野战的军队与叛军对垒，只能依靠其他边防军来拯救自己。天宝八载（749），宰相李林甫停止了府兵到首都服役的制度。到这时，府兵已经完全成了没有组织、没有军官、没有武器装备的名义上的军队。此后，唐朝的军队几乎全部由职业军人组成，由国家负责供养。

玄宗有并吞并四夷之志，为了应付对外作战，于天宝年间建立了节度使制度，在沿边先后设立了安西、北庭、河西、陇右、朔方、河东、范阳、平卢、剑南九个节度使和岭南经略使。当时边防军共49万人，战马8万余匹，每年要花的军费有：衣赐1 020万匹段，军食190万石，大抵是1 210万钱。而在开元以前，每年边防军费不过200万，天宝中期增加了六倍多。为减轻庞大的国防开支造成的财政压力，中央政府决定放手让各节度使自负盈亏，这样一来节度使手中便掌握了行政、财政、军事等众多权力，极易威胁中央。玄宗和李林甫通过节度使之间的互相制约来化解这个问题，同时有意识任命出身不高的蕃将担任节度使，降低其威胁中央权威的潜力。各节度使之间的相互制衡自有一套逻辑，根据战略目标，10个节度使可分为五组。

第一组为安西节度使和北庭节度使，负责经营中亚。

安西节度使负责安抚平定西域，统领龟兹、焉耆、于阗、疏勒四国。都护府治所在龟兹城内，管戍兵24 000人，马2 700匹，每年军费为衣赐62万匹段。安西出了很多名将，比如高仙芝、封常清、李嗣业、王难得等人。

北庭节度使主要防制突骑施、坚昆、斩啜部落，管辖瀚海、天山、伊吾三军，治所设在北庭都护府。管兵2万人，马5千匹，每年军费为衣赐48万匹段。

第一组为河西节度使和陇右节度使，负责压制吐蕃、隔绝吐蕃和突厥。

河西节度使负责断隔吐蕃与突厥。统赤水、大斗、建康、宁寇、玉门、墨离、豆卢、新泉等八军，以及张掖、交城、白亭三守捉。节度使驻凉州，管兵73 000人，战马19 400匹，每年军费为衣赐180万匹段。河西节度使在诸节度使中实力最强，也最为朝廷重视。由河西节度使拜相也最多，比如萧嵩、牛仙客；其他如皇甫惟明、王忠嗣、安思顺、哥舒翰，虽未曾入相却也在政局中有着举足轻重的地位。

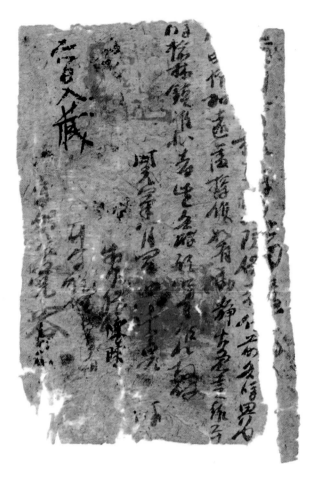

图3　唐代军事文书。新疆尉犁县克亚克库都克烽燧遗址出土。

　　陇右节度使主要防备吐蕃。统临洮、河源、白水、安人、振威、威戎、莫门、宁塞、积石、镇西十军，以及绥和、合川、平夷三守捉。节度使驻鄯州，管兵 7 万人，马 10 600 匹，衣赐 250 万匹段。盖嘉运、皇甫惟明、王忠嗣、哥舒翰、王思礼、郭子仪都担任过陇右节度使。

　　第三组为朔方节度使和河东节度使，主要负责经略突厥。

　　朔方节度使负责捍御突厥，统经略、丰安、定远、西受降城、东受降城、安北都护、振武等七军府。节度使驻灵州，管兵 64 700 人，马 4 300 匹，衣赐 200 万匹段。张说是第一任的朔方节度使。先后担任过宰相的朔方节度使有张说、王晙、萧嵩、李林甫、牛仙客、郭子仪、杜黄裳、杜鸿渐、李光弼、李怀光、仆固怀恩、浑瑊、崔宁、侯固、唐弘夫、韩逊 16 人之多，唐肃宗也曾挂名朔方节度使。

朔方军是后来镇压安史之乱的主力。天宝四载（745），后突厥的白眉可汗被王忠嗣斩杀，首级被送往长安，后突厥汗国彻底瓦解，大量突厥人投靠了安禄山。以我们后来人的眼光看，朔方节度使此时应该就转换功能，不必再囤积重兵防御突厥。

河东节度使配合朔方军抵御突厥。统天兵、大同、横野、岢岚四军，忻、代、岚三州，云中守捉。节度使驻太原府，管兵 55 000 人，马 14 000 匹，衣赐 126 万匹段，军粮 50 万石。薛讷、王晙、张嘉贞、张说、杜暹、牛仙客、王忠嗣、安禄山、李光弼等都担任过河东节度使。安禄山也当过河东节度使，但安禄山造反的时候无法调动河东的军队，只有少部分的河东军跟随他造反。

第四组为范阳节度使和平卢节度使，负责经营东北亚。

范阳节度使又叫幽州节度使。负责压制奚与契丹两个部落，统经略、威武、清夷、静塞、恒阳、北平、高阳、唐兴、横海等九军。节度使驻幽州，管兵 91 400 人，马 6 500 匹，衣赐每年 80 万匹段，军粮 50 万石。张说、王晙、裴仙先、张守珪、李适之、安禄山都担任过范阳节度使。安禄山曾经是张守珪、李适之的部下。范阳节度使的兵虽然不少，但被中央政府重视的程度不高，其战马和军费都不算多。

平卢军节度使镇抚室韦、靺鞨，统平卢、卢龙二军，榆关守捉，安东都护府。节度使驻营州，管兵 17 500 人，马 5 500 匹。

第五组为剑南节度使，负责防备吐蕃和南诏。

剑南节度使西抗吐蕃，南抚南诏，统团结营及松、维、蓬、恭、雅、黎、姚、悉八州兵马，以及天宝、平戎、昆明、宁远、澄川、南江六军镇。节度使驻成都府，管兵 30 900 人，马 2 000 匹，衣赐 80 万匹段，军粮 70 万石。安史之乱爆发时，剑南节度使由杨国忠兼任，所以他才建议玄宗入蜀地避难。如果当初玄宗投奔朔方军，说不定结果会很不一样。

另外还有一个岭南五府经略使，使治在广州，管兵 15 400 人，由当地赋税供给。

整体来说，唐玄宗以安西、北庭节度使经营中亚；以陇右、河西节度使压制吐蕃，隔绝突厥，保卫长安；以朔方、河东节度使压制突厥等北亚势力；以范阳、平卢节度使经营东北亚；以剑南节度使防备南诏、吐蕃。因为唐朝主要的敌人是吐蕃和突厥，河西、陇右、朔方这三个地方的节度使经常出将入相，也最为中央所重，但也因为管控很严反而没有出事。范阳僻处东北，远离关中，所获关注不多——甚至马匹和粮饷都不足——反而成为大患。

兵制的变迁具有一定的合理性，它适应了唐帝国对外的拓展——长期的对外征战不允许定期的换防，需要专业化的、可以长期作战的长行兵；而国家腹地太平无事，不需要供养那么多军队。在和平时期，这是最有效和最经济的体制。但是在兵制改革的过程中，最终形成了唐朝军队大量集中于边疆，而中枢兵力微弱的局面。

唐朝通过出将入相加强对边防军的控制，有时宰相也兼任地方节度使，李林甫兼任朔方节度使，杨国忠兼任剑南节度使。同时他们之间也维持着平衡，比如河西陇右的哥舒翰和范阳平卢的安禄山关系很紧张，互相掣肘。唐朝以潼关为天险，以洛阳为镇压关东地区的军事堡垒，背靠强大的河西、陇右、朔方军团，理论上并不怕安禄山的叛变。安史之乱最后一发不可收拾，是由一连串的战略失误造成的，唐玄宗要负主要责任。

三、安禄山起兵

《安禄山遗事》中记载了一则小故事：

> 初，玄宗览龟兹曲名部，见《北洛背代》，深恶之，谓乐工
> 李龟年曰："何（忽）[物] 音乐为如此不祥之名？"遂令诸曲
> 悉改故名。及闻禄山反，龟年曰："曲名先兆，果不虚矣。"①

玄宗早些年曾看到一部龟兹曲谱名为《北洛背代》，觉得这个名字很不祥。"北洛"可能让他想起了洛阳北面的北邙山——汉魏以来最有名的埋葬地，而"背代"在唐时墓志中意为"死亡"。听说安禄山造反后，乐工李龟年感叹此曲果然是先兆。此外，开元天宝年间，民间多用宫调中奏《突厥神》，当时人认为这是安禄山会造反的征兆，正如建国之初盛传的《武媚娘》曲被视为武则天篡夺李唐的征兆。

天宝十四载（755），八月，原御史中丞、与安禄山交好的吉温身亡，两个多月后，安禄山于范阳起兵，并找到了吉温十岁的儿子，封他为河南参军。《旧唐书》记载，当时有人说安禄山起兵就是为了

---

① （唐）姚汝能撰，曾贻芬点校：《安禄山事迹》卷下，第 104 页。

给吉温报仇①。吉温确实为安禄山提供了很多情报，而他也是有名的"墙头草"——游走在各种权势人物之间，先后攀附过高力士、李林甫、安禄山、杨国忠等，和他们称兄道弟。

天宝十一载（752），玄宗任命杨国忠为右相，当时杨国忠和吉温的关系还不错，便提拔还是魏郡（今河北邯郸）太守的吉温为御史中丞，兼任京畿、关内采访使。然而吉温却在赴任前，特地跑去范阳和安禄山告别。安禄山让儿子安庆绪为吉温牵马送行，吉温很感动，到了长安后，朝廷上的任何风吹草都会向安禄山报告，消息一般两天两夜就可以传到安禄山的耳朵里。玄宗任命安禄山为闲厩使、陇右群牧使，兼任群牧总监，安禄山趁机请求让吉温担任武部侍郎、闲厩副使。杨国忠以为吉温投靠了安禄山、背叛了自己，因此对他怀恨在心，不仅阻止了吉温接替陈希烈出任宰相，又派人告发吉温受贿。天宝十三载（754）年底，吉温被调离中央，贬为澧阳郡（今湖南澧县）长史。安禄山向玄宗申冤，说一切都是杨国忠的阴谋，痛斥其二十多条罪状，然而玄宗两方都不想得罪，就都没有问罪。天宝十四载（755），吉温又被人告发曾贪污了 7 000 马匹，在大理司直蒋沇审问后，吉温死在了狱中。

差不多在吉温被贬后，天宝十四载（755）年初，安禄山就开始对朝廷充满了警惕。

二月，安禄山派人进京请求玄宗将 32 名汉人将领替换为胡人，宰相韦见素认为安禄山企图造反，极力劝阻却没能成功。韦见素和杨国忠又建议玄宗将安禄山调入中央，安排其他人继任节度使，这样既可以监控安禄山又能瓦解他的势力，玄宗一边答应一边却迟迟不下调职命令。玄宗借赐珍果的名义派宦官辅璆琳去暗中观察安禄山，没

---

① 《旧唐书》卷 186《酷吏下》云："十一月，禄山起兵作乱，人谓与温报仇耳。"见第 4857 页。

想到辅璆琳被安禄山用重金收买，回京后拼命夸赞安禄山忠心爱国。玄宗因此打消了疑虑，还对杨国忠说："禄山，朕推心待之，必无异志。"[1]

三月，玄宗让给事中裴士淹去范阳慰问，裴士淹等了二十多天才见到安禄山。

四月开始，朝廷每次派使者来访，安禄山都推辞有病不去迎见，盛陈威仪，摆足了架子以后，才见使者。安禄山这时已经完全不讲究人臣之礼了，造反的迹象非常明显，而玄宗还是抱着一丝的希望。杨国忠一直视安禄山为自己的头号政敌，认为只要他起兵造反自己就能顺理成章地铲除这个劲敌，于是日夜搜寻安禄山的反状，派京兆尹包围了安禄山在京城的宅子，又秘密杀掉了安禄山留在京中的门客们。六月，安禄山的长子安庆宗在长安娶了宗室女荣义郡主，并将杨国忠所做之事告诉了父亲，安禄山非常恐惧，因此在玄宗以安庆宗结婚为由下诏让安禄山来京时，安禄山推辞自己有病，不愿去长安。

七月，安禄山上奏要进贡三千匹马。为了送马，每匹马都配有两名马夫，另有 22 名番将护送。六千名马夫再加上二十多位蕃将，已经是一支军队的规模了。河南尹达奚珣觉得不妥，奏请让安禄山等到冬天再进献车马，马夫人选全由朝廷指派，不需要安禄山的部下。正巧这时辅璆琳因受赂事发被鞭打致死，玄宗开始怀疑起安禄山的忠心，就派宦官冯神威带着手诏去范阳，按照达奚珣的建议回绝安禄山的请求，并带话说："朕新为卿作一汤，十月于华清宫待卿。"[2]冯神威宣读了诏书后，安禄山一点礼节都没有，踞坐在胡床之上只略微欠了欠身，并没有跪拜接旨，只是问皇帝身体怎么样，又说那就不献马了，十月份一定会去京城。然后就命人把冯神威安排在馆舍不闻不

---

[1]《资治通鉴》卷 217《唐纪三十三》，第 6929—6930 页。

[2]《资治通鉴》卷 217《唐纪三十三》，第 6933 页。

问，过了几天才把他送走。冯神威回到长安就对玄宗哭诉："差点就见不到您了啊，皇上！"

安禄山担任范阳节度使将近十年，与地方连接非常紧密。一开始他还只是在小圈子里谋划起兵，知道的人只有严庄、高尚两个谋士和阿史那承庆等心腹将领。自八月以来，安禄山不断招待士兵大吃大喝，厉兵秣马，为作战做准备。其他将领虽然觉得奇怪，却也没有放在心上。

从史料记载分析，玄宗并没有把安禄山造反当成一件大事来对待。第一，他认定安禄山不会造反。第二，他认定安禄山即使造反，也很快就会被扑灭。安禄山从二月开始有所动作到十一月起兵，间隔长达八个月，而这段时间里唐朝中央政府无所作为。十月，玄宗如约前往华清池，但安禄山并没有出现。

十一月初，正好有一位奏事官胡逸从长安回到范阳，安禄山拿出一道伪造的敕书，对部将谎称收到了密旨云："遣禄山将随手兵入朝来，以平祸乱耳。兼云：莫令那人知。"[①]并解释说那人就是指杨国忠，让大家别奇怪。甲子日（九日），安禄山召集范阳、平卢两镇士兵，打着诛杀杨国忠的旗号正式起兵，一些周边部落也被裹挟进来[②]。

之后安禄山命范阳节度副使贾循守范阳，平卢节度副使吕知诲守平卢，别将高秀岩守大同；第二天去父母坟前辞别后便整军进发。当地百姓对安禄山起兵一事十分忧惧，比如蓟县很有名望的老年人李克就认为此时举兵无名必败，安禄山派谋士严庄告诉他："如果对国家有利，我自己拿主意就行。现在正是利主宁邦的时候，有什么好忌惮

---

① 《资治通鉴》卷217《唐纪三十三》，第6934页。

② 《安禄山事迹》卷中："以同罗、奚、契丹、室韦、曳落河，兼范阳、平卢、河东、幽、蓟之众，号为父子军，马步相兼十万，皷行而西，以诛杨国忠为名。"见第94页。

的呢?"百姓们纷纷议论:"百岁老人都没见过这种事情!"于是,出了范阳后安禄山就着手发动政治宣传,四处说自己提了很多建议,可惜皇帝都不听,无奈之下只得起兵。

唐朝此时已经和平了太久,有的人家甚至好几代都没见过盔甲,因此听闻范阳的军队打过来后天下震动。河北是安禄山的辖区,因此当大军经过时所有州县望风瓦解,没有守令敢抵抗,有的直接开城门迎接,有的弃城逃命,有的被俘虏杀害。《安禄山事迹》中记载的更为详细:

> 所至郡县无兵御捍,(兵起之后,列郡开甲仗库,器械朽坏,皆不可执,兵士皆持白棒。所谓天下虽安,忘战必危。)皆开门延敌,长史走匿,或被擒杀,或自缢路傍,而降者不可胜计。[①]

经过七年多的经营,安禄山基本将河北地区周边的胡人都收入麾下,东至靺鞨,北及匈奴,都听从他的号令。前来归降的胡人都会得到优待,而不愿降服的则会被打到服,生擒的俘虏不仅会被释放,还会得到衣物和妻妾。安禄山还利用自己的语言优势施展怀柔政策.

> 前后节度使招怀夷狄,皆重译告谕夷夏之意,因人而传,往往不传孚。安禄山悉解九夷之语,躬自抚慰,曲宣威惠。[②]

---

① (唐)姚汝能撰,曾贻芬点校:《安禄山事迹》卷中,第95—96页。
② (唐)姚汝能撰,曾贻芬点校:《安禄山事迹》卷中,第96页。

原来的节度使因为语言不通，翻译往往词不达意，招安工作大打折扣。安禄山对各族语言都很熟悉，亲自抚慰人心，恩威并施，很快就获得了胡人的支持。时间久了，整个幽州地区变成了安禄山的独立王国。

安禄山对契丹委任尤重，"一国之柄，十得二三，行军用兵皆在掌握"。比如原契丹部落酋长孙孝哲。他身长七尺，勇健多谋，由于母亲是安禄山的情人，而得以亲近安禄山成为心腹，甚至可以出入安禄山卧内，于天宝年间做到了大将军。据说孙孝哲擅长女工裁缝之事，安禄山很胖，衣服都得是孙孝哲做的才合身。孙孝哲性格残忍，攻陷长安后大杀李唐皇室，王妃就砍死了数十人，此外必杀杨国忠、高力士之党以及其他与安禄山不对付的人，还要用铁棒"揭脑盖而死，血流于地"①。

安禄山也有意招揽河北当地或因怀才不遇流转至河北的汉族士人②，比如他的心腹谋士严庄和高尚。严庄本在朝廷为官，官至太仆卿。高尚是幽州人，本名高不危，曾因一身才华无处施展抱怨："不危宁当举事不终，而不能咬草根以求活。"③天宝初，在新平太守李齐物与中官将军吴怀宝的大力举荐下，高尚以策试第四等，授右领将军仓曹。吴怀宝又将他引荐给高力士，高力士将他置于门下，还让自己的孩子跟他学习。高尚很快就因不满自己的职位投奔了安禄山，在军中担任平卢军掌书记，后来跟严庄一起制造图谶劝安禄山谋反。安禄山起兵伪造的赦书制敕都由高尚制造。

稳定河北地区后，安禄山继续向他的目标之一洛阳进发，先派将

---

① （唐）姚汝能撰，曾贻芬点校：《安禄山事迹》卷中，第 95 页。

② 参见仇鹿鸣：《长安与河北之间：中晚唐的政治与文化》，北京：北京师范大学出版社，2018 年，第 25—26 页。

③ （唐）姚汝能撰，曾贻芬点校：《安禄山事迹》卷中，第 94 页。

图 4 严复墓志。严复是安禄山的主要谋士严庄的父亲，其墓志记载他曾依据天文星变指示两个儿子辅佐安禄山起兵。（本图源自齐运通：《洛阳新获七朝墓志》，北京：中华书局，2012 年，第 270 页）

军高邈带领奚族骑兵二十人赶到河东节度使的驻地太原，声称来进献射生手（善于骑射的武士）。杨国忠安排在太原的副留守杨光翙出来应战，却被生擒。安禄山随即向各处发布招降牒文，末云："光翙今已就擒，国忠岂能更久。"① 安禄山大军则一路向南，行经易州、定州（今属河北保定）、赵州（今属河北石家庄）、邢州（今河北邢台）、洺州（今属河北邯郸、邢台），到达相州（今河南安阳）②。

---

① （唐）姚汝能撰，曾贻芬点校：《安禄山事迹》卷中，第 96 页。

② 参看宋杰：《中国古代战争的地理枢纽》，北京：北京科学技术出版社，2022 年，第 548 页。

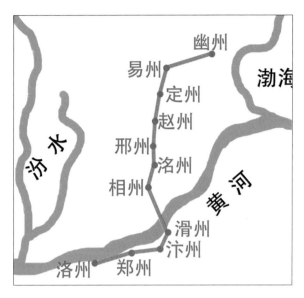

图 5　安禄山军南下路线图。

　　十一月十日，杨光翙被劫持后，太原立即向中央报告，其他地方也纷纷上奏安禄山造反。玄宗还将信将疑，以为是恨安禄山的人散布谣言，直到十五日才真正意识到安禄山确实反了，然而此时他人还在华清池。玄宗赶紧召集宰相们讨论，杨国忠仍不以为意："现在谋反的也就安禄山一个人而已！其他军队都不想造反，十天之内一定会斩了安禄山来归降，不如此，陛下再发兵讨之，伸张大义，诛杀暴逆，兵不血刃就能平定叛乱。"[①] 当时的玄宗和杨国忠仍对情况保持着难以想象的乐观。

---

① （唐）姚汝能撰，曾贻芬点校：《安禄山事迹》卷中，第 94 页。

四、高仙芝、封常清之死

等到各种证据证明安禄山确实谋反，玄宗命特进毕思琛到洛阳，金吾将军程千里到河东，各自简选招募几万兵士，简单训练后即去抵御安禄山的大军。十六日，安西节度使封常清入朝，玄宗向他询问对策，封常清非常乐观地说："如今天下太平已久，所以大家对反贼闻风丧胆。但凡事有逆就有顺，形势可能会在一瞬间就发生变化。臣请求立刻前往洛阳，开府库，募勇士，率领兵马渡过黄河，没几天就能取来逆胡的首级献给陛下！"玄宗非常高兴，第二天就任命他为范阳、平卢节度使。

十九日，安禄山至博陵（今河北定县）南，何千年等押着杨光翙见安禄山，安禄山痛斥杨光翙依附杨国忠，将其杀了泄愤。安禄山以张献诚为博陵太守，张献诚是原范阳节度使、安禄山的老长官张守珪之子。其实安禄山的大军成分非常复杂，有粟特人、突厥人、契丹人、奚人等，但不可否认的是，汉人仍占多数，且很多重要将领还是唐朝的官二代，比如薛仁贵的孙子薛嵩。乱世之中，很多人投机以博取自己最大的利益。行至巨鹿县时，安禄山本准备停军夜宿，突然惊道："我名禄，非所宜宿也。"[①]大军便改在沙河县（今属河北邢台）驻扎。

---

① （唐）姚汝能撰，曾贻芬点校：《安禄山事迹》卷中，第96页。

二十一日，玄宗返回长安，开始了一系列部署：

对安禄山的背叛展开复仇：

杀死安禄山嫡长子太仆卿安庆宗，赐侄女荣义郡主自尽

加强西北方向朔方和河东的军备力量：

把朔方节度使安思顺召回长安任户部尚书——安思顺与安禄山名义上是堂兄弟

以朔方右厢兵马使、九原太守郭子仪为朔方节度使

以右羽林大将军王承业为太原尹

以程千里为潞州（今山西长治部分及河北涉县）长史

加强对关中的防御，河南进入战时体制：

设置河南节度使，领陈留等十三郡，以卫尉卿张介然为节度使

二十二日，荣王李琬（玄宗第六子）被任命为元帅，右金吾大将军高仙芝任副将，统帅诸军东征。玄宗开内府，于京师募兵11万，号天武军，不过这些兵士全是市井子弟。

十二月一日，高仙芝带领飞骑、彍骑、新兵以及在长安的边兵合计约5万人，从长安出发，屯于陕州（今属河南三门峡）。玄宗遣宦官边令诚督军，高仙芝和边令诚并非第一次合作，之前高仙芝远征中亚立下大功被上司压制，还是边令诚帮他讨回公道。高仙芝虽然是名将，但此次带领的军队并不是他的亲兵——安西的铁杆部队在新疆，远水解不了近火。

另一边安禄山大军自汤阴（属相州）继续向东南进军，于十二月二日到达灵昌（属滑州）准备渡黄河。黄河自古以来就是沟通南北交通的一大阻碍，为解决这一问题，西晋时期，杜预于重要渡口孟津附近主持建造了一座浮桥，即河阳桥，随后为守护桥梁安全又相继出现

了河阳三城。[1]为了守住洛阳，封常清下令切断了河阳桥（在今黄河孟县西南）。然而封常清实在是运气欠佳，没想到安禄山的军队用粗绳索连着破船和木桩在河上串成串，一个晚上就冻得像座浮桥，遂顺利过河。新上任的河南节度使张介然赶到陈留还没几天，安禄山的大军就到了。

十二月五日，陈留太守郭纳举城投降。安禄山这时才听闻儿子已死，恸哭不已，把投降的近万名将士全部杀光，在军营门口斩杀了张介然。

十二月七日，玄宗准备亲征，下令：除了部分士兵留守城堡，朔方、河西、陇右军所有边军由各自节度使带领，二十日之内必须抵达作战位置；另安排太子监国，并对宰相们说自己早就想传位太子，此次亲征打算让太子监国，叛乱平定后就可以安心退位了。这可吓坏了杨国忠，他与太子素来交恶，担心玄宗此举会动摇他在朝中经营多年的根基，杨国忠就向虢、韩、秦三位夫人哭诉，让她们去找贵妃帮忙，在杨贵妃的不断劝说下此计划最终搁浅。

安禄山大军渡过黄河后南行至汴州（今河南开封），随后向西席卷郑州、荥阳、虎牢，最后闯入洛阳。主力决战主要在荥阳和洛阳展开，这是大唐的东部核心。安禄山率兵进军荥阳，太守崔无诐负责守城，登上城头的士兵远远就被叛军的气势所震慑，又听见战鼓擂起，竟被吓得如雨滴一般直往城墙下掉。八日，安禄山就攻陷了荥阳。随后他就令部将田承嗣、安忠志、张孝忠为先锋去攻打洛阳。

封常清及时赶到，驻军虎牢。封常清作战经验虽然丰富，但是

---

[1] 严耕望："此桥规制宏壮，为当时第一大桥，连锁三城，为南北交通之枢纽。渡桥而南，临拊洛京，在咫尺之间。渡桥而北，直北上天井关，趋上党、太原；东北经临清关，达邺城、燕、赵；西北入轵关，至晋、绛，诚为中古时代南北交通之第一要津。顾祖禹曰：'河阳盖天下之腰膂，南北之嚏喉。''都道所辖，古今要津'是矣。故为兵家必争之地，天下有乱，常置重兵。"见《唐代交通图考》第一卷，上海：上海古籍出版社，第131—132页。

巧妇难为无米之炊——他十天内在洛阳新招募的六万士兵没有战斗力，根本抵挡不住安禄山的精锐骑兵。封常清非常坚韧，率领余下残兵再战于葵园，又被打败；又退守洛阳上东门内，再次战败。十二日，安禄山攻陷洛阳。封常清与安禄山战于都亭驿，又被打败；退守宣仁门，又败，于是就推倒禁苑的墙向西撤走。河南尹达奚珣投降安禄山。河南留守李憕、御史中丞卢奕、采访判官蒋清坚贞不屈，全部被杀。

唐朝以洛阳作为控制关东广大地区的桥头堡，只要洛阳不失，就可以往东压制河北、山东与江淮。在唐朝历史上，洛阳从来没陷落过，是唐朝重点经营的地区。但是很可惜，安史之乱爆发时，因为太平时间过久，洛阳基本没有防守，以至于非常轻松地就被安禄山攻陷。这是非常大的战略性失误。

封常清带着残兵败将退到了陕州。陕州早已大乱，无兵可守，太守也逃往河东。这时高仙芝赶到。封常清对高仙芝说："常清连日血战，贼锋不可当。且潼关无兵，若贼豕突入关，则长安危矣。陕不可守，不如引兵先据潼关以拒之。"[1] 高仙芝马上接受了这个建议，就率领所有官兵向西退守潼关。安禄山的军队很快就追了上来，还在撤退中的唐军根本不成队伍，士卒与战马互相践踏，死伤许多。好不容易退到潼关，高仙芝立刻着手修筑城墙，整饬军械，等到安禄山的叛军追来时已经无法攻进潼关，只好撤退。安禄山安排部将崔乾祐屯兵陕州，临汝、弘农、济阴、濮阳、云中陆续降于安禄山。这时候朝廷所征诸道之兵都没赶到，整个关中无兵可守，一片慌乱。幸好安禄山正忙着称帝，留在洛阳不再进攻，给了唐朝喘息之机。

高仙芝与监军边令诚闹了些小矛盾，边令诚就向玄宗打小报告，说封常清到处宣扬敌军强大来动摇军心，高仙芝故意放弃了陕州，还

---

① 《资治通鉴》卷 217《唐纪三十三》，第 6939 页。

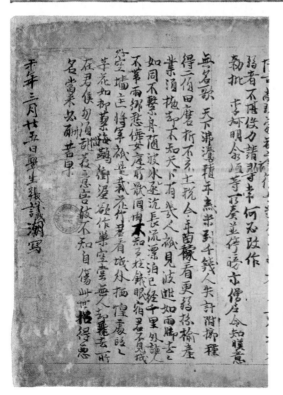

Pelliot chinois
Touen-houang 3620

图 6　敦煌文献 P.3620《封常清谢死表闻》。法
　　　国国家图书馆藏。落款是"学生张议潮
　　　写"。这个张议潮可能就是后来的归义军
　　　节度使。此时他才不过十七岁，离封常清
　　　去世已过去了六十多年。

克扣士兵们的物资中饱私囊。玄宗震怒，派边令诚手持敕书到军中杀高仙芝和封常清。实际上封常清在战败后曾多次派使者前往长安表陈形势，玄宗都不肯接见。无奈之下封常清亲自骑马赶到长安报告，才走到渭南，玄宗就剥夺了他的官爵，让他去高仙芝军中从头做起，当一个无名小卒。实际上封常清上报玄宗，除了请罪之外，更多是想讲明安禄山军队强劲的战斗力，唐军一定不能轻敌。

边令诚到潼关后，向封常清宣读了玄宗的诏书。封常清临死之前，写了一封非常感人的遗表请求边令诚转呈玄宗："昨者与羯胡接战，自今月七日交兵，至于十三日不已。臣所将之兵，皆是乌合之徒，素未训习。率周南市人之众，当渔阳突骑之师，尚犹杀敌塞路，血流满野。……臣死之后，望陛下不轻此贼，无忘臣言！"[1]十二月十八日，封常清被斩杀。

封常清的尸体就被随意地放在一张粗席子上。高仙芝回来后见此情景非常伤感，而边令诚领着一百多名陌刀手正等着他，说："皇帝也有命令给你。"高仙芝赶紧下跪听边令诚宣敕。高仙芝说："我遇敌而退，死则宜矣。今上戴天，下履地，谓我盗减粮赐则诬也。"[2]当时在场的士卒都大呼冤枉，呼声震地。边令诚还是毫不留情地将其斩杀。

高仙芝、封常清绝对是唐朝数一数二的能作战的将领，战前斩大将实在是兵家大忌。哥舒翰战败后，很多将领担心也会遭遇高仙芝、封常清的命运，就投靠了安禄山。

---

① 《资治通鉴》卷 217《唐纪三十三》，第 6942 页。

② 《资治通鉴》卷 217《唐纪三十三》，第 6943 页。

多说一点

从严复父子墓志看历史记忆的复杂性

安禄山在官方史书甚至一般历史记忆中作为李唐叛贼的形象早已确立。作为历史上失败的一方，安禄山阵营发出的声音逐渐湮灭。但是严复和严希庄墓志的出土，让我们能够了解安史之乱的另一面，尤其是了解安禄山阵营是如何宣传自己的合法性的。严庄是安禄山的心腹，我们只从《安禄山事迹》等文献知道，他曾以天文谶纬鼓动安禄山造反。严复是严庄之父，严希庄是严庄的弟弟。他们的墓志中比较详细记载了他们如何运用四星汇聚、五德终始理论为安禄山进行政治鼓动的。

《大燕赠魏州都督严府君墓志铭》(《严复墓志》)记载：

> 天宝中，公（指严复）见四星聚尾，乃阴诫其子今御史大夫、冯翊郡王庄曰："此帝王易姓之符，汉祖入关之应，尾为燕分，其下必有王者。天事恒象，尔其志之。"既而太上皇（指安禄山）蓄初九潜龙之姿，启有二事殷之业。……及十四年，义旗南指，奄有东周，鞭笞群凶，遂帝天下。金土相代，果如公言，殷馗之识，无以过也。[1]

---

[1] 齐运通编：《洛阳新获七朝墓志》，北京：中华书局，2012年，第270页。

让我们知道安禄山阵营以四星汇聚为号召，又强调金土相代（唐是土德，土生金，安禄山阵营自称金德）。而《大燕赠中散大夫太子左赞善大夫严公墓志铭并述》(《严希庄墓志》) 记载了唐军在 757 年杀死严复、严希庄父子的情形。墓志提供的历史信息，极大补充了传世文献的不足。

第二章

安史之乱的全景图

安史之乱爆发后，战乱像是永不停止的机器，把大唐的精华不断卷入齿轮中碾压得粉碎。对外作战锋芒无限的大唐军队互相残杀，经历过开元天宝盛世的人们卷入战争而丧命，很多经济富庶的地区毁于一旦，战乱引发的人口流动也持续多年。从朝堂到地方，命运无情地将所有人裹挟进新的波澜，旧的政治和社会秩序已然完全崩溃。

一、常山：颜真卿《祭侄文稿》因何而写

天宝十四载（755）年底，"安史之乱"爆发，安禄山在短短一个月内迅速吞下河北，当地郡县纷纷投降，玄宗感叹："二十四郡，曾无一人义士邪！"[①] 其实不然，在少数的顽强抵抗者中就有大名鼎鼎的颜真卿。安禄山起兵前，这位敬业的平原太守已察觉到迹象，遂以预防霖雨为名，抓紧修筑城墙，充实仓库。安禄山认为颜真卿不过是一介书生，对他很是轻视，还发公文让颜真卿率领平原和博平二郡共七千名士兵守卫黄河渡口。颜真卿转脸就派平原司兵李平抄小道去长安报信。李平到长安后，玄宗高兴地说："朕不识颜真卿作何状，乃能如是！"[②] 颜真卿又派亲信偷偷带着悬赏叛军的公文潜入其他州郡，获得了热烈的响应，其中就有他的堂兄颜杲卿。

十一月中旬，安禄山军行至藁城（属常山郡），时任常山太守的颜杲卿因手中无兵，无法抵抗，便以退为进、假意投诚，与长史袁履谦前去迎接。安禄山当场就赐给颜杲卿金鱼袋及紫衣，并保留了他常山太守的职务。此外李钦凑（安禄山义子）被留下和高邈驻守井陉关（即土门关，属常山郡，太行山八陉之一，连接河北与河东），防备河东的唐军进入河北，抄安禄山的后路。颜杲卿在回去的途中指着刚获

① 《资治通鉴》卷 217《唐纪三十三》，第 6938 页。

② 《资治通鉴》卷 217《唐纪三十三》，第 6938 页。

赐的紫衣对袁履谦说:"我为何要穿这件衣服呢?"袁履谦了然,开始与颜杲卿暗中谋划起兵讨伐安禄山。

可惜,次年正月初八叛军攻陷常山,颜杲卿及其子颜季明惨死。乾元元年(758),颜真卿寻回颜季明的头骨,"抚念摧切,震悼心颜",遂提笔写就《祭侄文稿》。

《祭侄文稿》全称为《祭侄赠赞善大夫季明文》,现藏于台北"故宫博物院"。因书法价值极高,与《兰亭序》《黄州寒食帖》并称"天下三大行书"。除却颜真卿本身的技巧之外,更因笔触间饱含哀切,"两段'呜呼哀哉'的文字都写得从正到草,从紧到放,即是形式特征,又是愤懑激越的情感内容"[1]。全文共二十三行,凡二百三十四字,字字血泪:

> 维乾元元年(758),岁次戊戌,九月庚午朔三日壬申,第十三("从父"涂去)叔银青光禄(脱"大"字)夫、使持节蒲州诸军事、蒲州刺史、上轻车都尉、丹杨县开国侯真卿,以清酌庶羞,祭于亡侄赠赞善大夫季明之灵:惟尔挺生,凤标幼德,宗庙瑚琏,阶庭兰玉,("方凭积善"涂去)每慰人心,方期戬谷,何图逆贼闲衅,称兵犯顺,尔父竭诚,("□制"涂去,改"被胁"再涂去)常山作郡。余时受命,亦在平原。仁兄爱我,("恐"涂去)俾尔传言,尔既归止,爰开土门。土门既开,凶威大蹙("贼臣拥众不救"涂去)。贼臣不("拥"涂去)救,孤城围逼,父("擒"涂去)陷子死,巢倾卵覆。天不悔祸,谁为荼毒。念尔遘残,百身何赎。呜呼哀哉!吾承天泽,移牧河关。("河东近"涂去)泉明比者,再陷常山,("提"涂去)携尔首榇,及兹同还。

---

① 沃兴华:《论意临》,《书画艺术》,2011年(第2期),第28页。

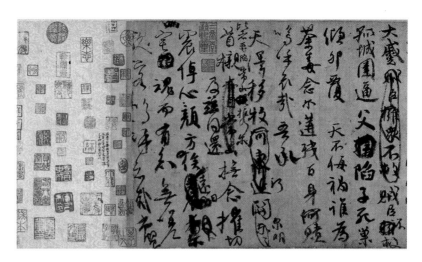

图 7　颜真卿《祭侄文稿》局部。

（"亦自常山"涂去）抚念摧切，震悼心颜，方俟远日，（涂
去二字不辨）卜（再涂一字亦不辨）尔（"尔之"涂去）幽
宅（"相"涂去）。魂而有知，无嗟久客。呜呼哀哉，尚飨。[1]

颜杲卿从举兵反抗叛军至身死前后不过十余日，却展现出了动人
的忠诚。安禄山离开藁城后，颜杲卿即与参军冯虔、前真定县令贾
深、藁城县尉崔安石、常山人翟万德、内丘县丞张通幽密谋讨伐叛
军。颜杲卿双线并行，一方面积极联系盟友，一方面解决掉身边的叛
军武力。他派人给太原尹王承业传信，让他响应起兵；又派儿子颜泉
明前往平原郡联络颜真卿，欲连兵断安禄山归路，以缓其西入长安之
谋；还试图派人策反守卫范阳的贾循，可惜消息泄漏，贾循被杀。颜
杲卿以开会的名义把李钦凑骗来杀死，解散了井陉关的守卫兵。正好
安禄山的大将高邈、何千年都要经过常山，颜杲卿派冯虔抓获了高
邈，又命崔安石、翟万德在驿站埋伏，生擒了何千年。安禄山手下的

---

[1] 《全唐文》卷 344《祭侄季明文》，第 3498 页。

三员猛将均折损于颜杲卿之手。

有意思的是，何千年被捕后还为颜杲卿献谋献策，建议他避免与叛军精锐正面交锋，而应挖深沟、筑高垒以加强防御，待朔方军到达后联合赵郡、魏郡的兵力切断范阳要膂。此外可以造谣言说朔方军已入河北，吓退正在围攻饶阳的安禄山将领张献诚。颜杲卿非常高兴，采纳了他的计策，张献诚果然撤兵。颜杲卿顺势派人入饶阳城抚慰众人，并令崔安石散布消息，称唐军已攻下井陉关，不久就要到河北。因此河北诸州郡纷纷归顺朝廷，总兵力达二十余万。后来郭子仪、李光弼果然率朔方军入河北，于饶阳取得重大胜利，一举切断了安禄山叛军与范阳的联系。

颜杲卿派儿子颜泉明与贾深、翟万德将李钦凑的首级与高邈、何千年献于京师。张通幽借口哥哥投敌，哀求颜杲卿让他一同入京，为全家人求情。颜杲卿被打动，同意了他的请求，没想到因此招致祸患。行至太原，张通幽想巴结王承业，让他扣留颜泉明等，另造奏表，诋毁颜杲卿，把杀李钦凑、擒何千年和高邈这些功劳都算在自己头上，另派使者去朝廷献捷。

差不多同时，安禄山听说常山的消息，便遣史思明、蔡希德以平卢步骑五千攻常山。此时距离颜杲卿起兵不过八日，一切都还没准备好，他急忙向太原求救。此时的王承业已经窃取了颜杲卿的功绩，乐得看他守城失利，因此拥兵不救，眼看着颜杲卿粮尽矢竭，常山沦陷。《祭侄文稿》中说的"贼臣不救"指的就是王承业。讽刺的是，颜杲卿被抓到洛阳后，王承业的献捷表终于送到了长安——王承业因功被封为羽林大将军，部下一百多人均加官晋爵，颜杲卿也被授予卫尉卿（虚职，掌供宫廷、祭祀、朝会所用的仪仗、帷幕）。任命消息尚未传来，常山就已失守。

安禄山在洛阳见到颜杲卿后就数落道："汝自范阳户曹，我奏汝为判官，不数年超至太守，何负于汝而反邪？"颜杲卿瞋目骂曰：

汝本营州牧羊羯奴，天子擢汝为三道节度使，恩幸无
比，何负于汝而反？我世为唐臣，禄位皆唐有，虽为汝所
奏，岂从汝反邪！我为国讨贼，恨不斩汝，何谓反也！臊羯
狗，何不速杀我！ ①

颜杲卿的话激怒了安禄山。安禄山下令把颜杲卿与袁履谦等人捆
在洛阳天津桥的桥柱上，生剐其肉，颜杲卿与袁履谦死前仍骂不绝
口，非常惨烈。安禄山仍不解气，又杀了颜杲卿的家人，"颜氏一门
死于刀锯者三十余人"②，其中就有颜季明。唐军收复两京后，肃宗下令
追赠在安史之乱中坚贞不屈的人，其中就包括了颜杲卿、袁履谦和其
子孙。

颜真卿是琅琊人，即今天的山东临沂人。祖上是南北朝时的大学
者颜之推。颜真卿少年时代勤于学习，文章写得很好，尤工于书法。
开元中，高中进士甲科，出任监察御史，被派驻哥舒翰军中。后来官
至殿中侍御史、东都畿采访判官，转侍御史、武部员外郎。颜真卿不
依附杨国忠，被后者贬为平原太守。

安禄山攻陷了洛阳后，杀了洛阳的守将李憕、卢奕、蒋清等人，
让部下段子光带着这几个人的首级送到河北各郡展示。到平原时，颜
真卿把段子光抓住腰斩，夺取李憕等人的首级，又用蒲草做成了身
体，厚葬了这几位大臣。此时在颜杲卿的谋划下，饶阳、河间、博平
纷纷起义，各有兵数千或万人，各方共推颜真卿为盟主，连兵二十余
万，横绝燕、赵。

这时河北诸州郡中只有范阳、卢龙、密云、渔阳、汲、邺六郡仍
依附安禄山。在这大好形势之下，哥舒翰兵败潼关，形势剧变。等到

① 《资治通鉴》卷 217《唐纪三十三》，第 6952 页。

② 《资治通鉴》卷 217《唐纪三十三》，第 6952 页。

太子李亨分兵北去，颜真卿用蜡丸包裹密信送到灵武。肃宗任命颜真卿为工部尚书兼御史大夫，同时担任河北招讨、采访、处置使，并颁布赦书，也密封在蜡丸中。颜真卿收到赦书后立刻将之散发到河北诸郡，又派人颁于河南、江淮。这时各地才知道太子已即位于灵武，人心再次振奋。至德元载（756）十月，安禄山派史思明、尹子奇急攻河北诸郡，饶阳、河间、景城、东安相次陷没，只剩平原、博平、清河三郡，人心危荡，无法再聚。颜真卿只能弃郡渡河，后在江淮、荆襄继续为官。

至德二年（757）四月，颜真卿赶到凤翔见肃宗，肃宗让他担任兵部尚书，很快迁为御史大夫。但颜真卿很快被排挤出朝廷，担任同州刺史，转蒲州刺史、浙江西道节度使，后来又被调回中央担任刑部尚书。当时宦官李辅国大权在握，奉肃宗之命把玄宗从兴庆宫迁到太极宫。颜真卿因带着一些大臣去太极宫向玄宗请安，被贬到蓬州当长史。

代宗继位后，颜真卿又被擢为利州刺史，迁户部侍郎，除荆南节度使，转任尚书左丞。德宗即位后，宰相卢杞专权，对颜真卿颇为畏忌，将他改任为太子太师，逼其退休，甚至还派人问颜真卿愿意到哪个地方为官。颜真卿在中书省等着卢杞，对他说：

> 真卿以褊性为小人所憎，窜逐非一。今已羸老，幸相公庇之。相公先中丞传首至平原，面上血真卿不敢衣拭，以舌舐之，相公忍不相容乎？[1]

颜真卿直言自己天性耿直，因此总是被小人所憎。随后话锋一转，提起卢杞的父亲卢奕。卢奕被叛军斩首后，头颅被送往河北各处

---

[1]《旧唐书》卷128《颜真卿传》，第3595页。

示威，幸为颜真卿所截，得以安葬。颜真卿说当时卢奕面上的血他都不敢拿衣服擦拭，都是用舌头舔去的，暗示卢杞勿要忘恩负义。卢杞听完赶紧下跪道歉，心中却暗藏怒火。恰逢反叛的淮宁、淄青节度使李希烈攻陷汝州，卢杞就上奏德宗，说颜真卿名望很高，如果派他去，朝廷将不费一兵一卒就可以平定叛乱。朝堂上的人们都被这话吓坏了，曾败给李希烈的李勉认为如此折损一位元老会让朝廷蒙羞，试图阻拦却未能成功。颜真卿被送入虎口。

颜真卿见到李希烈后，准备宣达朝廷的旨意，李希烈的养子和手下都露出刀刃表现得非常凶狠，更扬言要吃了他的肉，可颜真卿岿然不动。李希烈大摆宴席，让倡优表演讽刺朝政的戏码，颜真卿很生气，愤然起身准备离席。这时周围的叛将表示，李希烈正计划称帝，颜真卿就来了，这是天意，并试图拉拢，许他宰相之职。颜真卿叱骂道：

> 是何宰相耶！君等闻颜杲卿无？是吾兄也。禄山反，首举义兵，及被害，诟骂不绝于口。吾今年向八十，官至太师，守吾兄之节，死而后已，岂受汝辈诱胁耶！①

李希烈手下的大将周曾谋划偷袭汝州，杀掉李希烈，奉颜真卿为节度使，结果事遭泄露，周曾被杀，颜真卿被送到龙兴寺。兴元元年（784），唐朝军队形势好转，李希烈恐生兵变，想借颜真卿稳定军心，就派人在庭院中堆柴点火，让颜真卿选择投降还是烧死，颜真卿二话没说就往火里跳，被一旁的将领拦住。没过几个月，德宗收复长安，李希烈恼羞成怒，派人勒死了颜真卿。后来颜真卿的尸体被运回长安，德宗非常伤感，废朝五日，追赠谥号文忠。

① 《旧唐书》卷 128《颜真卿传》，第 3597 页。

二、睢阳：张巡带来的奇迹

安史之乱中，张巡守睢阳，堵住了安史叛军南下江淮之路，保证了唐朝的经济命脉。守城之战异常惨烈，所以张巡被朝廷褒奖为忠臣烈士，但也引起了很大的道德争议。

据史料记载，张巡有文采和德行，长大之后仕途顺利，在安史之乱前担任过两个地方的县令，非常能干，而且重情重义，听说他人生活窘迫，都会倾囊相助。在秩序瓦解的情况下，有特殊才能的人就会崭露头角。至德元载（是年七月改元，756）二月，张巡正担任真源（今河南鹿邑）县令。吴王李祇任灵昌太守、河南都知兵马使，正积极练兵御敌，张巡受他影响，不仅自己招募豪杰准备抵抗叛军，还劝说谯郡（今安徽亳州）太守杨万石修缮城墙、招募市民做好防御。然而杨万石投降了安禄山，逼张巡任长史，西迎叛军。

张巡回到真源后立即起兵，挑选了一千精兵西行至雍丘（今河南杞县）。那时雍丘县令令狐潮投靠了叛军，击退了淮阳来的唐军，俘虏了一百余人，将他们关在雍丘城中准备杀掉。这些俘虏趁令狐潮出城，杀掉守卫，准备反击。令狐潮抛妻弃子逃走了，单父（今山东单县）尉贾贲便趁乱进入雍丘，与张巡合兵。二月十六日，令狐潮又带领叛军进攻雍丘，贾贲战死，张巡力挽狂澜，顺势吞并贾贲的部队，号称吴王先锋使。

三月初二，令狐潮又率兵四万来袭。张巡率领手下几千人奋勇守城六十余天，其间两军交手大小三百余战，张巡"带甲而食，裹疮复战"①，最终击退敌军。张巡乘胜追击，还俘虏两千胡兵，一时军声大振。雍丘位于大运河通济渠北侧，是江淮运粮进京的必经要道，其重要性不言而喻。

至德元载（是年七月改元，756）五月，安禄山大将令狐潮又带兵攻雍丘。令狐潮与张巡是旧识，在对阵的时候，还在城下互拉家常，令狐潮对张巡说："天下事去矣，足下坚守危城，欲谁为乎？"张巡说："足下平生以忠义自许，今日之举，忠义何在！"②令狐潮自觉惭愧，随后退兵。

六月，潼关失守。七月，玄宗已到达成都。令狐潮已围困张巡四十余天，朝廷的消息传不进去，雍丘城中的人们并不知道皇上已逃离长安。令狐潮写信告知张巡此事，顺势劝降。张巡手下的六员大将认为敌强我弱，如今皇上又生死难料，不如投降。张巡假装答应，第二天就在大堂挂上皇帝的画像，率众将士朝拜，人人皆泣。这时张巡把六个军官领到前面，责备他们不顾大义，之后全部处死，以激励将士共同对敌。

雍丘城小，物资不全，箭很快就用完了。张巡就命手下扎了一千多个草人，都披上黑色的衣服，夜里用绳索放到城下，引得令狐潮军纷纷射箭，就这样"钓"来了数十万支箭。之后张巡又在夜里用绳索放人，令狐潮军以为还是草人，都哈哈大笑，没有防备。没想到这次竟是五百死士。这支敢死队直击令狐潮大营，叛军大乱，烧掉堡垒四处逃奔，被张巡带兵追击了十余里。令狐潮羞愤不已，又调来更多士卒将雍丘死死围住。张巡草人借箭的事迹在《旧唐书》《资治通鉴》里都有记载，这也启发了明清的文学家创作了诸葛亮草船借箭的故事。

① 《资治通鉴》卷217《唐纪三十三》，第6956页。

② 《资治通鉴》卷218《唐纪三十四》，第6963页。

张巡善于带兵。张巡让郎将雷万春站在城头上和令狐潮喊话，雷万春的脸被弩机射中六次，仍然一动不动。令狐潮怀疑城上的是一个木头人，就派人前去探查，证实确实是雷万春后，令狐潮大惊，远远对张巡喊话："向见雷将军，方知足下军令矣，然其如天道何！"张巡说："君未识人伦，焉知天道！"①

之后张巡屡次率军主动出击，三番五次打败叛军，直逼得他们退回雍丘城北陈留驻扎，不敢轻易再战。雍丘战略位置重要，经常有叛军经过。有一次七千叛军驻扎在附近的白沙涡，张巡趁夜带兵突袭，大破贼军。张巡在回城途中，路过桃陵，碰巧撞上赶来营救的四百余名叛军。他对这四百人进行了简单的分类：来自安禄山大本营妫州、檀州这些地方的兵丁以及胡兵，全都杀掉；来自荥阳、陈留被胁迫从兵者，会给一些路费让这些人回家。十天之内，逃离叛军前来投奔张巡的百姓多达一万余户。八月，安禄山大将李庭望带蕃、汉二万余人东袭宁陵、襄邑，夜里在离雍丘城三十里地的地方扎营。李庭望只是经过雍丘，张巡带着三千短兵（持刀、剑、铜等近身搏杀的士兵）去偷袭军营，杀伤过半。李庭望带着余兵逃走。年底时令狐潮、王福德再次率领步骑万人围攻雍丘，又被张巡打败。

令狐潮、李庭望围攻雍丘数月一直攻不下，就在雍丘之北筑杞州城以断绝张巡的粮食援助。河南节度使虢王李巨中兵于彭城，让张巡担任他的先锋使。当月，鲁郡、东平、济阴全部陷落。安禄山的大将杨朝宗率步兵、骑兵两万人，准备突袭宁陵，切断张巡后路。张巡带兵撤出雍丘，和睢阳太守许远合军驻守宁陵。当天，杨朝宗到达宁陵城西北，与张巡、许远大战数十回合，张巡大获全胜，"斩首万余级，流尸塞汴水而下"②，杨朝宗收兵夜逃。因为大战告捷，肃宗下敕书任命

---

① 《资治通鉴》卷 218《唐纪三十四》，第 6988 页。

② 《资治通鉴》卷 218《唐纪三十四》，第 7010 页。

张巡为河南节度副使。张巡认为自己的部下都有功劳，就派使者向虢王李巨请求空名告身和赏赐，李巨只给了三十通折冲、果毅等低级官员的告身，也没有任何物质奖赏。张巡气极，写信谴责李巨，李巨也不好意思回应。

至德二载（757）安禄山死后，其子安庆绪派部将尹子奇率同罗、突厥、奚等部族精锐兵力与杨朝宗会合，集结十几万人进攻睢阳。睢阳是交通要道，如果失守，叛军就可以会聚南下，占领

图 8　保定市曲阳县田庄大墓壁画仪卫图。此墓很可能属于安禄山或者安禄山义子李宝臣（第一任成德节度使）。

江淮地区。唐军在南方兵力不强，安史之乱中南方没有沦陷，其关键就在于张巡死守住了睢阳。面对强敌，张巡、许远激励将士坚守，有的时候一天两军交战多达二十余次，就这样激战十六日，共俘虏六十余名叛军将领，斩杀两万余名士卒，唐军士气倍增。许远自以为才能不及张巡，推张巡为主帅，而自己负责筹集军粮和战争物资。

三月，尹子奇再次集结众多兵力攻打睢阳。张巡对将士们说："吾受国恩，所守，正死耳。但念诸君捐躯命、膏草野，而赏不酬勋，以此痛心耳！"[1] 将士们群情激愤，纷纷主动请战。之后张巡杀了一头牛，大犒士卒，吃完之后率领全军出战。他因为兵少，被叛军嘲笑。张巡并未理会，手举战旗，率领诸将直接冲入敌阵，斩将三十余人，

---

① 《资治通鉴》卷 218《唐纪三十五》，第 7022 页。

杀士卒三千余人，又追击了数十里。第二天，叛军又在城下集结，张巡再次出战，就这样不分昼夜打了数十回合，屡屡挫败叛军，但是对方也死死围住睢阳而不退。

深夜，张巡在城中敲鼓整队，装作马上要出去作战，叛军听到后，整晚戒备，没想到天亮后张巡竟然息兵绝鼓了。叛军登飞楼俯瞰睢阳城，没有见到任何异样，紧绷了一晚的神经逐渐松懈，纷纷解甲休息。这时张巡与将军南霁云、郎将雷万春等十余名将军，各率五十名骑兵从城门杀了出去，直冲敌营，叛军大乱，此次突袭共斩叛军将领五十余人，杀士卒五千余人。张巡想要射杀尹子奇，却并不认识他，遂心生一计，削蒿草作箭四处发射，被击中的叛军以为张巡没有箭了，大喜，立刻跑去向尹子奇汇报。张巡等人得以锁定尹子奇的方位，随后南霁云射中尹子奇左眼，差一点将其活捉。这次大捷之后，朝廷拜张巡为御史中丞，许远为侍御史，姚訚为吏部郎中。

尹子奇屡败屡战，七月六日，又征兵数万围攻睢阳。本来许远在睢阳城中积粮至六万石，虢王李巨将其中一半给了濮阳、济阴二郡，没想到济阴郡得到粮食后就叛变了，而此时睢阳城已粮尽。经过大小战役无数，将士们能吃的东西越来越少，这时每人每天只能领到一合（十合为一升）米，掺着茶纸、树皮作为一餐。最后城中只剩下一千六百名士兵，全都因饥饿和疾病缺少战斗力，再也无法主动出击，只能被敌人团团围住。张巡见此便着手准备守城的工具严阵以待。

叛军了解情况后决定强攻睢阳，推来高大的云梯准备爬城。张巡早已命人在城墙上凿了三个洞，待云梯靠上城墙时，先从一个洞中伸出钩杆将其钩住以防其后退，再从另一个洞中伸出一根木棒抵住云梯以防其前进，最后从第三个洞中投火焚烧云梯。之后叛军又试图用钩车破坏睢阳城墙上的敌楼、用木马强攻入城，张巡就想办法弄掉了钩车上的钩子，又用铁水浇灌木马，再次挫败敌军的进攻。几次交手后叛军也不免佩服张巡的智谋，于是改变策略，围城挖壕，壕外再加筑栅栏，准备长期围困。

城中的守军多因饥饿而死，留存下来的又大多伤残疲惫不堪。有人提议不如弃城东逃，张巡与许远认为：

> 睢阳，江淮之保障，若弃之去，贼必乘胜长驱，是无江淮也。且我众饥赢，走必不达。古者战国诸侯，尚相救恤，况密迩群帅乎！不如坚守以待之。[1]

张巡、许远认为睢阳是江淮屏障，如果放弃，叛军就会乘胜鼓噪南窜，江淮必亡。而且带领饥饿士兵行军，必然到不了目的地，不如等待周边将领前来救援。当时茶纸也吃完了，就杀马充饥；马也被杀光后，就开始捕鸟捉鼠，没多久鸟、鼠也被吃尽。于是张巡对众人说："诸君经年乏食，而忠义不少衰，吾恨不割肌以啖众，宁惜一妾而坐视士饥？"[2]随后杀了自己的爱妾，煮熟犒赏诸将士，坐者皆泣，不忍下口，张巡强令众人食之，随后许远也杀了他的奴僮分给士兵。吃完主帅的家仆后，开始抓捕城中的老弱妇孺。大家都知道必死无疑，没有人叛逃。

然而当时御史大夫贺兰进明接替李巨任节度使，驻军临淮（今江苏、安徽交界，已没入洪泽湖），许叔冀驻军谯郡（今安徽亳州），尚衡驻军彭城（今江苏徐州），都持观望态度，不肯救睢阳之围。眼见城中愈发艰难，张巡命南霁云到许叔冀处求援，许叔冀不同意，只送布数千匹。南霁云在马上谩骂，要求决斗，许叔冀不敢回答。张巡又派南霁云至临淮告急，南霁云率精锐骑兵三十人突围出城。贺兰进明认为睢阳已无胜利的希望，南霁云指出睢阳与临淮是唇亡齿寒的关

---

① 《资治通鉴》卷218《唐纪三十六》，第7038页。

② 《新唐书》卷192《忠义中·张巡》，第5538页。

系，临淮出兵助睢阳也是在保全自身。贺兰进明婉拒出兵，但很欣赏南霁云的勇气，便设宴款待希望他能留下。南霁云在宴席上哭泣道：

> 昨出睢阳时，将士不粒食已弥月。今大夫兵不出，而广设声乐，义不忍独享，虽食，弗下咽。今主将之命不达，霁云请置一指以示信，归报中丞（张巡）也。[1]

言毕挥剑斩断一根手指证明自己来过。离开时他抽箭回头射向佛寺的宝塔，箭头深深没入砖中，并放言："我破灭叛贼回来，定要消灭贺兰进明，这支箭就是我誓言的标志！"贺兰进明其实与许叔冀有矛盾，他曾得罪了宰相房绾，房绾便任命亲信许叔冀牵制贺兰进明。或许贺兰进明内心曾想过出兵救睢阳，但对遭许叔冀偷袭的担心可能更占上风。

南霁云又来到真源，守将李贲送他马百匹；在宁陵宿营时，又得到城使廉坦的三千士兵。一行人准备乘夜突围入睢阳，可惜被叛军发觉，南霁云边战边进，死伤惨重，到达睢阳时只剩一千人。时值大雾，张巡听到战斗的声音，说："这是南霁云他们的声音。"便打开城门，南霁云赶着从叛军手里抢夺的几百头牛入城。

叛军知睢阳已无外援，围攻更急。十月九日，叛军攻城，睢阳已无能作战的将士。张巡向西跪拜曰："孤城备竭，弗能全。臣生不报陛下，死为鬼以疠贼！"[2]睢阳城陷，张巡与许远一起被俘。尹子奇听说张巡每次打仗时都会将眼角撑裂，牙齿咬碎，好奇地询问原因。张巡答曰："吾欲气吞逆贼，顾力屈耳！"[3]尹子奇大怒，用刀撬开他的

① 《新唐书》卷 192 《忠义中·张巡》，第 5539 页。

② 《新唐书》卷 192 《忠义中·张巡》，第 5539 页。

③ 《新唐书》卷 192 《忠义中·张巡》，第 5539 页。

嘴，发现果然只剩三四颗牙齿。张巡怒骂道："我为君父死，尔附贼，乃犬彘也，安得久！"①尹子奇佩服张巡的气节，想放了他，其部下认为张巡必不会为己所用，且深得人心，留着恐怕后患无穷。尹子奇又把刀架在张巡脖子上胁迫他投降，张巡并不屈服。尹子奇又逼南霁云投降，南霁云亦未应声。张巡呼叫："南八！男儿死尔，不可为不义屈！"南霁云笑着说："欲将有为也，公知我者，敢不死！"也不肯投降。

最后，张巡与姚訚、雷万春等三十六人一同遇害，终年四十九岁。许远被押往洛阳，拒不屈服，为安庆绪所杀。

睢阳保卫战是安史之乱当中非常重要的一次战役。当时唐朝经济仅由长江、淮河流域的赋税支撑。睢阳位于大运河汴河河段中部，是江淮流域的重镇，如果失守，运河阻塞，后果不堪设想。睢阳城中战前有百姓数万，至城破仅剩四百活人。张巡、许远守睢阳，兵力最多时也不满七千，所有守城的器械均缴获自敌军，前后四百余战，竟然歼灭叛军十余万人。在张巡坚守睢阳的十个月内，江淮财赋的接济始终没有中断，唐廷完成了恢复、准备到反攻的过程。睢阳陷落前一个月，唐军已收复长安，在睢阳陷落后十天又收复了洛阳。唐朝天下得以保全，全仗睢阳坚守十月之久。韩愈评论说："守一城，捍天下，以千百就尽之卒，战百万日滋之师，蔽遮江淮，沮遏其势，天下之不亡，其谁之功也！"②

唐军收复长安后，肃宗下诏褒奖忠臣，其中就包括张巡。但是对张巡的褒奖引发了争议。有人认为，张巡死守睢阳，最后发展到吃人，是对人性的玷污，还不如弃城保全民众性命，建议不予褒奖。张巡的朋友李翰为他写了传记，上奏肃宗：

---

① 《新唐书》卷192《忠义中·张巡》，第5539页。

② 《全唐文》卷556《张中丞传后叙》，第5628页。

图 9　清西村张王爷玉印。原供奉于道光年
间广州西村的张王爷庙，现藏于广州
荔湾博物馆。张王爷相传为唐代张
巡，后世民间逐渐诞生张王爷信仰，
视其为护宅神。广州荔湾区西村以农
历三月初四为张王爷诞辰，至今仍有
贺诞的习俗。

（张）巡以寡击众，以弱制强，保江、淮以待陛下之师，
师至而张巡死，巡之功大矣。而议者或罪巡以食人，愚巡以
守死，善遏恶扬，录瑕弃用，臣窃痛之！巡所以固守者，以
待诸军之救，救不至而食尽，食既尽而及人，乖其素志。设
使巡守城之初已有食人之心，损数百之众以全天下，臣犹曰
功过相掩，况非其素志乎！今巡死大难，不睹休明，唯有令
名是其荣禄。若不即纪录，恐远而不传，使巡生死不遇，诚
可悲焉！臣敢撰传一卷献上，乞编列史官。①

众议由是始息。后追赠张巡为扬州大都督、邓国公；诏赠许远为
荆州大都督。二人均图像于凌烟阁，并建双忠庙于睢阳，岁时致祭。

---

① 《资治通鉴》卷 219《唐纪三十六》，第 7046—7047 页。

三、潼关：哥舒翰的失误

哥舒翰是大唐的英雄，具有崇高的威望，且一向与安禄山有矛盾。玄宗在回过神来之后，即刻任命哥舒翰担任兵马副元帅，领河、陇诸蕃十三个部落，主导对安禄山的征讨。哥舒翰的战略非常的明确，即坚守潼关——时有蕃汉兵共二十一万八千人于潼关驻守。可惜此时的哥舒翰因患风疾，身体情况不理想，军政大事都委托给行军司马田良丘处理。田良丘资历不够，大小事情不敢独断，就让哥舒翰手下将领王思礼统领骑兵、李承光统领步兵，结果两人互相不服，导致军令都没办法统一发布，军队内部并不团结。

至德元载（是年七月改元，756）正月，安禄山遣其子安庆绪攻打潼关，哥舒翰将他击退。二月，李光弼被

图 10　哥舒翰纪功碑。现存临洮。本名《陇右纪圣功颂》，为纪念天宝八年唐军攻克吐蕃石堡城而立。

加封为魏郡太守、河北道采访使，屡屡大破史思明，常山郡（今属河北石家庄）九县中有七县均归附唐军。三月，张巡打响雍丘保卫战，守城六十多天后终以四千杂兵击退四万叛军，并俘虏两千多胡兵，军声大振。四月，李光弼与史思明僵持于常山四十多天，因被敌方切断粮草供应不得已向郭子仪求援。郭、李两军会合后很快击退史思明，并收复赵郡。五月，哥舒翰部下鲁炅退守南阳，立刻被叛军包围，河南节度使虢王李巨率军出蓝田援驰南阳，安禄山军闻声退走。另一边，郭子仪、李光弼率精锐和史思明在河北恒阳（属博陵，今河北曲阳）决战，大破敌军，斩首四万级。史思明落马，光着脚，拄着折断的长枪逃回博陵，李光弼立刻率军将其包围，唐军士气大振。恒阳大捷切断了安禄山和范阳根据地的联系，叛军往返都需要轻装上阵、偷偷通过，而且多为唐朝官军捕获，家在范阳的叛军将士无不动摇。

看到李唐占据上风，原被叛军占据的河北十五郡，包括清河、广平、常山、河间等地，皆杀叛军官吏以示归降。甚至连为安禄山把守老巢的范阳节度使留后贾循，也计划投降唐廷。安禄山察觉，杀死了贾循。这时候范阳、平卢只剩下几千老弱士兵，契丹和奚两部落甚至攻到范阳城下。

形势一片大好，但这时潼关却出了问题。

哥舒翰拥兵守潼关，令手下大将王思礼至陕州劝说叛军将领崔乾祐赶紧投降。安禄山听说后非常害怕，责怪高尚和严庄："你们让我举兵，说一定会成功，结果现在四周都是唐朝的兵马，哪里还能成功啊？都是你们陷害我，以后再也不见你们了。"安禄山手下的骁将田乾真从潼关回来后劝安禄山，万事开头难，但并非没有转机：

> 今四面兵马虽多，皆募新军乌合之众，未经行阵堡垒，非劲锐之卒，不足为我敌。纵大事不成，犹可效袁本初以数

万之众据守河北之地，亦足过十年五岁耳。①

田乾真是安禄山手下文武双全的骁将，在他看来，目前虽然唐军占优，但他们的军队构成复杂，大多未经过系统的军事训练，并不算精锐；而安禄山仍占据着地理优势，就算据守河北也可以安度十余年。

至德元载（是年七月改元，756），正月初一，安禄山鼓动洛阳的老百姓给自己上表劝进，然后顺势即位称帝，定国号大燕，自称雄武皇帝，改元圣武元年；置丞相以下官，封其子安庆绪为王，以达奚珣为侍中，张通儒为中书令；以范阳为东都，免除当地百姓终身租税，将其在城东的私宅改为潜龙宫。安禄山在范阳的住宅本来是同罗馆，前后十余院，门观宏壮，安禄山上表请以一千万买下，玄宗赏给了他。

安禄山的国号也有来头。在安禄山刚起兵时，就流传着一首童谣：

> 燕燕飞上天，天上女儿铺白毡，毡上一贯钱。②

"燕飞上天"暗示称帝，故而安禄山以此为国号，而两个"燕"预示着后来史思明亦称天子。"天上女"指"安"字，"铺白毡"预示安禄山入洛阳之日，大雪盈尺。"一贯钱"说的是安禄山从起兵到失败只有一千天。安禄山到洛阳后很开心，说"才入洛阳，瑞雪盈尺"，卢言呈给安禄山的诗云："象曰云雷屯，大君理经纶。马上取天下，雪中朝海神。"③

---

① （唐）姚汝能撰，曾贻芬点校：《安禄山事迹》卷中，第98页。

② （唐）姚汝能撰，曾贻芬点校：《安禄山事迹》卷下，第101页。

③ （唐）姚汝能撰，曾贻芬点校：《安禄山事迹》卷下，第101页。

安禄山起兵时打着"诛杨国忠"的旗号,这件事天下皆知。王思礼就想借此做点文章,就请哥舒翰上表玄宗诛杀杨国忠,哥舒翰没答应。王思礼又请求哥舒翰派三十名骑兵把杨国忠抓来潼关杀掉。哥舒翰认为如果这样做了,那就是自己谋反而不是安禄山谋反了,仍然不答应。然而这件事却不小心泄露了,杨国忠非常惊惧,上奏玄宗:"潼关虽然有重军坚守,但没有后援,一旦失守京师,就危险了,请从监牧(唐时在陇右设立的饲养战马和牲口的机构,隶属于太仆寺)中挑选三千士兵加以训练,防患未然。"这三千人由剑南军将李福德统领。杨国忠又招募一万士兵屯驻于灞上(今陕西西安东北、白鹿原北),杨国忠令亲信杜乾运率军,名义上是御贼,实际上是防备哥舒翰。哥舒翰知道后,害怕杨国忠在背后袭击,上表玄宗将灞上军并入潼关军,均由他统领。哥舒翰又把杜乾运召到潼关,找了个借口杀了他。这让杨国忠更加害怕,对他的儿子杨暄说:"我活不了几天了。"[1]杨国忠见哥舒翰一直按兵不动,担心时间越久局势就越会对自己不利,希望能速战速决,就屡次督促哥舒翰出兵,哥舒翰不理。从地势角度分析,哥舒翰的选择不无道理,"潼关三百余里,利在守险,不利出攻"[2],十几万军队在峡谷里也无法展开作战。

叛军将领崔乾佑屡次挑战,哥舒翰皆不应,杨国忠就状告哥舒翰逗留不进。这时有人告诉玄宗,崔乾佑在陕州的兵力其实不到四千,都是老弱之兵。玄宗便派人催促哥舒翰出兵收复洛阳。哥舒翰上奏说:

> 禄山久习用兵,今始为逆,岂肯无备!是必羸师以诱
> 我。若往,正堕其计中。且贼远来,利在速战;官军据险以

---

① 参看(唐)姚汝能撰,曾贻芬点校:《安禄山事迹》卷下,第103页。

② (唐)姚汝能撰,曾贻芬点校:《安禄山事迹》卷下,第103页。

扼之，利在坚守。况贼残虐失众，兵势日蹙，将有内变；因而乘之，可不战擒也。要在成功，何必务速！今诸道征兵尚多未集，请且待之。①

哥舒翰指出了三点：其一，崔乾佑在陕州只有四千老弱残兵，可能是引诱唐军出击的烟幕弹；其二，唐军占优地理优势，更适合防守；其三，现在不是最好的战机，各地征兵尚未聚齐，待叛军内乱时出手，成功概率更大。郭子仪与李光弼也建议"引兵北取范阳，覆其巢穴，质贼党妻子以招之，贼必内溃。潼关大军，唯应固守以弊之，不可轻出"②。玄宗希望能尽快看见战果，再加上杨国忠在一旁煽风点火劝玄宗不要错失"良机"，玄宗就不停地派宦官催促哥舒翰出兵，宦官们甚至"项背相望"③，络绎不绝。

六月四日，哥舒翰不得已引兵出关，七日，在灵宝西原遇到崔乾佑的军队。两军的优劣势一目了然：崔乾佑处于守势，占据着险要之地，南靠山，北据黄河，狭道七十里；哥舒翰是攻势，大军有二十万，人数是崔乾佑军队的二十倍。八日，两军交战。崔乾佑提前将五千陌刀手埋伏在险要之处，哥舒翰与田良丘乘船观察军势时，见崔乾佑兵少，就命令大军前进。王思礼等率领五万精兵打前锋，庞忠等率领十万余兵殿后，哥舒翰则带领三万士兵登上黄河北岸的高丘观看整个形势，并且鸣鼓助威。唐军远看叛军"什什伍伍，散如列星，或疏或密，或前或却"④，哈哈大笑，十分轻敌。两军一交战，叛军假装逃走，唐军斗志早已松懈，没有任何防备就追了上去。待唐军追至

① 《资治通鉴》卷218《唐纪三十四》，第6967—6968页。

② 《资治通鉴》卷218《唐纪三十四》，第6968页。

③ 《资治通鉴》卷218《唐纪三十四》，第6968页。

④ 《资治通鉴》卷218《唐纪三十四》，第6968页。

山谷深处，叛军的伏兵突进，从高处向下扔滚木、石头，因为谷道狭窄，人马拥挤，无法使用枪槊的唐军死伤惨重。

哥舒翰原本安排了不少毡车为前驱，去冲击叛军。他用毛毡蒙住战车，"以马驾之，画以龙虎之状，五色相宣，复以金银饰其画兽之目及爪"①。毡车本来是对抗骑兵的绝佳武器，特别容易冲散骑兵部队，另外还配有长矛、弓箭，对骑兵的杀伤力很大。但问题是崔乾佑军的主力是步兵。拉车的马匹受到惊吓而失控，战车上的兵器不断掉落，叛军立刻知晓了唐军的意图。等到过了日中，东风暴急，崔乾佑把数十辆草车塞在毡车之前引燃，战场上顿时烟雾蔽天，唐军被熏得睁不开眼，妄自相杀，以为叛军在浓烟之中，开始用弓箭和弩机向烟雾中射击。等到天黑，箭已射尽，唐军才发现刚刚不过是在自相残杀，崔乾佑的军队早就撤走。这时崔乾佑抄了哥舒翰的后路，带着精骑从南山攻打过来。唐军首尾骇乱，有的弃甲逃入山谷，有的被挤入河中溺死，哭喊声振动天地。后军见前军大败，全都崩溃了。河北岸正好停靠着运粮的船只，哥舒翰的部下就建议用这些船将对岸的士兵接过来。然而慌乱的唐军都争着上船，有十余艘船因为塞满了人竟沉到了河里，瞬间两岸皆空。哥舒翰仅与部下数百骑从首阳山西面渡河逃脱。潼关外面挖了三条壕沟，宽二丈，深一丈，本来是为叛军准备的，没想到造化弄人，坠入的都是唐军的人马，尸体很快就将战壕填满了，后面的人就踏着同胞的尸体逃回了关内。最后入关的军队不过八千余人。

六月九日，崔乾佑率军攻占了潼关。

哥舒翰到关西驿收拾残兵，准备收复潼关。这时有个叛徒出现了。蕃将火拔归仁等带着百余骑兵围住关西驿，对哥舒翰说叛军来了，请他赶快上马。火拔归仁是突厥人，颉利可汗的亲戚，血统很高

① （唐）姚汝能撰，曾贻芬点校：《安禄山事迹》卷下，第103页。

贵，唐朝封他为燕山郡王。哥舒翰对自己的亲信未加怀疑，没想到等出了驿站，火拔归仁率一众士兵叩头说："公以二十万众一战弃之，何面目复见天子！且公不见高仙芝、封常清乎？请公东行。"[1] 见哥舒翰不愿意，火拔归仁等人便把他的双脚和马的肚子绑在一起，强押着他去归顺安禄山。这时叛军将领田乾真到了，火拔归仁就顺势投降，一行人被一同送到洛阳。安禄山问哥舒翰："汝常轻我，今定何如？"哥舒翰伏地说："臣肉眼不识圣人。今天下未平，李光弼在常山，李祗在河南，鲁炅在南阳，陛下留臣，使以尺书招之，不日皆下矣。"[2] 安禄山很开心地把哥舒翰留下了，却认为火拔归仁叛主，不忠不义，当场杀掉了火拔归仁。哥舒翰写信给李光弼等人，诸将全都回信唾骂他的背叛。安禄山预料到此举不会有效果，就把哥舒翰关押在宫中。

如果唐朝能像西汉周亚夫那样坚守潼关，应该可以平定叛乱。但是很可惜，有太多因素影响了历史的走向。潼关既败，于是河东、华阴、冯翊、上洛守将全弃郡而走，守兵全部溃散，形势急转直下，叛军得到越来越多的响应，从贼者如流水。当时谁也没想到，安禄山挑起的叛乱会持续八年之久，大唐的一切从此天翻地覆。

---

① 《资治通鉴》卷 218《唐纪三十四》，第 6969 页。

② 《资治通鉴》卷 218《唐纪三十四》，第 6969 页。

四、马嵬驿：李亨的困境 *

潼关失守当天，平安火（烽火）不至 [1]，玄宗开始害怕，隔日就召集宰相商量对策。杨国忠因为自己曾任剑南节度使而提议去四川；监察御史提出用御库的金帛召募勇士，合禁军跟安禄山决一死战。不过当时充盈的中央府库根本无法换来能征善战的将士，毕竟职业军队需要漫长的时间训练，不是花钱就能买到的。长安城中的士民十分恐慌，却不知道该往那儿逃，原先热闹的东西市也是一片萧条。杨国忠让韩国夫人与虢国夫人进宫劝说玄宗前往剑南避难。

六月十二日，上朝的百官不到十之一二。玄宗登临勤政楼，下制说要亲征，远近听到的人都不信。玄宗以京兆尹魏方进为御史大夫兼置顿使；京兆少尹崔光远为京兆尹，充西京留守；将军边令诚掌所有宫殿的钥匙。玄宗假称剑南节度大使颖王璬将赴镇，令剑南道准备迎接，实际上是为他自己做准备，但真相只有少数人知道。当晚天黑以后，玄宗秘密命令龙武大将军陈玄礼集合禁军，厚赐钱帛，从闲厩里

---

* 本节节选、改写自作者《无年号与改正朔：安史之乱中肃宗重塑正统的努力》一文，原载于《人文杂志》2013 年第 2 期。

[1] 《通典》："每晨及夜平安，举一火；闻警，固举二火；见烟尘，举三火；见贼，烧柴笼。如每晨及夜，平安火不来，即烽子（烽火台守卫）为贼所捉。"见（唐）杜佑撰，王文锦等点校：《通典》卷 152《兵五·守拒法》，北京：中华书局，1988年，第 3901 页。

挑选良马九百余匹。十三日黎明，玄宗只与杨贵妃姊妹、皇子、皇妃、公主、皇孙、杨国忠、韦见素、魏方进、陈玄礼及亲近宦官、宫人出延秋门，宫外的皇妃、公主、皇孙全都弃之不顾。经过左藏库，杨国忠建议放火烧掉，以免这些物资落在安禄山手里。玄宗想了想，说叛军来了得不到财富，必然会搜刮百姓，并没有答应。当天，少数不知道实情来上朝的百官在宫门外还能听到漏壶声，仪仗队一如往常队列齐整。然而宫门一开启，宫女、太监就乱糟糟地蜂拥而出，宫内外顿时陷入一片扰攘。

没人知道皇帝在哪里。

王公贵族、大臣百姓四处逃窜，一些山野村夫趁火打劫，跑到皇宫和贵族家中抢夺珠宝，有的甚至骑驴上殿，放火烧掉左藏库。崔光远、边令诚带人救火，杀了十几个人才稍微稳定局势。但是皇帝已经跑了。崔光远派他的儿子去见安禄山，边令诚也献上了皇宫各处的钥匙。

玄宗过渭桥后，杨国忠就打算派人放火烧桥。玄宗知道后，派高力士骑马前去制止，表示不能断了百姓的逃生之路。一行人逃到望贤宫时全都饿了，只能杀马，拆行宫的木头煮肉充饥。玄宗在行宫树下休息，越想越失意，甚至动了自杀的念头。高力士觉察到异样，赶紧抱着玄宗的脚痛哭。玄宗说："朕之作后，天角黎元，今朔胡负恩，宗庙失守，竟无一人勤王者。朕负宗社，敢不自勉！唯尔知我，更复何言。"[1] 随后派宦官去县里宣告，咸阳的官吏、百姓竟然没有一个人来。玄宗到了中午还没吃饭，过了很久才有村民献上蜜面，玄宗看到这些东西非常悲痛。这时尚食令人载着御膳到了，玄宗命人将这些食物分给了随行的官员，大家吃完后继续上路，半夜赶到了金城（今陕西兴平）。金城县令和百姓都已经逃走，不过留下来一些食物和器皿，

---

① （唐）姚汝能撰，曾贻芬点校：《安禄山事迹》卷下，第 105 页。

图 11　唐开元十八年彩绘灰陶
女立俑。甘肃省庆城县
穆泰墓出土，庆城县博
物馆藏。（动脉影　摄）

士卒们就自己动手弄吃的果腹。驿站里没有灯，无论贵贱都挤在一起睡觉。当晚，很多跟随玄宗的人也逃跑了，连玄宗最信任的内侍监袁思艺也趁乱逃走，只有高力士一路紧随。这时王思礼从潼关赶过来，玄宗这才知道哥舒翰被擒，便以王思礼为河西、陇右节度使，即刻赴任，集合散卒，准备东讨。

十四日，玄宗一行人走到了马嵬驿，此时将士们因饥饿疲惫心中怨愤。龙武大将军陈玄礼认为安禄山造反是杨国忠一手造成，想杀掉他，就让宦官李辅国去说服太子，太子犹豫不决。当天，韦见素、杨国忠、魏方进各携其子来驿站拜见玄宗，杨国忠一出来就被二十个吐蕃骑兵拦住。这些士兵问他："某等异域蕃人，来遇国难，请示归路。"杨国忠刚想说话，军中士兵就围上来，说："杨国忠与吐蕃同反，魏方进亦连。"[1]一时之间小小的驿站已被士兵们包围。杨国忠大声斥责他们想要效仿安禄山造反，众人呛声道："你自己就是逆贼！还好意思说别人！"一个叫张小敬的骑兵一箭将杨国忠射下马，随即当众枭首分尸。魏方进与其子，还有二十个吐蕃士兵同时被杀。韦见素被乱兵所伤，脑血涂地，幸好有人大呼："莫损韦相公父子！"才保住了一条性命。士兵们还是围住马嵬驿不肯走，玄宗没办法，拄着拐杖、

---

① （唐）姚汝能撰，曾贻芬点校：《安禄山事迹》卷下，第 105 页。

跐拉着鞋迈出驿门，让士兵们收兵，没有人听。陈玄礼领将士三十余人，对玄宗说："国忠父子既诛，太真不合供奉。"① 玄宗退回驿站，在贵妃门外久久徘徊不进，韦见素的儿子韦谔在旁竭力劝说，玄宗才不情愿地前进几步。高力士见状自请去跟贵妃说明情况，贵妃说："今日之事，实所甘心，容礼佛。"② 随后在佛堂自缢，尸体被放在驿庭中。造反的士兵们见到贵妃的尸体才放下心来，陈玄礼等脱下头盔跟玄宗道歉。杨国忠的妻儿、虢国夫人及其子乘乱逃走，很快也被抓获杀掉。杨家兄弟姐妹全部死于非命。

众人开始商议下一步去哪里。玄宗本来准备去四川，宦官常清认为杨国忠久在剑南，怕蜀地官员见杨国忠已死而产生谋反的意图，建议玄宗去太原，那里是大唐龙兴之地，老百姓忠于李唐。宦官郭师太提出去朔方，骆休详请幸陇西。左右各抒己见，有十几种方案，玄宗拿不定主意，最后问高力士。高力士说：

> 太原虽近，地与贼连，先属禄山，人心难测；朔方近塞，全是蕃戎，教之甚难，不达人意；西凉地远，沙塞萧条，大驾巡幸，人马不少，既无备拟，立见凄惶；剑南虽小，土富人强，表里山河，内外险固。以臣所见，幸蜀为宜。③

玄宗最后还是打算去四川，这个决定却导致随行人员内部出现了分裂。官方史书记载，当地百姓不愿皇帝离开，可惜玄宗去意已决，打算让太子李亨留下抚慰人心。百姓们又苦苦哀求太子留下主持大局，担心中原就此无人作主，会任叛军宰割，并表示愿意追随太子东

---

① （唐）姚汝能撰，曾贻芬点校：《安禄山事迹》卷下，第 105 页。

② （唐）姚汝能撰，曾贻芬点校：《安禄山事迹》卷下，第 105 页。

③ （唐）姚汝能撰，曾贻芬点校：《安禄山事迹》卷下，第 105 页。

讨逆贼。太子不愿远离父亲，左右为难，表示要去询问玄宗的意见。太子之子建宁王李倓与宦官李辅国上前一把拉住了太子的马，劝他留下。一时间围上来的将士、百姓令太子寸步难行①。玄宗见太子久等不到，就派人去查看情况，听闻那边的情形后，玄宗叹曰："天也！"随后把后军二千人和龙厩马分给了太子，告谕将士好好辅佐太子。又嘱咐太子："汝勉之，勿以吾为念。西北诸胡，吾抚之素厚，汝必得其用。"②父子二人就此分道扬镳。

表面上看，"皇太子为百姓所留，寻幸灵武"③，其实李倓与李辅国起到了关键作用。两人进谏曰：

> 逆胡犯阙，四海分崩，不因人情，何以兴复！今殿下从至尊入蜀，若贼兵烧绝栈道，则中原之地拱手授贼矣。人情既离，不可复合，虽欲复至此，其可得乎！不如收西北守边之兵，召郭、李于河北，与之并力东讨逆贼，克复二京，削平四海！④

李倓是太子李亨的第三子，李辅国为李亨心腹。二人劝说李亨留下时提出了一个方案：收聚西北边防兵，联合郭子仪与李光弼的河北力量，共同讨伐叛贼、收复两京。这实则是借机向玄宗表明太了对形势的判断。

玄宗选择播越入蜀，是对北方政治军事形势判断的结果。当时北

---

① 黄永年认为"所谓百姓哭留太子"，"百姓遮道请留而肃宗'性仁孝'不欲速离"，都是"颂圣之辞，不足置信"。见《六至九世纪中国政治史》，第 355 页。

② 《资治通鉴》卷 218《唐纪三十四》，第 6976 页。

③ （唐）姚汝能撰，曾贻芬点校：《安禄山事迹》卷下，第 105—106 页。

④ 《资治通鉴》卷 218《唐纪三十四》，第 6976 页。

方能与安史叛军抗衡的两大武装——河陇军已在灵宝决战中一败涂地，朔方军虽然实力犹存——但是其忠诚度尚存疑问。因此玄宗选择依靠富庶的四川地区连接江淮，再图北方。他根本就没想过李亨会得到朔方军的全力支持，在灵武登基称帝。实际上李亨自己也完全没有料到能获得朔方军的支持而站稳脚跟。他分兵北上时分外仓惶凄凉，完全不像后来官方史书中描写得那么自信。

在后人看来，马嵬驿兵变最大的受益者无疑是以李亨为首的太子集团。兵变不仅使以杨国忠为首的杨氏外戚势力遭致覆灭，更使得李亨通过另立中央的形式完成了皇位交替。自陈寅恪以来，治唐史的学者逐渐揭开官方史书溢美隐晦的迷雾，揭示出肃宗与玄宗微妙的竞争关系。肃宗做太子时，为皇帝权力所抑制，先后遭李林甫、杨国忠的倾轧，危殆的情况就有好几次，陈寅恪甚至指出，肃宗"皇位继承权亦屡经动摇，若非乘安禄山叛乱之际拥兵自立为帝，则其果能终嗣皇位与否，殊未可知"[1]。

然而这并不意味着马嵬驿兵变完全由太子集团预谋主导。若对历史事件的偶然性抱持极大的同情心，设身处地存同情之理解，则事前发生的一切，都难以找到预谋的痕迹，而事后的走向也完全超出历史参与者的设想。马嵬驿兵变后，李亨的处境相当尴尬和危险，事后证明陈玄礼等人仍然死忠于玄宗，所以《旧唐书》卷五五《后妃传上》的一段议论非常生动而又准确："息隐阋墙，秦王谋归东洛；马嵬涂地，太子不敢西行。"[2]《旧唐书》将这件事跟当年李世民面临兄弟倾轧，曾预谋逃奔洛阳相提并论，点明李亨当时已不敢再在玄宗身边停留。

李亨能获得朔方军的坚定支持亦有多方面的原因。开元十五年（727）李亨封忠王时，即为朔方节度大使。《资治通鉴》记载，当肃

<hr>

[1] 陈寅恪：《唐代政治史述论稿》，北京：商务印书馆，2011 年，第 253 页。

[2] 《旧唐书》卷 51《后妃上》，第 2162 页。

宗北上彷徨无措时，李俶提醒他："殿下昔尝为朔方节度大使，将吏岁时致启，俶略识其姓名。"[1]事实上，李亨自开元二十六年（738）被立为太子后，其势力范围就在河西、陇右以及朔方。当时西北诸军统帅王忠嗣就是因为和李亨往来密切而被罢黜。

安史之乱爆发时，李亨已经是四十多岁的太子，在原有的约束机制瓦解之后，他终于得到机会，拥有了强大的朔方军的支持，又处北方政治中心，反观玄宗偏居蜀中一隅，沦落至权力体系边缘，甚至肃宗即位的消息也是在一个月之后才传到成都的。玄宗并未就此放弃，在肃宗自立为帝之后，玄宗任命永王李璘出镇江陵，两大政治集团仍在争斗。

有学者讨论了李白、杜甫两人在这一政治漩涡中的命运，指出玄、肃的权力争夺对两个伟大诗人的遭遇和创作都有深刻的影响[2]。李白加入永王李璘的幕府，因作《永王东巡歌十一首》遭到肃宗阵营的流放，后又赦免。他的很多诗歌都与此经历有关，比如《早发白帝城》。杜甫则身在局中而不知，为被肃宗罢免的玄宗系宰相房琯叫屈，遭到肃宗贬斥。

这种二元政局至少延续到至德二载（757）十二月，玄宗、高力士、陈玄礼以及禁军六百余人自成都到达凤翔，随即被肃宗解除武装。在这样的情况下，玄宗和肃宗彻底完成了权力转移，玄宗的时代落下帷幕，唐朝的所有大权都转到了肃宗手里。

安禄山也没料到玄宗会南幸避难，他放缓了进兵的节奏，让崔乾佑留兵潼关，十天后才派孙哲孝率兵进入长安。那时府库的兵甲、文物、图籍、犀象、舞马，包括掖庭、后宫全部都被安禄山和手下占

---

[1] 《资治通鉴》卷 218《唐纪三十四》，第 6977 页。

[2] 李中华、张忠智：《肃宗朝政局纷争与李杜的悲剧命运》，《武汉大学学报》（人文科学版）2003 年第 3 期；朱雪里：《李杜与玄肃权争》，陕西师范大学硕士论文，2003 年。

有。安禄山用车装乐器与歌舞衣服等运到洛阳和范阳。他很喜欢音乐，数百名梨园弟子也被送到了洛阳。后来安禄山与官员在凝碧池宴会，让梨园弟子演奏。这些人被逼无奈，悲不自胜。乐工雷海清把乐器扔到地上，西向痛哭。安禄山等人非常气愤，把雷海清绑在戏马台上当众肢解，闻者无不伤痛。

此时王维亦被叛军抓获，正关在洛阳菩提寺。好友裴迪前来探望时言及凝碧池一事，王维不禁悲从中来赋诗一首：

> 万户伤心生野烟，百僚何日更朝天？
> 秋槐叶落空宫里，凝碧池头奏管弦。①

王维于开元初进士及第，官至给事中。安禄山军攻陷长安时王维被抓，他故意服药出现下痢的症状，谎称自己已病得口不能言，拒绝为叛军所用。因为名气很大，安禄山十分欣赏王维，就安排他去洛阳任给事中。至德二载（757）冬天，长安被收复，王维却成了罪臣。此诗后来传至肃宗手上，大受赞赏，王维弟王缙因平乱有功，主动请求削官为哥哥赎罪，王维最终获得特赦，授太子中允，后为尚书右丞。经历战乱之后的王维越发有隐居的心态，在辋川建了个别墅，散朝之后就独坐焚香，妻子死后，他更是三十年孤居一室，摒绝尘累。

其他留在长安的人就没有这么"好运"了。安禄山以张通儒为西京留守，崔光远为京兆尹；派安忠顺带兵屯于苑中，以镇关中；令手下全城搜捕朝臣、宦官和宫女，每抓获百人就派兵护送到洛阳。跟随玄宗避难的王侯将相如果还有家人留在长安，统统处死，婴儿也不能放过。孙孝哲前后斩杀霍国长公主（睿宗之女）、永王妃侯莫陈氏

---

① 《全唐诗》卷 128《王维·菩提寺禁裴迪来相看说逆贼等凝碧池上作音乐供奉人等举声便一时泪下私成口号诵示裴迪》，第 1308 页。

（玄宗第十六子李璘之妻，名策，朝散郎侯莫陈邈侄女）及驸马杨朏（杨国忠幼子，万春公主丈夫）等八十余人，又杀害了皇孙二十余人，都挖出他们的心，以祭奠安庆宗。杨国忠、高力士之党以及安禄山平时讨厌的人，总共抓到八十三人，孙孝哲以铁棒敲开他们脑盖，流血满街，非常残忍。

在玄宗掌权的四十余年中，大批贵族子弟与玄宗产生了极其密切的私人关系，构成了玄宗朝官僚集团的核心，包括张说之子大理卿张均、太常卿张垍，姚崇之子尚书右丞姚奕，萧嵩之子兵部侍郎萧华，韦安石之子礼部侍郎韦陟、太常少卿韦斌。玄宗曾说："吾命相，当遍举故相子弟耳。"[1] 虽然最后并没有任用这些人为相，但他的言行无疑让这群"官二代"对仕途生出了过高的期许，这也导致在长安沦陷后，他们大多数人非常轻易地就选择投向了安禄山。宰相陈希烈因晚年不再受玄宗信任，心中有怨，也投靠了叛军。安禄山对这些投降的朝臣都授予官职，并命陈希烈、张垍为宰相。原先的官僚集团核心彻底瓦解，这恐怕也是玄宗入蜀后同意交权肃宗的原因之一。[2]

---

[1] 《资治通鉴》卷 218《唐纪三十四》，第 6982 页。

[2] 参看仇鹿鸣：《长安与河北之间——中晚唐的政治与文化》，北京：北京师范大学出版社，2018 年，第 81 页。

五、香积寺：唐军收复两京

马嵬驿兵变之后，太子李亨和父亲玄宗分道扬镳。玄宗往南进入四川，而李亨北上投靠朔方军。李亨的到来得到了朔方军的热情欢迎。朔方留后杜鸿渐、节度判官崔漪、支度判官卢简金、盐池判官李涵、河西司马裴冕等迎李亨于灵武，提出了"北收诸城兵，西发河、陇劲骑，南向以定中原"[1]的战略规划。

至德元载（是年七月改元，756）七月，李亨到灵武之后，代表河西军的裴冕和代表朔方军的杜鸿渐拥戴李亨登基为皇帝。李亨反复推让，最后即位于灵武城南楼，群臣拜舞，肃宗流涕悲泣，尊玄宗为上皇天帝。李亨即位的场景是非常凄凉的。当时塞上精兵全都去讨伐叛军，只有老弱残兵在守边，文武官不满三十人，在荒凉的西北匆匆搭建起新的政权。武人骄慢，将领粗俗，不懂礼仪。大将管崇嗣在朝堂上背对宫殿而坐，言笑自若，监察御史李勉上奏弹劾，肃宗原谅了管崇嗣，却不免感叹："吾有李勉，朝廷始尊！"[2]

此时，还在入蜀途中的玄宗并不知道自己已经被退位，他正试图重新建立起一个"南朝"。七月十五日，玄宗下诏：

---

① 《资治通鉴》卷 218《唐纪三十四》，第 6981 页。

② 《资治通鉴》卷 218《唐纪三十四》，第 6983 页。

以太子亨充天下兵马元帅，领朔方、河东、河北、平卢
节度都使，南取长安、洛阳。以御史中丞裴冕兼左庶子，陇
西郡司马刘秩试守右庶子；永王璘充山南东道、岭南·黔
中·江南西道节度都使，以少府监窦绍为之傅，长沙太守李
岘为都副大使；盛王琦充广陵大都督，领江南东路及淮南、
河南等路节度都使，以前江陵都督府长史刘汇为之傅，广陵
郡长史李成式为都副大使；丰王珙充武威都督，仍领河西、
陇右、安西、北庭等路节度都使，以陇西太守济阴邓景山为
之傅，充都副大使。应须士马、甲仗、粮赐等，并于当路自
供。其诸路本节度使虢王巨等并依前充使。其署置官属及本
路郡县官，并任自简择，署讫闻奏。①

玄宗以诸王为节度都使统领各道，分守重镇，不赴任者由都副大使代
为摄理一切事务。诸皇子中只有太子李亨肩负北方，这也显示出玄宗
的战略意图：合各路兵势，从南方反攻叛军。诸王中只有永王李璘
亲身赴任，坐镇江陵。江淮地区为赋税重地，当时仍未受到战乱波
及，且人丁较为充足——李璘所统领的山南东道、岭南、黔中于安史
之乱中还提供了一定的人力资源。李璘在江陵募兵数万，恣意补设官
职，且江淮地区的租赋都堆积在江陵，李璘军"破用巨亿"，其手下
的谋士认为现在既手握兵权、坐拥钱财，又占据地利，可趁机称霸
一方。为"永王之乱"埋下了伏笔。

潼关失守后百姓们都不知道玄宗的去向，直到这道制书颁布后，
人们才知道皇上现在已经去了蜀地。然而又过了好多天，灵武派来的
使者才到达成都，玄宗这才知道李亨已另立朝廷。八月初二，玄宗下
诏云："自今改制敕为诰，表疏称太上皇。四海军国事，皆先取皇帝

---

① 《资治通鉴》卷 218《唐纪三十四》，第 6983—6984 页。

进止，仍奏朕知；俟克复上京，朕不复预事。"①玄宗表面看上去已无可奈何，只能接受现实，实际上却为自己留了后手：保留了颁布诰命的权力，仍可插手各项军事行动；派往江陵的永王显然是李亨极大的威胁，李亨很快也注意到了这支蛰伏在南方的武装力量，他立刻命李璘回蜀地觐见玄宗，却未能如愿；此外玄宗借口送册书、诰命，不断派遣心腹前往灵武，并在蜀地提拔了一批官员②。

南方的暗涌并未引起安禄山的注意，他在占领长安之后，继续让原京兆尹崔光远管理民政，派遣孙孝哲等将领带兵镇守。玄宗仓皇出逃后，长安大乱，百姓进入政府仓库哄抢物资。安禄山占领长安后，让地方官深究此事，叛军举城大肆搜索，甚至掠夺百姓的私人财产，引起民间骚动。

> 士庶潜议亡归，知肃宗至灵武，皆企官军，相传曰："皇太子从西来也。"人皆奔走，市肆为空，如是者百余日。京畿豪杰、没贼官吏归者，相继不绝，诛而复起，（绝）〔总〕莫能制。其初自京畿、鄜、坊至于岐、陇，悉附之，至是城西之外为勍敌。其将皆勇而无谋，日纵酒高会，唯声色财货是嗜，不复萌西进之心。故肃宗得乘其弊，盖天所命也。③

长安的贵族和百姓知道肃宗在灵武即位后，口口相传"皇太子从西来也"，纷纷往西奔逃，长安市肆皆空；京畿内不断有斩杀叛军官吏的事。起初长安及其西北的鄜（今陕西富县）、坊（今陕西黄陵县、宜

---

① 《资治通鉴》卷218《唐纪三十四》，第 6993 页。

② 参见贾二强：《唐永王李璘起兵事发微》，黄永年等编：《中国古代史论集》，西安：陕西师范大学出版社，1999 年，第 516—518 页。

③ （唐）姚汝能撰，曾贻芬点校：《安禄山事迹》卷下，第 107 页。

君县）、岐（今陕西周至县）、陇（今陕西陇县）各州都已被叛军攻下，形势一片大好，"西胁汧、陇，南侵江、汉，北割河东之半"①，然而叛军每日纵酒聚会，到处搜刮，也没有主动西征，玄宗和肃宗因此得以安全到达各自的目的地。叛军内部也出现了分化，叛军大将阿史那从礼率领同罗军和突厥军很快就投奔了朔方军，长安再次陷入大乱，官吏四处流窜，监狱中的囚犯也纷纷出逃。甚至连京兆尹崔光远都以为安禄山军队将要逃走，就派吏卒把守孙孝哲等叛军将领的住宅。孙孝哲愤怒地向安禄山控告，崔光远就与长安令苏震带领府、县官十余人奔向灵武。

在这场混乱中，有一个我们熟悉的身影——杜甫。同罗投奔朔方军的路线应是经延州（今陕西延安东部，延水东岸）、夏州（今陕西靖边县北白城子）一路向北，当时从长安至夏州常取道延、鄜、坊一线。②此时的杜甫携家先是自奉先（今陕西蒲城县）西行至华原（今陕西耀县），再北向坊州、鄜州逃难，路线正与此重合。杜甫七月中抵达三川（距鄜州约六十里，今陕西洛川县交口河镇），因为河水上涨停留了几日，作《三川观水涨二十韵》。杜甫很可能计划出芦子关投奔灵武，他后来在回忆这段经历时写道："少留周家洼，欲出芦子关。"③然而同罗军北上的举动很可能阻断了他原本规划的路线。据史书记载，阿史那从礼率五千骑兵和盗来的二千马匹逃回朔方后，就暗地里联结其他胡人部落企图占领边疆地区。由于被叛军堵截，进退维谷，杜甫最终再次回到长安。在此期间，杜甫还目睹了王维被叛军劫掠的全过程，在《崔氏东山草堂》中哀叹："何为西庄

---

① 《资治通鉴》卷 218《唐纪三十四》，第 6980 页。

② 严耕望：《唐代交通图考》第一卷京都关内区篇柒"长安北通丰州天德军驿道"，上海：上海古籍出版社，2007 年，第 230 页。

③ 《全唐诗》卷 217《彭衙行》，第 2274 页。

王给事，柴门空闭锁松筠。"① 直到第二年夏天，杜甫才得以脱身前往凤翔②。

崔光远到达灵武后，肃宗首先开始了兵力整顿：先任命崔光远为御史大夫兼京兆尹，让他去渭北招集吏民；又命河西节度副使李嗣业率五千士兵撤离西域，返回中原平叛；又向安西征得精兵七千人；随后下敕，改扶风郡为凤翔郡。此时河北大多州郡仍在坚守，常山太守王俌企图投降，诸将得知后群情激奋，就趁着打马球的机会，"纵马践杀之"③。颜真卿也与肃宗取得了联系，将肃宗即位的消息传至河北、河南、江淮各州郡，一时间各地抗击叛军、为国尽忠之情高涨。等到郭子仪等率五万精兵从河北赶到灵武后，人们才觉得看到了复兴的希望。

八月初一，肃宗任命郭子仪为武部尚书、灵武长史；李光弼为户部尚书、北都留守，率领五千景城、河间兵奔赴太原。逃到朔方的同罗首领阿史那从礼引诱九姓府（当时九姓胡都盘踞在河曲）与六胡州（延恩县，今内蒙古鄂托克旗南部）与他合作，数万胡人大军屯驻在经略军北，对朔方虎视眈眈，肃宗立刻令郭子仪到天德军（在大同川，今内蒙古乌拉特前旗东北部）发兵讨之。

肃宗虽然主要依靠朔方军，但也在积极争取外夷的兵力，他封邠王李守礼之子李承寀为敦煌王，与仆固怀恩出使回纥。回纥可汗把女儿嫁给了李承寀，派他的儿子叶护和将军帝德等带着精兵四千余人到达凤翔，肃宗赐其女儿为毗伽公主。肃宗又向西域的拔汗那国征兵，并借其转告西域各国，提供兵力必有重赏，让西域诸军随安西兵

---

① 《全唐诗》卷 224《崔氏东山草堂》，第 2403 页。

② 参看谢思炜：《同罗叛逃事件与杜甫"陷贼"经历》，本文日译版发表于日本《杜甫研究年报》第三号，东京：勉诚出版，2020 年。

③ 《资治通鉴》卷 218《唐纪三十四》，第 6989 页。

一同前来救援。至德二载（757）二月，肃宗到达凤翔，旗下所有兵力——陇右、河西、安西、西域之兵——全都集结于凤翔，江淮地区的庸调也运到了洋川、汉中。

在此期间，郭子仪意识到河东郡（今山西蒲州）的重要性——其位于两京之间，想要收复两京，优先占领此地无疑是上选，于是他派人悄悄潜入河东，联系身陷叛军的唐朝官员作为内应。等唐军于凤翔合兵完毕准备进攻时，郭子仪从洛交（属鄜州，今陕西富县）引兵攻击河东，分兵攻取冯翊。河东军民翻出城墙来迎接唐军，叛军守将崔乾佑节节败退，最终从白径岭逃走，河东由是平定。

然而就在这个时候，肃宗和他的谋士李泌在总体战略上发生了矛盾。肃宗即位不久，安禄山就率兵攻下颍川（今河南禹州一带）。颍川的战略位置极其重要，西邻洛阳，南通荆州，东接徐州，沟通淮河、泗水、长江，与沿岸的寿春、合肥构成一条江南—江淮—黄淮水运战略通道，这一通道也是历史上北方政权与南方政权互相攻伐的首选路线。三国时期，孙权就是计划攻下合肥，再经颍水攻占许昌、洛阳。肃宗认为现在情势危急，向李泌询问对策。李泌建议：

> 臣观贼所获子女金帛，皆输之范阳，此岂有雄据四海之志邪！今独虏将或为之用，中国之人惟高尚等数人，自余皆胁从耳。以臣料之，不过二年，天下无寇矣。
>
> 贼之骁将，不过史思明、安守忠、田乾真、张忠志、阿史那承庆等数人而已。今若令李光弼自太原出井陉，郭子仪自冯翊入河东，则思明、忠志不敢离范阳、常山，守忠、乾真不敢离长安，是以两军縶其四将也，从禄山者，独承庆耳。愿敕子仪勿取华阴，使两京之道常通，陛下以所征之兵军于扶风，与子仪、光弼互出击之，彼救首则击其尾，救尾则击其首，使贼往来数千里，疲于奔命，我常以逸待劳，贼

至则避其锋，去则乘其弊，不攻城，不遏路。来春复命建宁
为范阳节度大使，并塞北出，与光弼南北犄角以取范阳，覆
其巢穴。贼退则无所归，留则不获安，然后大军四合而攻
之，必成擒矣。[①]

李泌指出，安禄山叛军将掠夺的子女金帛都送往范阳，可见其并没有
雄据四海之志。唐军主力应先攻击叛军老巢范阳，可令李光弼自太原
出井陉，郭子仪自冯翊入河东，则史思明、安张志不敢离范阳、常

图 12　唐骑马狩猎俑。懿德太子墓出土。（动脉影　摄）

① 《资治通鉴》卷 219《唐纪三十五》，第 7008—7009 页。

山，安守忠、田乾真不敢离长安。只要攻取范阳，剿灭叛军就不在话下。肃宗当即表示认同，然而到达凤翔后却变了卦。李亨希望尽快收复长安，奠定自己称帝的合法性，并没有听取李泌的建议。

至德二载（757）九月二十五日，在所有的准备做完之后，唐军主力开始往长安进发，两天后抵达城西的香积寺，于寺庙北面的沣水东岸严阵以待，以李嗣业为前军，郭子仪为中军，王思礼为后军。叛军十万余人在北面布阵，双方对垒。叛将李归仁出兵挑战，唐军追击，逼近叛军阵中。叛军一齐进发，气势迫人，唐军退却，叛军趁机突进，唐军惊乱，叛军又将目标瞄准了唐军的辎重队伍，哄抢军用物资。见形势危急，李嗣业对郭子仪说：“今日不以身饵贼，军无孑遗矣。”[1] 于是袒露上身，手持长刀，立于阵前，高声叫阵，奋击搏杀。叛军前来挑战者，人马俱碎。李嗣业就这样连杀数十人，才使得唐军阵脚稍定。

李嗣业趁势率领前军各持长刀，列阵成墙，所向披靡。都知兵马使王难得为了救他的下属，被叛军射中眉头，碎裂的皮肉垂落遮住了眼睛，王难得就拔掉箭，拽掉碎肉，顿时血流满面，但仍然继续作战。李嗣业和王难得曾经都是高仙芝的部将，或许是经历过大量的对外战争，护国之心切切，热血难凉。叛军将精锐埋伏在队阵之东，打算从后方偷袭，被唐军的侦察兵探查到了消息。仆固怀恩立刻带着回纥兵马击退了伏兵，叛军精锐被消灭殆尽，士气大衰。李嗣业又与回纥兵绕至敌军后方进攻，与留在正面的唐军前后夹击。此役自午时战至酉时，唐军共斩首六万级，叛军大溃。作为香积寺之战中的功臣，李嗣业加开府仪同三司、卫尉卿，封虢国公，食实封二百户。这位安西军在朝廷的代表，在乾元二年（759）唐军围攻相州时，被乱箭射中，数日而死，追赠武威郡王。

---

① 《资治通鉴》卷 220《唐纪三十六》，第 7033 页。

战后，仆固怀恩敏锐地意识到叛军将领很可能要弃城逃跑，如果现在放虎归山，叛军恐怕还会卷土重来，后患无穷，因此立刻请示广平王李俶（即代宗李豫）追击安守忠、李归仁等。李俶不同意，两人一夜未眠，来回拉扯了四五次，天亮时侦察兵来报，叛将张通儒、安守忠、李归仁等已收拾残兵，向东逃往陕郡。第二天，唐军就进入了长安。李俶镇守长安城三日，抚慰人心，随后整军东进。

此时洛阳城内也已全面警戒。安庆绪调集城内的全部兵力，交由严庄率领，与张通儒合兵。叛军共集结步兵、骑兵十五万，来抵挡唐军对东京的进攻。十五日，李俶率唐军大部队到达曲沃。一队回纥兵驻军岭北，沿着南山搜寻叛军；另一边郭子仪在新店遇到叛军，叛军依山而布阵，大战数个回合后唐军初胜而后败，被叛军赶到山下，李嗣业赶来支援。回纥兵从南山望见唐军战败，摇着白旗而下，直达叛军后方，骑兵径直穿过敌阵，引得叛军军阵西北角先乱。同一时间，李嗣业率精骑出击，与回纥兵表里齐进，叛军大败，严庄与张通儒等果断放弃陕郡向东逃往河南。李俶与郭子仪进入陕郡，仆固怀恩带兵追击叛军逃将。东京洛阳由是收复。

捷报传来，肃宗十分高兴，而他的智囊李泌却在此刻再三请辞。李泌来到长安后，李辅国想把宫禁的符契和钥匙交付给李泌，李泌推辞，并表示希望能"复为闲人"。李辅国与肃宗的妃子张良娣是劝说肃宗分兵自立的主力，两人都想借此获得权力。初到灵武时，肃宗想赐予张良娣七宝鞍，被李泌以"今四海分崩，当以俭约示人"为由阻止。这事被当时站在廊下的建宁王李倓听见，他哭着向肃宗表示自己是因为陛下能从谏如流，喜极而泣。张良娣因此对李泌和李倓怀恨在心。李辅国见张良娣受宠，就暗中拉拢她，两人狼狈为奸，且十分嫉恨李泌。李倓曾多次向肃宗揭发此二人的罪行，他们就和肃宗说："建宁王因为没被封为元帅而怀恨在心，想要害死广平王，取而代之呢！"肃宗听后大怒，下令将建宁王处死。再加上当初肃宗并未听从李泌北伐的建议。李泌借章怀太子之名，向肃宗念诵了著名的《黄台瓜辞》：

种瓜黄台下，瓜熟子离离。
一摘使瓜好，再摘使瓜稀，
三摘犹为可，四摘抱蔓归！

当时广平王李俶因收复两京有功，一时风头无两，张良娣心中忌恨，四处散布谣言企图重现建宁王的惨剧。李泌便趁机借武后二子李弘、李贤惨死之事，提醒肃宗"慎将来"，随后李泌隐居于衡岳。收复两京后，唐军一时士气大增。然而由于肃宗急于收复两京，未对叛军斩草除根，导致叛乱又持续了六年之久。

多说一点

安史之乱是否是胡汉矛盾的体现？

安史之乱因安禄山等人的身份带有强烈的粟特人文化特征。当时唐人也的确将安史叛军视为夷狄，比如封常清的《谢死表闻》中对玄宗说："昨者与羯胡接战，自今月七日交兵，至于十三日不已。"但唐朝华夷一家的理念深入人心，叛军中安禄山的心腹严庄、高尚都是汉人，大将崔乾佑（大败哥舒翰者）、张献诚（张守珪之子）、薛嵩（薛仁贵之孙）也都是汉人。反观唐军，保卫朝廷的哥舒翰（突骑施人）、仆固怀恩（铁勒人）、高仙芝（高句丽人）、王思礼（高句丽人）、李光弼（契丹人）都是蕃将。从根本性质上来说，安史之乱是边防军人的一场军事动乱，并没有强烈的夷夏之防的色彩。

但安禄山、史思明粟特人的身份也并非全无影响。安史之乱严重影响了唐朝士人的心态。山河日下，唐朝对外来文化不再包容，而胡人则逐渐往河北迁移，更增加了文化离心力。就如陈寅恪指出，"故当时特出之文士自觉或不自觉，其意识中无不具有远则周之四夷交侵，近则晋之五胡乱华之印象，'尊王攘夷'所以为古文运动中心思想也"。

第三章

安史之乱结束和秩序的重建

长达八年的安史之乱摧毁了唐朝自建国以来所有的政治、经济、社会秩序。两京收复后，肃宗正面临着重建合法性的问题，他选择了跟父亲划清界限，宣扬自己革故鼎新的历史地位。叛军内部也持续内讧，在诸多因素作用下，唐朝并没有彻底消灭叛军，也未根除军事叛乱的政治社会结构。尤其是河北三镇作为叛军的延续，长期影响唐朝中后期的历史走向。藩镇割据成为政治常态。在中央，皇权依靠宦官维持自己在各方面的影响力。藩镇、党争、宦官，成为中晚唐政治的三大核心议题。

一、重建天命：肃宗如何跟父亲划清界限 *

论唐史者必以玄宗之朝为时代划分界线。[1]

——陈寅恪

安史之乱中，面对内外交困的局面，肃宗有强烈的意图塑造自己革故鼎新的形象。用现在的话说，就是肃宗把之前内乱的政治责任都推给玄宗，并跟玄宗划清界限。同时，他也希望通过各种操作，重塑李唐皇朝的天命。

760年，肃宗改年号为"上元"。这个年号异于常规，在肃宗之前，其曾祖父高宗就使用过"上元"（674—676）。大家都很奇怪，肃宗怎么会这么不谨慎，使用一个重复的年号呢？清代学者赵翼就感叹道："高之与肃，相去不过六七十年，耳目相接，朝臣岂无记忆，乃以子孙复其祖宗之号，此何谓耶！"[2]中国历史上很少有君主使用前朝的年号，甚至避免与割据政权、起义政权年号重复；只在极少数情况下——误以为前代没有用过，出现过寥寥几次年号重复的现象。

---

* 本节节选、改写自作者《无年号与改正朔：安史之乱中肃宗重塑正统的努力》一文，原载于《人文杂志》2013年第2期。

[1] 陈寅恪：《唐代政治史述论稿》，第235页。

[2] （清）赵翼撰，王树民校证：《廿二史札记校证》，北京：中华书局，2013年，第400页。

比如宋太祖用乾德年号以为"自古所未有"，结果被大臣窦仪指出前蜀后主王衍已经用过①。不过窦仪不知道的是，其实更早，在隋末战争中，东南的辅公祏就已经用过这一年号了。肃宗显然不可能不知道高宗朝用过"上元"，但他依然坚持使用这两个字。这其中又有何深意？

对这次改元，正史语焉不详，很可能与天象变异有关。

> 己卯，以星文变异，上御明凤门，大赦天下，改乾元为上元。追封周太公望为武成王，依文宣王例置庙。②

所谓"星文变异"，应该指的是四月"丁巳夜，彗出东方，在娄、胃间，长四尺许"。其后，闰四月辛酉朔又出现了"彗出西方，其长数尺"的天象。彗星在古人眼中往往预示着革命，皇帝为应此天象，一般会选择更改年号，进行象征性地革命，以期度过灾难。推究"上元"的本意，与天文历法渊源极深。"上元"是历法之始，所谓"属天人叶纪，景象垂文，爰遵革故之典，将契惟新之命。义存更始，庶有应于天心"③。"革故""惟新""更始"等词汇，都带有强烈的鼎革色彩。757年，肃宗收复长安、洛阳，次年加尊号，改元乾元，即取革新之意。《周易·乾文言》："乾元用九，天下治也。"又曰："乾元者，始而亨者也。"肃宗名李亨，收复两京后取号"乾元"，颇有整顿乾坤、再造天下的意思。肃宗的《改元上元赦文》将太公望在国家祭祀中的地位提高到与孔子平行的层次，封太公望为武宣王，又强调

---

① 参见史苏苑：《论年号》，《历史教学》1983年第3期。

② 《旧唐书》卷10《肃宗本纪》，第258—259页。

③ （宋）宋敏求编：《唐大诏令集》卷4，北京：中华书局，2008年，第22页。

"威仪以等,《周礼》旧章"①。《诗·大雅·文王》云:"周虽旧邦,其命维新。"尊崇太公望的用意似在于突出"维新"之意。再如,后来代宗朝制定宗庙之乐,有司奏请:"肃宗庙乐请奏惟新之舞。"②结合当时的政治形势,肃宗似有将自己的统治与父亲玄宗的时代划开的意图,强调自己开创的是一个崭新的时代③。杜甫《别蔡十四著作》云"异才复间出,周道日维新"④,正是对当时气氛的反映。

肃宗对玄宗政治遗产的切割和抛弃,做得相当彻底和全面。肃宗在上元元年(760)闰四月改元,在同一个月,废除了玄宗创立了将近半个世纪的龙池祠。这一祭祀乃是玄宗强调自己受命于天,并在长安居民面前展示的重要环节,肃宗居然一举废除,而此时玄宗尚居住在兴庆宫,肃宗丝毫不考虑玄宗的感受,均可验证此时肃宗与玄宗关系之紧张。肃宗废除龙池祠,是将玄宗所在的兴庆宫从国家礼仪空间中抹去,强调自己所居住的大明宫才是权力和礼仪的中心。在改元两个月后,即上元元年(760)六月,肃宗将玄宗从其一直居住的兴庆宫强行移往西内太极宫。李辅国将兴庆宫厩马三百匹收缴,仅留10匹。并将玄宗亲信流放,开府高力士配流巫州、内侍王承恩流播州、魏悦流漆州、左龙武大将军陈玄礼强制退休。从逻辑推断,肃宗既改元上元,定下革古鼎新之旨,必然成为剪除玄宗势力的时代背景。

上元二年(761)九月壬寅,肃宗下诏去年号、改正朔:

九月壬寅,大赦,去"乾元大圣光天文武孝感"号,去

---

① (宋)宋敏求编:《唐大诏令集》卷4,第23页。

② 《旧唐书》卷28《音乐一》,第1045页。

③ 参看孙英刚:《"朔旦冬至"与"甲子革令":历法、谶纬与隋唐政治》,《唐研究》第18卷,2012年。

④ (唐)杜甫撰,(清)仇兆鳌注:《杜诗详注》,第1259页。

"上元"号，称元年，以十一月为岁首，月以斗所建辰为名。赐文武官阶、勋、爵，版授侍老官，先授者叙进之。停四京号。[1]

正，一年的开始；朔，一月的开始。正朔原意即一年第一天的开始。历代的改朔，都围绕着寅、丑、子做文章。夏正建寅，以今天的阴历一月为正；殷正建丑，以今天的阴历十二月为正；周正建子，以今天的阴历十一月为正，这就是所谓"三正"。古代中国，任何一个王朝在建立之初，都必须首先进行改正朔、易服色、制礼乐、法制度等改制工作。在这一系列改制活动中，"改正朔"是其核心内容，就是要建立起一套有本朝特色的历法系统，以受命于天，服色、礼乐、制度皆依正朔而改。《春秋》开卷云："元年春王正月。"这本是一条具体的历史时间记载，未涉及任何政治问题。《公羊传》解释说："何言乎王正月，大一统也。"饶宗颐先生指出，《公羊传》之"大一统"乃"时间大一统"[2]。

以十一月（冬至所在月）为岁首，乃自改李唐正朔，也是向周制理想的复古。肃宗作为李唐子孙，应当记得其曾祖母武则天篡夺李唐天命时，就是将李唐的正朔（建寅）改为建子，也即以十一月为岁首。武则天永昌元年（689）"十一月，庚辰朔，日南至……始用周正，改永昌元年十一月为载初元年正月"[3]。甚至在圣历元年命瞿昙罗作《光宅历》，后又有《神龙历》，以体现新政权的革命性。久视元年（700）十月甲寅，武则天复以正月为十一月，一月为正月，并非由于客观上的历法不便，而是有意地回归李唐正朔。这是巨大的政治信

---

① 《新唐书》卷 6《肃宗本纪》，第 164 页。

② 饶宗颐：《中国史学上之正统论》，上海：上海远东出版社，1996 年，第 75 页。

③ 《旧唐书》卷 6《则天皇后本纪》，第 120 页。

号，就在此前，流放中的李显已被接回洛阳，重新立为太子。

中国历史上除秦及汉太初以前用亥正外，两千余年中基本上都使用夏历寅正，改正朔的例子并不多见。除肃宗之外，比较有名的是王莽、魏明帝曹叡和武则天。其中王莽和曹叡都是改用建丑月，而武则天和肃宗是改用建子月，其中意涵截然不同。建丑，即承袭殷商的历法。笼统而言，王莽、曹叡都以自己替代了汉朝的正统和天命，所以改正朔时，将汉朝的建寅夏历改成建丑殷历。武则天建立的新王朝就是"周"朝，从历法上讲，周正以十一月朔为正朔，取代了唐以一月朔为正朔。武则天作为篡夺者，废唐正朔，可以理解，然而李亨本是李唐子孙，居然也改李唐正朔，令人费解。

历法绝非仅仅是技术层面的问题，在古代中国政治思想中，历法与政治合法性紧密相关。颁正朔、改正朔是历代帝王彰显正统的一个重要举措，而是否奉正朔则成为衡量地方势力是否臣服的一条重要标准。"年号纪年"为汉武帝创立，在中古时期又往往和秦始皇创立的"皇帝"称号连在一起，所谓称皇帝、建年号被视为君主制度的重要内容；而"王号纪年"是秦汉传统之前的传统，有年数，无年号，后来往往与周代文物制度相连接，被视为更"古"的传统。从魏晋南北朝到隋唐，这两种纪年方式代表着不同的政治意涵和文化传统。虽然"年号纪年"占据主导地位，但是中古时代也发生过多次去年号、改用王号纪年的改制，主要目的就是为了伪托周代文物典章进行革故鼎新的禅让、革命、再受命。

肃宗这一系列"极端"的历法操弄，与当时李唐王朝以及他自身面临的局面有密切的关联。安史之乱爆发，关东、河北大部为安史政权占据，李唐不再是天下唯一的政权，李唐的年号也不再是唯一的年号。可以想见，安史政权大肆宣扬李唐不德、丧失天命等，战场形势起伏跌宕，肃宗政权必然会感到莫大的压力，需要在政治宣传上采取激烈的行动，重塑李唐的天命。而肃宗本人的即位，又是采取宫廷革

图13 唐鎏金飞廉纹六曲银盘。陕西历史博
　　　物馆藏。（动脉影　摄）

命的形式，并非依礼法而行，这也为竞争者制造了攻击他的口实。玄宗虽然让位，但是实力犹存，李唐内部权争不息，肃宗的统治正当性时刻面临挑战，肃宗也需要通过操作历法塑造自己中兴之主的形象，巩固自己的统治合法性。

肃宗自上台伊始，一直面临着难以解释的理论难题。唐代士人中弥漫着一种贬肃宗不孝的气氛，比如元结、杜甫等人的作品。《潇湘录》"梁守威"条借小说人物少年之口，说肃宗"自立不孝也，徒欲使天下怒，又焉得为天下主也"，"今日之大事已失，卒不可平天下。我未闻自负不孝之名，而欲诛不忠之辈者也"[1]。可见肃宗负不孝之名，在当时似乎是一种普遍认识，并不局限于高级官吏和士人。所以不难理解在即位诏书中，肃宗重点解释了自己即位乃大孝，"孝莫大于继德，功莫盛于中兴"[2]。

乾元元年（758），肃宗对天文机构进行改革。司天台从秘书省中彻底独立出来，其职能除了观测天象、修订历法和昼夜计时之外，又增加了禳星救灾的祭祀功能，进一步强调了"天文玄象"对唐代帝王政治的象征性"参政"作用，充分体现了肃宗在制度建设上"效法天文"的政治理念。如果将太微垣的星官与人间帝国对应起来，玄宗所居的兴庆宫与天上太微所居之"庭"对应，则肃宗居住的大明宫无疑就与天上的紫微宫建立了对应关系。肃宗对天文正位的调整，是为自

---

① （宋）李昉等编：《太平广记》卷 335《鬼二十》，第 2664 页。

② 《旧唐书》卷 10《肃宗本纪》，第 242 页。

己在安史之乱中登位及深居大明宫的合理性寻找天文依据。肃宗将司天台的办公地点，由原来秘书省的南面迁到永宁坊张守珪故宅处。兴庆宫地势低洼，旁边的灵台崇七丈，周八十步，在"候察云物"的掩护下，天文官员更易于刺探和窥测兴庆宫的一举一动，从而达到监视、防范和控制玄宗的目的。

乾元二年（759），肃宗因陈仓的陈宝之瑞，将陈仓改名为宝鸡。陈宝是中古时期的重要祥瑞。《水经注·渭水注》载："关水又西南径雍县故城南。昔秦文公之世有阳伯者，逢二童曰宝、曰被。二童，二雉也。得雌者霸，雄者王。二童翻飞，化为双雉。光武获雉于此山，以为中兴之祥，故置县以名焉。"[1] 显然肃宗想模仿光武帝刘秀，努力塑造出自己的"中兴"形象。

由于史料有限，我们无法揣度，在时局动荡的转折时代，肃宗进行一系列改革，又采取"奇异"的去年号、改正朔等意识形态宣传到底是怎么样的心理。在 763 年，也即（肃宗）元年建巳月甲寅日，玄宗驾崩。11 天以后，乙丑日，肃宗诏皇太子监国，大赦，改元年为宝应元年，复以正月为岁首，建巳月为四月。第二天，丙寅日，闲厩使李辅国、飞龙厩副使程元振挟太子铲除张皇后势力，肃宗驾崩于长生殿。

这短短 12 天之内发生的事件令人眼花缭乱。改元年为宝应元年的事情就发生在肃宗驾崩的前一天。很难相信此时肃宗仍然有行动能力或者决策能力。废黜肃宗的"革命"措施，重新定立年号等举动，很大可能出自后来者的追加或者李辅国等人的操弄。如果乙丑日肃宗依然在世，"宝应"年号他也仅仅用了一天。中国传统政治斗争始终弥漫着阴谋、暗杀的迷雾，我们无法得知在那天之中到底发生了什么

---

① （北魏）郦道元著，陈桥驿校证：《水经注校证》，北京：中华书局，2007 年，第725 页。

样的事情。但毫无疑问的是，肃宗毫无征兆地废除自己一手打造的意识形态是非常不合常理的。

历法之所以成为中古时代重要的意识形态宣传工具，乃缘于其与时间的密切关系。不论是强调自己取代前朝的合法性，还是强化自己对同时期其他政权的正统性[①]，还是凸显君主本人肩负革故鼎新的开创（或中兴）使命，一个政权或者君主，都不可避免地需要用各种理论来解释自己在时间长河（历史、现实、未来）中的角色和地位（必然性、神性、异相、自然）。在中国中古时期，这种理论具体表现为历法应该符合阴阳之数、谶纬之言、经典之说。然而以古今中外的历史和现实衡量，人类在维护暴力政权的合法性方面，似乎并未有显著的区别。

---

① 参看雷戈：《正朔、正统与正闰》，《史学月刊》2004 年第 6 期。

二、安史集团持续内讧及安史之乱的结束

安史之乱前后共持续了八年，可谓旷日持久。最后的平定并非因为唐军骁勇善战，而是依赖于安史集团内部的一系列内讧。

首先是安禄山被其子安庆绪所杀。安禄山攻陷洛阳以后，因为眼病，视力严重衰退，再加上身上长疮，性格变得更加暴虐残酷，只要事不如意就大发雷霆，鞭打身边的下人们，甚至杀人，闹得人心惶惶。此时的安禄山久居深宫，不愿见人，众将士只能通过他的心腹大臣严庄呈递军情。严庄虽然位高权重，也难逃鞭打。服侍安禄山生活起居的宦官李猪儿（契丹人）则挨打最多，这两人因此心中积怨。安禄山这个病应该是长期服食寒食散的结果。唐朝因为服食丹药而死的人很多，比如太宗和宣宗，其死前出现的病症和安禄山一样，都是背上长疮。服食丹药，火毒难制，就会性情暴躁。

安禄山当时最宠爱的女人是段氏，他想立段氏所生的儿子安庆恩做太子，取代更年长的儿子安庆绪。安庆绪闻讯惶惶不可终日，严庄提议："现在动手实属迫不得已，机不可失啊！"安庆绪答："老兄想有所为，我怎敢不从！"严庄又劝说李猪儿："你挨的打难道还不够多吗？再不动手，我们就离死不远了！"李猪儿立刻被说动。至德二载（757），正月五日夜，严庄与安庆绪带兵控制外围，李猪儿拿着大刀径直闯入大帐中，一刀砍向安禄山的腹部，左右的下人被这幅场景吓得动也不敢动。安禄山眼睛看不见，只能用手摸索枕边的兵刃，却

图 14　唐汉白玉武官俑。保定市曲
　　　阳县田庄大墓出土。此墓很
　　　可能属于安禄山或者李宝臣。

没有摸着，就握住挂着帷帐的柱子，大喊："是家贼！"这时他的肠子已经流出来好多，又流血过多，很快就死了。严庄等人在床下挖了一个深数尺的坑，把安禄山的尸体用毛毡包裹后埋入坑中，并告诫周围的人莫要泄露风声。有学者认为，这样的处理方式符合拜火教的丧葬仪式。六日早晨，严庄对外宣称安禄山病重，立晋王安庆绪为太子，即刻登基，安禄山为太上皇，最后才发丧。安禄山于天宝十四载（755）年底起兵造反，至德二载（757）年初，就死在了自己儿子手上，终年 55 岁。他的尸体也没能找到。后来史思明用招魂仪式将其埋葬于今天的北京地区，追赠"光烈皇帝"。

安庆绪昏庸又懦弱，有时说话都语无伦次，严庄担心众人不能服气，会生变故，就不让他见人。安庆绪就整天饮酒作乐，把严庄当作兄长相处，任命其为御史大夫，封冯翊王，事无巨细交由严庄定夺，同时也加封了其他将领官爵以笼络人心。安庆绪即位后不久，唐朝就攻占了长安，准备向洛阳进发。安庆绪与败走陕郡的张通儒合并，集结洛阳全部的兵力交由严庄率领，准备守城，没想到大败。严庄向安庆绪报告战况，第二天夜晚安庆绪就仓皇北逃，并在逃跑前杀了之前俘虏的唐军将领哥舒翰、程千里等三十多人，而严庄选择了投降唐朝。一个陈留人杀了叛将尹子奇，陈留郡也归顺了唐军。自颍川赶来围攻的叛将田承嗣也派来使者请降，郭子仪应接不暇，田承嗣就又改换阵营，与叛将武令珣退回河北。安庆绪跑到了邺郡，也就是今天的河南安阳，随从士兵不过一千，骑士三百而已。其余部将，如阿史那承庆等，逃去了常山、赵郡、范阳等地。但是不过半个月，蔡希德自上党，田承嗣自颍川，武令珣自南阳，各率所部兵投奔邺郡。安庆绪又召募河北诸郡人，很快军队就恢复到了六万人，军声复振。安庆绪以邺城为中心，大赦境内，改元天和。委派薛嵩（薛仁贵的孙子）训练部队，有三万余新兵、六千余骑兵，逐渐稳住阵脚。

此时安史集团内部权力结构发生明显变化，北边镇守范阳的史思明开始崛起，不再听从安庆绪的指挥。安庆绪从洛阳撤离时，其大将北平王李归仁及曳落河、同罗、六州胡精兵数万人全都逃往范阳，被史思明招降。至德二载（757）年底，安庆绪忌惮史思明的势力，派遣阿史那承庆、安守忠往范阳征调史思明的军队。史思明的几个手下都劝其投降唐朝，史思明接受了这个建议。于是他扣押了阿史那承庆等人，并吞了他们的军队，然后率所部十三郡及八万军队投降唐朝，并命令他的手下河东节度使高秀岩也跟着投降。肃宗非常高兴，封史思明为归义王、范阳节度使，他的七个儿子也都被授予了高官，随后命他率军征讨安庆绪。史思明实施了三个重要举措：首先，将安庆绪任命的常山太守张忠志召回范阳，然后让自己的部下薛萼代理恒州刺史，由此打通了自井陉关去常山的要道；其次，派自己的儿子率五千精兵赶去冀州，代理冀州（今河北冀州、衡水一带）刺史，让自己的部下令狐彰担任博州（今山东聊城一带，属河南道）刺史；最后派乌承恩四处宣扬肃宗的诏书。就这样，整个河北（包括沧州、瀛州、安州、深州、德州、棣州等州）几乎都归顺了唐朝，只剩下安庆绪坚守的相州。眼看着安禄山叛乱即将进入尾声——如果此时结束不过就是两年战乱而已——但很可惜，后面一系列眼花缭乱的变化将战争拖入了旷日持久的焦灼中。这与肃宗朝处理叛臣的错误政策有关。

郭子仪收复洛阳后，派人将安禄山伪政权大臣，包括陈希烈在内的三百五十余人送到长安。这些人多为以前唐朝的大臣，郭子仪写了三份奏章，希望肃宗能宽大处理，以招徕归降者。肃宗任命礼部尚书李岘、兵部侍郎吕諲为详理使，与御史大夫崔器一起审讯陈希烈等。

崔器与吕諲认为这些叛臣按照律法应当处死，肃宗打算采纳这一建议，然而李岘指出，叛军攻陷两京时，玄宗弃京城南去，众人本就各自逃命；况且这些叛臣多为肃宗的亲戚或是前朝功臣贵族的子孙，一概处死，有损肃宗仁德的形象；如今河北未平，心向叛军的人还有很多，如果全部宽恕，可为他们开自新之路；如果全部诛杀，又会坚定他们跟随叛军的心。他们在朝堂争论了数日，最后肃宗听从了李岘的建议，决定分六等定罪：重罪者公开处决，其次赐自尽，再次重杖一百，最后三等流放或贬官。最终，达奚珣等十八人斩首于城西南独柳树下，陈希烈等七人赐自尽于大理寺，只有安禄山亲自任命的河南尹张万顷，因在叛军中保护百姓有功而没有问罪。不久，有从安庆绪阵营投降过来的人报告："唐群臣从安庆绪在邺者，闻广平王赦陈希烈等，皆自悼，恨失身贼庭；及闻希烈等诛，乃止。"①肃宗听说那些跟随安庆绪的叛臣本已生出悔恨之心，却又因陈希烈等人被诛而反水，对自己的决策感到非常懊悔。

史思明本已投降唐朝，但李光弼看出了他的狼子野心，认为他绝不会满足于此，必定还会反叛，于是他收买了史思明的亲信乌承恩，劝说肃宗任命乌承恩为范阳节度副使，并赐史思明大将阿史那承庆铁券，让他们寻找时机铲除史思明。肃宗同意了这个计划，派宦官李思敬和乌承恩一同前往范阳宣慰。当晚史思明让乌承恩留宿府上，用帷帐围住他的床，偷偷在床下藏了两个人。乌承恩半夜里对自己的儿子说："我奉命来铲除这个逆胡，事成之后必当以我为节度使。"埋伏着的二人闻声大呼而出，将其抓捕。史思明搜查了他的行囊，果然发现了铁券和李光弼的公文。公文里写道："阿史那承庆如果事成，就给他铁券；如不成，就不要给他。"又搜出了一本小册子，上面写满了跟随史思明反叛的将士的名字。史思明曾是乌承恩父亲的手下，乌

---

① 《资治通鉴》卷 220《唐纪三十六》，第 7050 页。

父对他非常好，因此叛乱后乌承恩前来投奔时，史思明念及旧情保他周全。事情暴露后，史思明大骂乌承恩："我哪里对不起你了？你竟然做出这种事！"然后大哭道："我带着十三万众归降朝廷，哪里辜负了陛下，让陛下要杀我！"史思明杖杀了乌承恩父子，囚禁了李思敬，然后上表肃宗讨要公道。肃宗派宦官前去抚慰，表示这不是朝廷和李光弼的意思，都是乌承恩个人的主意，杀了他是非常正确的。

不巧，这时朝廷处理投敌叛臣的公告传达到了范阳。史思明跟诸将说："陈希烈等人都是朝廷大臣，本就是太上皇抛弃了他们独自逃去了蜀地，结果现在这些人还不能免于一死，更不要说我们这些一开始就跟着安禄山反叛的人了！"众人听后都要求史思明上表让肃宗诛杀李光弼。史思明命自己的老部下耿仁智与幕僚张不矜撰文，于文书内扬言："陛下不为臣诛光弼，臣当自引兵就太原诛之。"①耿仁智待史思明确认过文书内容后，竟偷偷将这些话都删去了，结果被誊抄文书的小官举报，耿仁智被乱棍打死，脑浆流了满地。史思明本想看在耿仁智跟了他多年的分上，饶他不死，没想到耿仁智说："人总有一死，为忠义而死才是死得其所。现在跟着你谋反，只不过是延长年岁罢了，还不如立刻死了好！"可惜耿仁智的一番肺腑之言并未能打动史思明。乾元元年（758）九月，史思明起兵，再次跟唐朝中央决裂。

此时，唐军在相州围困安庆绪。乾元元年（758）夏天，郭子仪率军自杏园（今属河南汲县）渡黄河，进攻安庆绪。崔光远、李嗣业等几队人马与郭子仪合兵于卫州，安庆绪派出邺中全部的七万兵马前来营救。郭子仪提前安排三千弓箭手埋伏在军垒后，然后在战斗中佯装失败，将叛军引入伏击圈，顿时矢如雨注，叛军节节败退，郭子仪乘胜追击，杀得敌军大败。安庆绪的弟弟安庆和对自己的箭术非常自

---

① 《资治通鉴》卷 220《唐纪三十六》，第 7058 页。

负，独自出阵射杀唐军，结果反被射中，坠下马来被生擒[①]。年底时安庆绪已无力再战，只得退入相州。唐军薛兼训与董秦（即李忠臣）等领二十余众在距相州西南三十里处安营扎寨。安庆绪试图破局，派出五万兵马于愁思冈（距河南安阳西南方十五里处）列阵，再次大败，折损两万余人，唐军趁机追击至城下，穿过护城河，将相州城团团包围。安庆绪又带伤出战，尝试突围，均以失败告终，遂返回城中严防死守。安庆绪危急之下，派薛嵩向史思明求援，甚至表示自己愿意让位。史思明不敢贸然进军，就派李归仁率一万兵马驻守滏阳（今河北磁县），以接应安庆绪。然而唐军的形势也不容乐观，虽然肃宗派出了朔方节度使郭子仪、镇西北庭节度使李嗣业、河南节度使崔光远、河东节度使李光弼、关内泽潞节度使王思礼等九节度使军合围相州，却以郭子仪、李光弼皆为元勋，二人难以互相统率为由，没有任命元帅，仅让宦官鱼朝恩担任观军容宣慰处置使，监督诸军。相州城久攻不下，唐军开始尝试挖开漳河灌城，邺城中的井水都溢了出来，城内居民只好搭建棚屋居住。两军从冬天相持到春天，都疲惫不堪：城内粮食已尽，一只老鼠甚至能卖到四千钱，又因为之前灌城的水太深，没法出来投降；而唐军本以为破城指日可待，却没想到因为没有元帅，连进退都没有统一的指挥。这时候，史思明带着范阳十三万精兵南下了。

乾元二年（759）春正月，史思明自称大圣燕王，年号顺天。史思明在邺城外五十里处驻扎，命每个军营都击鼓威胁唐军。史思明又挑选出五百精锐骑兵，每天都去相州城下劫掠一番，如果唐军白天戒严，就夜里来；如果夜里戒严，就白天来；如果唐军出战，就立刻撤回自己的军营。各路唐军都因此折损了不少人马牛车，甚至连打柴都很困难。当时天下正闹饥荒，军饷多从南面的江淮地区和西面的并州、汾州运来。史思明就派人假扮成唐军的将领监督运粮，动辄斥责

---

① 参见（唐）姚汝能撰，曾贻芬点校：《安禄山事迹》卷下，第 109 页。

运者速度缓慢，肆意杀戮，让运粮的人都又惊又怕；又偷偷在运粮船车的聚集地纵火烧粮。这些人的行动毫无规律可循，还能互相识别自己人的身份，唐军既察觉不到他们的异样又搜寻不到他们的踪迹。各路唐军因此粮食短缺，军心动摇。史思明这才率领大军直抵城下，与官军定下决战的日期。李光弼和郭子仪等本计划率唐军精锐北上阻击史思明，围点打援，但这一方针最终没能执行。

乾元二年（759）三月，唐军集结六十余万人马在安阳河北与史思明军决战，而史思明方只派来了五万精兵，唐兵还以为是游击军，并未在意。不料史思明亲自带兵冲锋，直前奋击，李光弼、王思礼、许叔冀、鲁炅先与之战，死伤各半，鲁炅被流矢射中。郭子仪承其后，还没布阵，大风忽起，尘土飞扬，树木也被连根拔起，天地顿时一片昏暗，咫尺之间人马难辨。两军都被惊扰，唐军南逃，叛军北逃，盔甲、武器、辎重丢了一路。郭子仪让朔方军切断河阳桥以保洛阳。这时唐军原有的上万匹战马只剩下三千，十万盔甲兵器被遗弃殆尽。洛阳的士民十分害怕，四散逃入山谷，留守崔圆、河南尹苏震等官吏向南奔赴襄州、邓州，诸节度使也都退回各自负责的地区。士卒们沿路劫掠百姓，当地官吏无力管理，近十天情况才逐渐稳定。唐军中只有李光弼、王思礼整顿军纪，全军撤退。

史思明确认唐军已经撤退后，在沙河整顿兵马后，又回到邺城南面驻扎。郭子仪撤退时留下了六七万石的粮饷，全被安庆绪收回城中。解决了粮食难题，安庆绪自以为有了底气，与孙孝哲、崔乾佑等人计划紧闭城门，抵御史思明。史思明既没有向安庆绪汇报军情，也没有追击唐军的打算，整天只在军中宴请将士。等了几天都没等来安庆绪，史思明就暗中吩咐安太清将安庆绪引到军中，安庆绪不知该怎么办才好，就派安太清上表向史思明称臣，承诺等史思明解甲入城后，就奉上玉玺印绶。史思明看了后说："何至于此！"然后向周围的将士们展示安庆绪的文书，众人皆高呼万岁。史思明亲手写信回复安庆绪，信中并未称臣，表示"愿为兄弟之国"。安庆绪知道后十分高兴，请求与史思明歃血为盟，史思明答应了。安庆绪就带着三百骑兵来到史思明的军营中。史思明命士兵们全副武装，然后将安庆绪与他的弟弟们引入正堂前的院子里。安庆绪叩头拜谢史思明的救援之恩，没想到史思明忽然震怒，数落安庆绪丢失两京、杀父夺位等罪行，最后质问他"因何杀阿爷夺职掌？"[①]随即命手下勒死了安庆绪，又将他的弟弟们，连同孙孝哲、高尚、崔乾佑等大将押去马球场斩首。自是安禄山家族退出了历史舞台。

史思明与安禄山是同乡，比安禄山早出生一天。他身材瘦小，胡须较少，深目竦肩，性格刚急。史思明击退唐军后，让儿子史朝义留守相州，自己带兵回到范阳，随后完成了一系列改朝换代的动作：立宗庙社稷，谥祖考为皇帝，以妻辛氏为皇后，次子史朝兴为皇太子，长子史朝义为怀王；以范阳为燕京，洛阳为周京，长安为秦京，署衙门楼为听政楼，节度厅为紫微殿；又令其妻在燕京东郊进行亲蚕礼（皇后带领众嫔妃祭拜蚕神嫘祖、采桑叶、喂蚕，以激励百姓积极从事农桑、纺织），燕羯之地的人没见过这种礼仪，前来围观的人把街道堵得水泄不通。当地的军士都不知道京城官职的名称和品阶，有人看到黄门侍郎这个官职后问道："黄门不是太监吗？怎么会有胡须？"

史思明本不识字，但好吟诗，每作完一首就要张贴宣扬。有一次他将樱桃赐给儿子史朝义及亲信周贽，即兴作诗一首，让左右用笺纸记录下来。其诗曰："樱桃一笼子，半赤一半黄。一半与怀王，一半与周贽。"一旁的小吏龙谭进言："请改为'一半与周贽，一半与怀王'，这样声韵相协。"史思明问他："韵是何物？怎么能让我儿在周贽之下！"他还作过一首《石榴诗》曰："三月四月红花里，五月六月瓶子里。作刀割破黄胞衣，六七千个赤男女。"[②]

---

① （唐）姚汝能撰，曾贻芬点校：《安禄山事迹》卷下，第 110 页。

② （唐）姚汝能撰，曾贻芬点校：《安禄山事迹》卷下，第 111 页。

此后史思明和唐朝陷入长期战略相持。761 年春天，史思明改元应天。此年，唐军遭遇邙山大败，李光弼退守河东，卫伯玉退守陕郡，河阳、怀州、洛阳再次沦陷。在此危急关头，史思明父子发生了火并。史思明让史朝义带兵进攻关中，但是被唐军卫伯玉击败。史思明说："终不足成吾事！"[①]甚至想以军法处决史朝义。史思明让史朝义筑造三隅城储存军粮，到期时还没有完成，史思明暴怒，自己监工，很快就完成了，随后留下一句狠话："等我攻下陕郡，一定把这家伙杀了。"

史思明住在鹿桥驿，他的警卫工作一直由他的心腹曹将军负责。史朝义的部将劝他发动政变。于是他们串联曹将军，当晚带数百人杀入驿站。史思明正在上厕所，听到有兵杀进来，立刻翻墙骑马而走，可还是被射中手臂落下马来。史思明说："我早上只是说说狠话。不要杀我，等我攻下长安再说。"史思明被勒死后，以毛毡包裹尸体，用骆驼运回洛阳，后被安葬在今天的北京地区。他的墓葬已被发现了，头骨目前保存在首都博物馆。

史朝义即皇帝位，改元显圣。他的弟弟史朝兴还在范阳。他让张通儒杀掉了史朝兴等，以张通儒为燕京留守。但范阳持续发生内讧，张通儒很快又被高鞠仁所杀。接着高鞠仁又与蕃将阿史那承庆相互攻击，阿思那承庆不敌而奔潞县。高鞠仁下令，城中杀胡人的有重赏，于是羯胡尽死，小儿被掷于空中，以戈承之，高鼻类胡者被滥杀的很多。粟特人也遭到大量残杀。史朝义以高鞠仁为燕京兵马使。五月，以伪太常卿李怀仙为御史大夫、范阳节度使，又杀了高鞠仁。自春至夏，叛军内部相互残杀的达四五次。当时洛阳四面数百里，州、县皆为废墟，而史朝义下面的节度使全都是安禄山旧将，并不拥戴史朝义。

762 年，唐军发动反攻，叛军大败，史朝义统治集团内部分崩离

---

① 《资治通鉴》卷 222《唐纪三十八》，第 7107 页。

图 15、16　史思明墓出土坐龙、玉册。首都博物馆藏。（左图动脉影　摄；右图松松
　　　　 发文物资料君　摄）

析。史朝义本人率领残军逃走，经过陈留时，陈留节度使张献诚闭门
拒之；邺郡节度使薛嵩以相、卫、洺、邢四州投降唐朝；恒阳节度使
张忠志以恒、赵、深、定、易五州投降唐朝。史朝义屡战屡败，田承
嗣说服他去幽州调兵，自请留守莫州。史朝义率五千精骑自北门突
围而出，没想到他前脚刚走，田承嗣就立刻携城投降，将史朝义的母
亲、妻子、儿女都送给了唐军。史朝义跑到范阳城外时才发现，他的
范阳节度使李怀仙也已倒戈，自己已经无法进城。史朝义不免感叹
道："吾朝来未食，独不能以一餐相饷乎！"[①]李怀仙令人在城东设宴。
史朝义麾下的范阳人都向他告别，史朝义大声哭泣，吃完只带着剩下
的数百亲信走了。史朝义东奔广阳郡，广阳郡不让他进；他便改道准
备北入奚、契丹，行至温泉栅时被李怀仙的部下追上。史朝义走投无
路，自缢于林中，李怀仙取其首级献给了朝廷。

　　至此，安史之乱始平，但从此以后，幽燕之地（今北京地区）彻
底脱离了中原文化圈。一直到几百年后朱元璋北伐，才被再次纳入中
原文化区。

———————

① 《资治通鉴》卷 222《唐纪三十八》，第 7139 页。

三、功盖一代的郭子仪

郭子仪（697—781），华州郑县（今陕西渭南）人。他出生的时候还是武周时期，去世时已是德宗时期，活了 84 岁，历经五朝，在唐朝算是非常高寿了。他的父亲郭敬之曾任州刺史。郭子仪身高六尺有余（约 1 米 8），身材魁梧，仪表堂堂，因参加武举考中高等而补左卫长史，多次担任诸军使。天宝八载（749），唐朝设置横塞军和安北都护府，郭子仪担任横塞军使，拜左卫大将军。天宝十三载（754），唐朝改横塞军为天德军，郭子仪仍任天德军使，兼任九原太守、朔方节度右兵马使。当时的朔方节度使是安思顺，安禄山名义上的堂兄。

天宝十四载（755）十一月，安史之乱爆发，郭子仪迎来了机遇。玄宗并不信任安思顺，便紧急任命郭子仪为卫尉卿，兼灵武郡太守，充朔方节度使。郭子仪率朔方军出征，收复了静边军，斩叛军将领周万顷，将他的首级送回了长安；又击败了安禄山的大同军使高秀岩，收复云中、马邑，打通了进入山西的要道——东陉，因此加授御史大夫。

至德元载（756）正月，叛将蔡希德攻陷常山郡，河北沦陷。郭子仪与河东节度使李光弼率唐军攻下井陉，收复常山郡。六月，史思明、蔡希德、尹子奇等人于嘉山合兵布阵，郭子仪一战败之，此役唐军共斩杀四万叛军，生擒五千俘虏，缴获战马五千匹。潼关失守后，玄宗逃奔四川，肃宗逃奔灵武。郭子仪让朔方节度副使杜鸿渐迎肃宗。肃宗为了早点收复长安，下令郭子仪班师回朝。八月，郭子仪和李光弼率唐军五万从河北撤回，跟肃宗汇合。肃宗任命郭子仪为兵部尚书、同中书门下平章事，仍兼任灵州大都督府长史、朔方军节度使。从此以后，唐朝"唯倚朔方军为根本"[①]。

至德二载（757）九月，郭子仪率十五万唐军大破孙孝哲等，收复长安；十月，又在陕郡击败严庄、张通儒，收复洛阳。郭子仪因收复两京加授司徒，封代国公。入朝时，肃宗带着仪仗队迎于灞上，并对他说："虽吾之家国，实由卿再造。"[②]

乾元二年（759）正月，九节度使围攻安庆绪于相州，唐军兵败。宦官鱼朝恩一直嫉妒郭子仪的功劳，便借战败作文章诬陷他，肃宗召郭子仪回长安，让赵王李係任天下兵马元帅，李光弼任副元帅，同时取代郭子仪接管陕东军事，郭子仪离开军队，失去了兵权。年底，史思明占领河洛地区，另一边吐蕃也迫近首都，形势危急。上元元年（是年四月改元，760）正月，郭子仪被任命为邠宁（今陕西彬县）、鄜坊（今陕西黄陵）两道节度使，但仍不能离开京城。有人建议肃宗再次启用郭子仪，肃宗表示赞成，但一直到九月，才任郭子仪为诸道兵马都统，率河东、河西各军镇部分精锐，取道邠宁、朔方、大同、横野，直击范阳。然而此计划又遭到鱼朝恩的离间，最后没有成行。

上元二年（761）二月，李光弼、鱼朝恩兵败邙山，河阳失守。三年（762）二月，河中、太原相继发生兵变，两地节度使均被下属谋杀，中央非常担心两地士兵群龙无首会投靠叛军，后辈年轻将领又无法服众，不得已起用郭子仪为朔方、河中、北庭、潞、仪、泽、沁

---

① 《旧唐书》卷 120《郭子仪传》，第 3451 页。

② 《旧唐书》卷 120《郭子仪传》，第 3452 页。

等州节度行营兼兴平、定国副元帅，充本管观察处置使，进封汾阳郡王，离京镇守绛州。郭子仪辞行时，肃宗已经病入膏肓，大臣们都见不到皇帝。郭子仪说："老臣受命，将死于外，不见陛下，目不瞑矣。"肃宗便将郭子仪召至卧室，嘱托道："河东之事，一以委卿。"[1]郭子仪一到任，就下令处死了参与谋杀前节度使的士兵们，很快稳定了河东局势。

代宗即位后，宦官程元振专权，他认为自己是辅助新皇登基的主要功臣，因此对前朝宿将忌恨在心。程元振认为郭子仪功高难制，就怂恿代宗罢免了郭子仪的副元帅职位，加实封七百户，充肃宗山陵使。郭子仪接到命令后，毫不犹豫地从军队离开，把肃宗之前赐给自己的所有诏敕全都交给代宗，并上表表明忠心："自受恩塞下，制敌行间，东西十年，前后百战。天寒剑折，溅血沾衣；野宿魂惊，饮冰伤骨。跋涉难阻，出没死生，所仗唯天，以至今日。"[2]代宗读后非常感动，又念及二人在安史之乱时期的患难之情，所以对郭子仪更加礼遇。此时洛阳仍被史朝义占据，江东地区温州、明州被起义者袁晁占据。代宗任命雍王李适（即德宗）为天下兵马元帅，并计划派郭子仪随行辅助，但又因鱼朝恩、程元振从中作梗而搁浅，郭子仪仍留居长安，由仆固怀恩接替其任李适副手。此役仆固怀恩成功收回洛阳，河南、河北亦平。郭子仪认为仆固怀恩平定河朔有大功，恳请代宗授予他副元帅之职。仆固怀恩遂任河北副元帅。

广德元年（763），山南东道节度使梁崇义据襄阳、邓州等地，拥兵自重；仆固怀恩因被人诬陷，引回纥、吐蕃军入侵河西地区。十月，吐蕃攻陷泾州（今甘肃泾川县北），由俘虏作向导，深入京畿地区，占领奉天（今陕西乾县，属京兆府）、武功（今陕西武功县，属

---

[1] 《旧唐书》卷 120《郭子仪传》，第 3454 页。

[2] 《旧唐书》卷 120《郭子仪传》，第 3455 页。

京兆府），逼近长安。代宗计无所出，紧急诏郭子仪为关内副元帅，前去镇守咸阳。这时郭子仪已经离开军队很久了，接到圣旨时身边只有二十个骑兵。待他赶到咸阳时，吐蕃大军已过渭水，当天代宗就跑到陕州避难。郭子仪听闻皇上离京，立刻赶回长安，可惜待他赶到时代宗已经离开。护送代宗的射生将王献忠带着四百骑兵在途中造反，他挟持了丰王李珙（玄宗第二十六子）以下十个皇子亲王，准备投靠吐蕃。郭子仪进入开远门（位于长安城西北角，是隋唐丝绸之路的起点）时正遇上李珙等人，便将他们救下，并送到了代宗那里。郭子仪组建了一支三千人的骑兵队伍，赶到商州后又获得武关卫兵和六军散卒四千人，又招募其他流亡的士卒，其手下军队渐渐强大起来。这时吐蕃攻入长安，俘虏了邠王李守礼（高宗之孙，章怀太子李贤之子）的儿子李承宏，立他为帝。郭子仪派六军兵马使张知节、乌崇福、羽林军使长孙全绪等带一万兵为前锋，在韩公堆（今陕西蓝田县北）扎营，大张旗鼓，声势震动山谷。长孙全绪又让禁军旧将王甫潜回长安，暗中联络不少豪侠少年在朱雀街突然一起擂鼓。吐蕃军队孤军深入，不知道发生了什么事，非常惊恐地撤退了。李忠义和渭北节度使王仲升事先已驻守禁苑和朝堂，郭子仪又杀掉了企图扰乱京城的射生将王抚，只用了很少的兵力就稳住了长安。程元振并不希望代宗回到长安：当时舆论普遍认为吐蕃入侵，导致代宗弃京城东逃，都是程元振的罪过；郭子仪此次又护城有功，而两人之间早有龃龉。于是程元振劝说代宗迁都洛阳，以躲避战事，郭子仪上表，详说迁都之弊端，力劝代宗返回长安。代宗读后，对左右感叹："郭子仪一片丹心，是真的社稷之臣啊！即刻返回长安。"十一月，代宗回到长安时，郭子仪还伏地请罪，代宗说："朕用卿不早，故及于此。"[1] 随后赐郭子仪铁券，并将他的画像放入凌烟阁。

---

[1] 《旧唐书》卷 120《郭子仪传》，第 3458 页。

郭子仪并非一般的武夫莽将，其心思形同鬼魅，非常善于揣摩人心，巧用计谋。广德二年（764）九月，仆固怀恩造反，引吐蕃、回纥、党项数十万军南下攻克邠州（今陕西彬县一带），京师恐慌，一片混乱。郭子仪当时正在奉天，代宗急召其回京询问抵御之策。郭子仪很自信地向代宗表示，仆固怀恩平时不得军心，如今起兵只不过是拿捏住了士兵们的思乡之情。他手下的兵都曾是郭子仪的部下，不会忍心和郭子仪兵刃相见的，因此仆固怀恩不可能有什么大动作。仆固怀恩的先锋部队冲到奉天城下挑衅，众将士纷纷请求出战，郭子仪认为敌方客场作战，肯定希望速战速决，而且对面多是自己的老部下，坚守不出，他们自会军心瓦解。仆固怀恩的先锋部队果然如他所料，没等待多久就撤退了。是夜，郭子仪在乾陵以南列阵，敌军趁天还未亮前来突袭，没想到郭子仪早有准备，敌军忽然看到唐军，极为惊愕，阵脚大乱，郭子仪由是不战而胜。叛军此后接连败退，形势很快稳定。代宗因功任命郭子仪为尚书令，而整个唐朝之前只有太宗李世民担过此职位，郭子仪自然要上表推辞。见郭子仪功劳之大，已经无封可赏，代宗就坚持让郭子仪去尚书省上班，郭子仪还是不接受。最后，代宗只好让鱼朝恩赐郭子仪美人卢氏等六人、从者八人，还有车服、帷帐、床蓐、珍玩等提高生活质量的物品作为替代，这次郭子仪愉快地接受了。

永泰元年（765），郭子仪都统河南道节度行营，出镇河中。八月，仆固怀恩又纠合了吐蕃、回纥、党项、羌、浑、奴剌以及山贼任敷、郑庭、郝德、刘开元等三十余万大军南下，长安戒严，代宗依靠禁军守着皇宫。当时组织京城老百姓防守。鱼朝恩征民间私马准备迎战，并派重兵把守城门，老百姓非常惊恐，很多从狗洞和小道逃跑。代宗急召郭子仪赶往长安。郭子仪从河中赶到泾阳，敌军已经会合了，而他手下只有一万人，被敌人团团围住。郭子仪只好在四面全都派将领守备，自己带着两千甲骑四处巡逻。这时敌军问：

"此谁也？"报曰："郭令公也。"① 回纥方面立刻狡辩，称仆固怀恩欺骗他们说郭子仪与皇帝都已经去世，所以才集合兵力攻打中原。回纥领兵的将领又请郭子仪出阵相见，郭子仪的手下都劝他不要去，郭子仪还是脱下头盔前去会面。回纥兵一见果真是郭子仪，非常高兴，郭子仪就召集将领们和他们一起喝酒，双方言好如初。他又劝说回纥：

> 吐蕃本吾舅甥之国，无负而至，是无亲也。若倒戈乘
> 之，如拾地芥耳。其羊马满野，长数百里，是谓天赐，不可
> 失也。今能逐戎以利举，与我继好而凯旋，不亦善乎！②

图 17　北庭故城回鹘皇家寺院中的壁画。绘画主题为八王分舍利，应该参考了当时回
　　　　鹘王者出行的情形。

---

① 《旧唐书》卷 120《郭子仪传》，第 3462 页。

② 《旧唐书》卷 120《郭子仪传》，第 3462—3463 页。

郭子仪这招以柔克刚使得恰到好处。当时仆固怀恩暴死于鸣沙，乱军正没有主心骨，回纥自然更愿意与唐军合作攻打吐蕃。郭子仪派朔方兵马使与回纥会军。吐蕃发现不对，连夜撤军，但还是被唐与回纥的联军追上，十万吐蕃军大败于灵武台西原，被斩首五万，俘获一万人。唐军夺回被吐蕃军掠夺的士女四千人，所获牛羊驼马的队伍绵延三百里。

大历元年（766）十二月，华州节度使周智光杀监军张志斌谋叛，代宗派郭子仪女婿工部侍郎赵纵去河中授口诏，后制蜡丸让仆人从小道将诏书密送郭子仪，请他讨伐。郭子仪奉诏正准备出征，同州、化州的将吏听闻他要去，受到激励，就抢先一步把周智光父子斩首，将首级送到了京城。次年二月，郭子仪入朝，宰相元载、王缙、仆射裴冕、京兆尹黎干、内侍鱼朝恩共出钱三十万，在郭子仪家设宴。鱼朝恩还拿出罗锦两百匹，作为郭子仪的缠头费。

大历二年（767）九月，吐蕃又侵扰泾州，代宗诏郭子仪带三万步骑自河中出发，前去泾阳驻守。十月，吐蕃军退到灵州，被郭子仪击败。十二月，有人盗掘郭子仪父亲的墓。当时人都猜测是鱼朝恩干的，大臣们在朝堂议论纷纷，担心郭子仪造反。郭子仪入朝后，皇帝告诉他这件事，郭子仪立刻号泣道："臣久主兵，不能禁暴，军士残人之墓，固亦多矣。此臣不忠不孝，上获天谴，非人患也。"[①] 成功化解了局势的尴尬。之后鱼朝恩设宴邀请郭子仪，手下的人纷纷劝阻他不要前往，郭子仪却坦然大度地只带十个童仆前去赴宴，对鱼朝恩完全不设防。郭子仪的诚恳，彻底折服了鱼朝恩，他流泪道："非公长者，得无致疑乎？"[②] 孔子讲"若成若不成，而后无患者，唯有德者能之"，郭子仪便是将此冲虚之道运用得挥洒自如的典范，以

---

① 《旧唐书》卷 120《郭子仪传》，第 3463 页。

② 《新唐书》卷 137《郭子仪传》，第 4609 页。

雅量容天下。

大历三年（768），郭子仪兼邠宁庆节度使，自河中移镇邠州。八年（773）十月，吐蕃又入侵泾州，郭子仪手下的大将浑瑊和马璘逐渐成长为可以独当一面的将领，他们在潘源设伏，大破吐蕃军。回纥跟唐朝是联盟，想卖一万匹马给大唐，因为国库钱不够，唐朝方面计划只买一千匹。郭子仪认为回纥前后功劳很大，如果只买一千匹，显得不够诚心，便提出捐出自己一年的俸物以充买马的钱。虽然皇帝没有答应，但内外人士对他赞不绝口。

德宗即位，将郭子仪召回长安主持代宗的丧事。郭子仪已经八十多岁了，德宗赐号"尚父"，进位太尉、中书令。郭子仪的儿子、女婿拜官者凡十余人。建中二年（781）夏，郭子仪薨，时年八十五，谥号"忠武"。根据唐朝的制度，一品官的坟高一丈八，德宗特令郭子仪的墓可增加十尺。

郭子仪栽培的官吏有六十余人。有一块碑记录了郭子仪麾下的这些文武百官姓名，原在河中府，现已不存。郭子仪为他父亲郭敬之建家庙时所立的《郭氏家庙碑》，叙述了郭子仪的家世和官爵武功，现藏于西安碑林博物馆。碑文由颜真卿撰文并书写，碑额由代宗李豫亲自题写，碑阴刻有郭子仪兄弟、子孙的官职与名字。这块碑见证了郭家在当时的显赫地位。

唐朝史臣裴垍对郭子仪有一番评价：

> 汾阳事上诚荩，临下宽厚。每降城下邑，所至之处，必得士心。前后遭罹佞臣程元振、鱼朝恩谮毁百端，时方握强兵，或方临戎敌，诏命征之，未尝不即日应召，故谗谤不能行。……田承嗣方跋扈魏州，傲狠无礼，子仪尝遣使至，承嗣西望拜之，指其膝谓使者曰："兹膝不屈于人若干岁矣，今为公拜。"李灵曜据汴州，公私财赋一皆遏绝，独子仪封

图18 郭氏家庙碑拓片。刊刻于广德二年（764）十一月，代宗李豫隶书题额"大唐赠太保祁国贞郭公庙碑"，颜真卿撰文并书丹。

币经其境，莫敢留之，必持兵卫送。其为豺虎所服如此。麾下老将若李怀光辈数十人，皆王侯重贵，子仪颐指进退，如仆隶焉。幕府之盛，近代无比。始与李光弼齐名，虽威略不逮，而宽厚得人过之。……权倾天下而朝不忌，功盖一代而主不疑，侈穷人欲而君子不之罪。富贵寿考，繁衍安泰，哀荣终始，人道之盛，此无缺焉。[1]

郭子仪生活极其豪奢，却没有人怪罪。史料记载，郭子仪的宅子占据了亲仁坊的四分之一，宅邸中间有巷子，家人三千，进去之后根本不知道他住在哪里。朝廷赏赐的良田美器、名园甲馆、声色珍玩，堆积羡溢，不可胜数。郭子仪手下的幕僚认为这种纸醉金迷的生活会为他的名声带来损害，因此劝谏郭子仪要多为国家着想，此刻正是国家多危多难之时，应该把钱财捐献给国家充当军饷。郭子仪听到这话却忍不住笑了起来："如果我按照你的建议去做，陛下反而会怀疑我另有所图。"他向自己的部下解释道，皇帝最为担忧的从来都不是大臣们迷恋声色犬马，而是大臣们招揽人心起兵造反。

郭子仪晚年在家养老时，王侯将相前来拜访，郭子仪的姬妾从来不回避。德宗的宠臣卢杞前来拜访时，郭子仪赶紧让众姬妾退下，自己正襟危坐，接待这位当朝重臣。卢杞走后，家人询问原因，郭子仪说道："杞貌陋而心险，妇人辈见之必笑，他日杞得志，吾族无类矣！"[2]果然，后来卢杞当上宰相，大权在握，只要是稍微冒犯他的人都会遭到报复，但他对郭家人一直十分礼遇。

郭子仪的家族非常繁盛，儿子八人，女婿七人，都是朝廷重臣。孙子有数十人，每次一群孙子去问安，郭子仪都不知道谁是谁，只好

---

① 《旧唐书》卷 120《郭子仪传》，第 3466 页。

② 《资治通鉴》卷 226《唐纪四十二》，第 7297 页。

不断点头。戏剧《醉打金枝》，讲的是郭子仪第六子郭暧与代宗第四女升平公主的故事。有一次两人争吵时，郭暧说："别以为你的父亲为天子就了不得！那是因为我的父亲不愿意干！"公主气得跑到宫里去告状。代宗就对公主说："这就是你有所不知了。确实如此，要是郭家想要天下，哪还有你家的事！"郭子仪听闻此事后很紧张，把郭暧关了起来。代宗说："鄙谚有之：'不痴不聋，不作家翁。'儿女子闺房之言，何足听也！"[①]

郭子仪的孙女嫁给了宪宗皇帝，后生穆宗皇帝。元和十五年（820），穆宗即位，尊郭妃为皇太后。此后数代皇帝都有郭子仪的血脉。

---

① 《资治通鉴》卷 224《唐纪四十》，第 7194—7195 页。

四、李光弼和仆固怀恩

郭子仪、李光弼和仆固怀恩，是唐朝中兴三大将。但是他们的结局各不相同。安史之乱后，唐朝模仿唐太宗的做法再次将功臣图形凌烟阁，其中第一功臣是仆固怀恩。中兴三大将中，郭子仪擅长政治，李光弼擅长防守，仆固怀恩擅长进攻。肃宗和代宗都没处理好和功臣的关系，最后李光弼拥兵不朝，仆固怀恩揭竿而起，让整个形势崩坏而不可收拾。肃宗和代宗太心急，在天下没有平定之前就向功臣下手，以致朝廷失度，失信义于天下，最终导致中央跟地方互不信任。

李光弼（708—764）与郭子仪齐名，比郭子仪年龄小。他是营州柳城（今辽宁朝阳）人，跟安禄山算是老乡，是契丹酋长的后裔。父李楷洛，开元初担任左羽林将军同正、朔方节度副使，封蓟国公。虽是契丹王族，但汉化程度很高。李光弼在少年时代就严格遵循儒家礼节，善骑射，能读班氏《汉书》。在少年时代从军，起家左卫郎，为人严正刚毅而有谋略，天宝初，三十多岁的李光弼升为左清道率兼安北都护府、朔方都虞候。天宝五载（746），河西节度王忠嗣将其提拔为兵马使，充赤水军使。王忠嗣认为"光弼必居我位"①。三年后，李光弼担任河西节度副使，封蓟郡公。天宝十三载（754），朔方节度使

---

① 《旧唐书》卷121《仆固怀恩传》，第3303页。

安思顺将李光弼提拔为节度副使、知留后事。安思顺欣赏李光弼，想要把女儿嫁给他，但李光弼称疾辞官。李光弼得罪了安思顺，被扣在朔方。哥舒翰听闻后，将这件事情汇报到朝廷，李光弼才从朔方回到长安。

安禄山起兵，玄宗任命郭子仪为朔方节度使，同时要任命一位河东节度使，郭子仪推荐了李光弼。于是唐玄宗任命李光弼为云中太守，摄御史大夫，充河东节度副使、知节度事。郭子仪和李光弼联军进攻河北，取得巨大战果。李光弼认为范阳是安禄山的老巢，建议先攻击大本营。后来潼关失守，玄宗幸蜀，人心惊骇。李光弼不得已从河北退兵回防太原。在太原，李光弼杀了对自己不尊敬的御史崔众，威震三军。至德二载（757），史思明、蔡希德、高秀岩、牛廷玠等人率十余万人来攻太原。当时精兵尽赴朔方，李光弼麾下全都是临时招募的人马，不满万人。李光弼亲自率士兵和百姓在太原城外挖壕沟地道，敌人在外面攻城，李光弼便下令在城内加筑城墙。李光弼又命手下用石弩等器械抛射巨石，造成敌军大量伤亡，骁将劲卒死掉的十有二三。一个月后，趁着叛军疲惫而守军士气高涨之时，李光弼率敢死队出击，大获全胜，斩首七万余级，缴获大量军资器械。在连续作战的五十多天中，他一直住在城东南角的帐篷中，有急事马上赶往现场，经过自己的家门头也不回。

乾元元年（758），李光弼与关内节度使王思礼入朝，唐肃宗非常重视，下令朝廷四品以上的官员出城迎接。还任命他为侍中，改封郑国公。之后九节度兵围安庆绪于相州，唐军崩溃，只有李光弼的部队没什么损失。肃宗下令加李光弼太尉兼中书令，代郭子仪为朔方节度使、兵马副元帅。郭子仪的部下左厢兵马使张用济不服，李光弼下令将他斩首。此后李光弼和史思明、史朝义连番大战。

乾元二年（759）九月，史思明集结重兵南下。李光弼放弃洛阳，连夜撤至河阳。他在中潬城外设栅，栅外挖了大量壕沟，宽二丈，深二丈。李光弼觉得这一战比较凶险，他事先在靴内藏刀，说："战，危事，胜负系之。光弼位为三公，不可死于贼手，苟事之不捷，继之以死。"①李光弼作战的时候纪律非常严明，仆固怀恩与其子仆固玚作战稍有退却，李光弼就命左右去取他们的首级。仆固怀恩父子看见使者提刀骑马而来，便重新上前决战。最后叛军崩溃，斩首万余级，生擒八千余人，缴获军资器械粮储数万计，临阵俘虏叛军大将徐璜玉、李秦授、周挚。叛军大将安太清逃去怀州。史思明不知道周挚等已败，还在围攻南城。李光弼就把自己抓到的俘虏排在河边给他们看，史思明一看大势已去，便退军。

李光弼又率军进攻怀州，史思明前来支援，在沁水上再战，史思明再败。史思明军队擅长野战，但不擅长攻城，李光弼擅长攻城与防御。安太清在怀州坚守了一个月，最后还是被李光弼派人从地道攻破。河阳之战后，李光弼的声望达到顶峰，肃宗进封他为临淮郡王，累加实封至一千五百户。

761年，肃宗最信任的宦官之一，观军容使鱼朝恩奉命督军，跟李光弼意见不合。鱼朝恩认为可快速收复洛阳，仆固怀恩擅长野战，也认为叛军可灭。在这些人的压迫下，李光弼只好率军列阵于北邙山下进行决战，结果一战大败，军资器械全被史朝义军缴获。甚至连河阳、怀州全都丢掉了。李光弼入朝请罪，被派去出镇临淮。史朝义乘胜围攻宋州，唐军很害怕，甚至想退守到扬州。李光弼跑到徐州稳定了局势，派田神功打败史朝义。宝应元年（762），李光弼进封临淮王，赐铁券，图形于凌烟阁。

广德初年，吐蕃大军一路打到京畿，危及长安。十月，代宗跑去陕州，吐蕃大军攻入长安。代宗希望李光弼来救援，但李光弼与朝廷有心结，拖延不至。等到吐蕃退军，代宗又让李光弼回洛阳去担任东

---

① 《旧唐书》卷121《仆固怀恩传》，第3309页。

都留守，李光弼又没有去，而是留在了徐州，在徐州拥兵不朝。代宗从陕州回到长安后，广德二年（764）正月，派宦官去宣慰。李光弼的母亲在河中，代宗密诏郭子仪把他的母亲迁移到长安。李光弼的弟弟李光进在朝中与李辅国同掌禁军，是皇帝的亲信。

李光弼治军非常严明，威名远扬，发号施令的时候，将领们都不敢仰视。宝应二年（763）入朝谢罪的山南东道节度使来瑱被程元振诬告而死，让田神功、仆固怀恩等功臣对朝廷心怀芥蒂。因为害怕被鱼朝恩那些宦官迫害，都不敢入朝。李光弼抑郁成疾，广德二年七月，在徐州去世，年五十七。他的部下将他的灵枢护送到京城，代宗下令辍朝三日，赠太保，谥号武穆。

仆固怀恩是铁勒部落酋长后裔。贞观二十年（646），铁勒九姓大首领投降唐朝，朝廷在夏州设置了瀚海、燕然、金微、幽陵等九个都督府。仆固怀恩家族世袭金微都督，仆固怀恩承袭都督的职位，天宝中，被封为左领军大将军同正员、特进。他在王忠嗣与安思顺的麾下都有很杰出的表现，很年轻的时候就是一代名将了。据说他非常擅长格斗，而且懂得很多种语言，同突厥部落、粟特都能打交道，还有统兵的才能。

安禄山造反后，仆固怀恩跟着郭子仪东征西讨，在山西与河北立下了汗马功劳。潼关失守后，仆固怀恩与郭子仪又奔赴灵武辅佐肃宗。当时突厥同罗部落先跟随安禄山一起造反，后来又叛变了安禄山逃回草原。同罗部落集结军队，想要偷袭朔方，郭子仪与仆固怀恩带兵将之击败。仆固怀恩的儿子仆固玢带兵跟同罗作战，兵败投降，投降后又找机会逃回来了。仆固怀恩把自己的儿子斩首。将士们以一当百，击败了同罗，缴获了众多军械与驼马。

仆固怀恩作为使者促成了回纥借兵给唐朝一事。757 年正月，仆固怀恩跟随郭子仪攻下冯翊、河东二郡，并且袭破潼关。但是叛军势大，安守忠、李归仁自长安带兵来援，这场战斗打得非常惨，苦战二天，唐军大败。仆固怀恩带着军队退到渭水，没有船，只能抱马渡河，最后军队仅剩一半人，只能回到河东，在郭子仪军中重整旗鼓。

在收复长安之战中，仆固怀恩率领回纥兵攻击叛军的伏兵，对收复长安起到了重要作用。当天太阳落山时，仆固怀恩认为叛军败走，不可放虎归山，反复敦请肃宗让他带领二百骑兵，去抓李归仁、田乾真、安守忠、张通儒这些大将。肃宗认为大战告捷，将士疲敝，需要休整，可以过一天再去追击叛军。仆固怀恩说："归仁、守忠，天下骁贼也，骤胜而败，此天与我也，奈何纵之不取？若使得众，复为我患，虽悔无及。夫战尚速，何明日为？"①

乾元元年（758），九节度使围攻安庆绪。唐军遭到挫败，郭子仪被撤职。仆固怀恩是郭子仪的副将，被任命为都知兵马使，后成为李光弼的副将。乾元二年，进封大宁郡王，迁御史大夫、朔方行营节度使。后来跟随李光弼守河阳，攻下怀州，仆固怀恩在诸将中的功劳最大。"常为先锋，勇冠三军"②。而且他的儿子仆固玚也以勇敢闻，军中号为"斗将"。

代宗即位后，继续向回纥借兵。这时回纥首鼠两端，唐朝与叛军都派人去回纥，登里可汗本来准备加入史朝义军。在上一代可汗统治时期，肃宗让仆固怀恩的女儿嫁给了可汗之子。等到可汗的小儿子登里可汗即位，仆固怀恩变成了可汗的岳父。登里可汗请求与仆固怀恩和他的母亲相见。代宗赐铁券，并下诏让他们相见于太原。仆固怀恩说服了回纥可汗派兵讨伐史朝义。此举对平定安史之乱起到了非常大的作用。

在回纥的支援下，唐军对史朝义发动连续进攻。唐军首先在黄水歼灭了史朝义的主力，最后在昭觉寺进行决战。史朝义领铁骑十万来

---

① 《旧唐书》卷 121《仆固怀恩传》，第 3478 页。

② 《旧唐书》卷 121《仆固怀恩传》，第 3478 页。

跟唐军对垒，殊死搏斗，短兵相接之间，互相都有不少伤亡。唐军又派兵连番冲击叛军阵营，但史朝义的军队纹丝不动。鱼朝恩派五百射手，弓弩乱发，虽然敌军有被乱箭射死的，但整个阵型仍然不乱。镇西节度使马璘自己拿着军旗单骑直入叛军阵营，在上万敌军中，左右披靡，唐军趁之而入，史朝义大败，唐军斩首一万六千级，活捉四千六百人，投降的有三万二千人。史朝义率领亲近部队往北逃走，仆固怀恩收复了洛阳和河阳城。之后仆固怀恩继续北伐，史朝义自杀，安史之乱到此结束，河北的安史余党全都投降。

仆固怀恩班师回朝，郭子仪认为他比自己的功劳大，有平定河朔之功，要让位于仆固怀恩。代宗还下令仆固怀恩护送回纥可汗回国。仆固怀恩护送可汗经过太原时，太原的守将叫辛云京，是个汉人，有些夷夏之防的观念，怀疑仆固怀恩是回纥岳父，会联合回纥对自己不利。于是紧闭太原城门不出，也不敢犒劳仆固怀恩的军队。等到仆固怀恩送毕返回，还是紧闭城门不出。辛云京的举动让仆固怀恩怒火中烧，于是他就向朝廷告状，在汾州屯军。

朝廷派宦官骆奉先到辛云京处，辛云京说仆固怀恩要造反。骆奉先又到仆固怀恩所在，仆固怀恩请他喝酒。仆固怀恩的母亲说："尔等与我儿约为兄弟，今又亲云京，何两面乎？虽然，前事勿谕，自今母子兄弟如初。"[1]骆奉先提出要赶回长安，仆固怀恩以次日就到端午节来挽留他。骆奉先还是要走，仆固怀恩过于热情，把骆奉先的马藏了起来。骆奉先害怕了，认为白天被仆固怀恩的母亲数落了一番，晚上又藏起了他的马，觉得仆固怀恩要杀他，赶紧翻墙逃跑。到夜里仆固怀恩发现不对，赶紧派人把马给送回去。骆奉先跑回长安，上告代宗仆固怀恩谋反，他差点被杀。仆固怀恩几番上奏请代宗杀辛云京和骆奉先，代宗认为辛云京有功，下诏让双方和解。仆固怀恩觉得自己

---

① 《旧唐书》卷 121《仆固怀恩传》，第 3482 页。

受到侮辱。

自安史之乱以来，仆固怀恩一门之内死了四十六人，两个女儿都远嫁绝域，他联合回纥，收复两京。仆固怀恩于中兴有大功，却被扣上谋反的罪名，内心愤怒不已，八月，写了一封言辞过于激烈的奏章给代宗，想要表明心迹，实际却事与愿违。他说"兄弟死于阵敌，子侄没于军前，九族之亲，十不存一，纵有在者，疮痍遍身"①，又说"陛下若以此诛臣，何异伍子胥存吴，卒浮尸于江上，大夫种霸越，终赐剑于稽山"。他还提到"顷者来瑱受诛，朝廷不示其罪，天下忠义，从此生疑。况来瑱功业素高，人多所忌，不审圣衷独断，复为奸臣弄权？臣欲入朝，恐罹斯祸，诸道节度使皆惧，非臣独敢如此。近闻追诏数人，并皆不至，实畏中官谗口，又惧陛下损伤，岂唯是臣不忠，只为回邪在侧"。仆固怀恩甚至言辞激烈地说"弓藏鸟尽，兔死犬烹，臣昔谓非，今方知实"，最后他慷慨陈词道："臣实不敢保家，陛下岂能安国！"言语之间，有些威胁的意味。

代宗拖了很久都没有处理，一直任由事态恶化。九月，代宗派黄门侍郎裴遵庆到汾州宣旨，去安慰仆固怀恩。本来仆固怀恩已经答应回京，他的副将范志诚提醒他说："公以谗言交构，有功高不赏之惧，嫌隙已成，奈何入不测之朝？公不见来瑱、李光弼之事乎！功成而不见容，二臣以走诛。"②仆固怀恩听了这一番话就改变了主意。但事实上，他根本没有造反的准备，先派自己的儿子去攻打辛云京，大败而归，后又围攻榆次。代宗想让郭子仪去善后。郭子仪一到河中，朔方将士就抛弃了仆固怀恩，杀掉了他的儿子仆固玚。仆固怀恩自己带着数百骑，渡河北去灵武。

仆固怀恩跟回纥关系很好，多次聚集回纥、吐蕃等军对唐朝施

① 《旧唐书》卷 121《仆固怀恩传》，第 3484—3487 页。

② 《旧唐书》卷 121《仆固怀恩传》，第 3487 页。

压，有好几次都打到长安，给唐朝的军事与财政造成巨大压力。朝廷需要在长安驻守大量军队，没有力量去为本来已经收复的河北藩镇善后。永泰元年（765），仆固怀恩纠集诸蕃大军二十万南下，行至鸣沙县，发病而归，九月九日，死于灵武。安史之乱因为唐朝的一系列战略错误，导致从两年就可以结束变成一直打了八年。八年之后又因仆固怀恩造反，内乱不断，唐王朝不断失血，元气大伤。

五、代宗和他的权力工具

代宗（726—779）是一个阴鸷而冷酷的人，史书称他"喜惧不形于色"[1]。他也很可能是唐朝皇帝中唯一不服用丹药的人。代宗在位的十七年中，先后铲除了李辅国、程元振、鱼朝恩三个大宦官，将大权牢牢掌握在皇帝手中，为德宗朝初期短暂的复兴打下了基础。

肃宗去世，代宗能够顺利登基，主要靠大宦官李辅国和程元振。宝应元年（762）四月，肃宗病重，太子早已定为长子李豫（即代宗），但皇后膝下尚有一幼子，又早在灵武时就与太子结下梁子——太子的亲弟弟建宁王因被她诬陷而死，因此非常害怕新皇登基后自己就会丢掉性命。于是她暗中将越王李係引进宫，企图废掉太子改立越王。此计划被李辅国、程元振知悉，他们因争夺权利而与皇后互生嫌隙，于是迅速作出决定：带兵守在凌霄门，劫走被皇后骗进宫的太子，随即发动政变。当晚，李辅国、程元振就抓捕了越王及其同谋，并将张皇后幽禁在别殿。肃宗驾崩后，李辅国即刻杀掉了皇后和越王，代宗得以顺利即位。但是年十一月，李辅国就意外身亡。

代宗依靠宦官却有限度——宦官不能挑战皇帝权威。李辅国突破了这个底线，他自恃有功，甚至公开对新皇帝说："大家但内里坐，

---

① 《旧唐书》卷 11《代宗本纪》，第 267 页。

外事听老奴处置。"①代宗心中愤恨，但因为此时禁军仍掌握在李辅国手中，所以并没有表现出来，表面上仍予以优待，尊之为"尚父"，封司空兼中书令，私下通联程元振，让其取代李辅国为元帅府行军司马，掌握禁军，随后让李辅国搬到宫外居住。这一系列的举动让李辅国慌了神，他立刻上表请求逊位，代宗便顺水推舟罢免了他的官职，晋爵博陆郡王以示安慰。此时距离代宗即位才不过两个月。李辅国毕竟有拥戴之功，代宗不想也不能光明正大地杀他，就暗中派人前去刺杀。宝应元年（762）十月十七日晚，有盗贼闯入李辅国家中将其残忍杀害，并带走了脑袋和一只手臂。脑袋后来被扔进了厕所。代宗下令官府追查此案，并给李辅国追赠了一个特别响亮的谥号：丑。从这个谥号也可以看出代宗的态度。

接替李辅国位置的是骠骑大将军、判元帅行军司马程元振。程元振作为代宗的打手，处处打压功臣，"诸将有大功者，元振皆忌疾欲害之"②。比如同华节度使李怀让就被程元振构陷而自杀。他还处处打压郭子仪、李光弼，尤其是害死功臣来瑱和裴冕，引发了节度使们对朝廷的猜忌之心。

来瑱是陕西永寿人，曾经镇守安西四镇十年，在安史之乱中屡次打败安史叛军，人称"来嚼铁"，后升迁淮南西道节度使。来瑱因平定永王之乱、收复两京都有功劳，授开府仪同三司、御史大夫、颍国公，在代宗即位后就被调回中央。但在一年后他无缘无故被贬为播州县尉，赴任途中又被追加赐死。来瑱死后，其府中门客纷纷离开，他的尸体被埋在土坎中，校书郎殷亮独自前来吊唁，在他的尸首旁失声痛哭，又准备了棺材和衣服，将其入殓安葬。

代宗太心急了。天下未定就借宦官向功臣下手，诛来瑱却不示其

---

① 《旧唐书》卷 184《李辅国传》，第 4761 页。

② 《资治通鉴》卷 223《唐纪三十九》，第 7155 页。

图 19　唐宦官俑。吐鲁番阿斯塔纳
古墓群出土。（动脉影　摄）

罪，猜忌郭子仪、李光弼，却对叛逆方投降过来的节度使比如薛嵩、李宝臣、田承嗣、李怀仙等礼遇有加。这就使朝廷失度，"天下忠义，从此生疑"[1]。

广德元年（763），吐蕃又大举东进，程元振知情不报。代宗下诏勤王，各地节度使包括李光弼等无人出兵勤王，致使吐蕃军攻下长安，代宗星夜仓皇出逃陕州。太常博士柳伉上疏，指出"陛下疏元功，委近习，日引月长，以成大祸"[2]，请求斩程元振以谢天下。长安失守后，程元振手下的禁军就已四处溃逃，鱼朝恩手中的神策军成为了代宗新的依仗。于是代宗马上削去程元振官爵，让他回老家。年底代宗回京后，程元振穿着妇人衣服想潜入京城，结果被京兆府抓住。代宗将程元振交给御史台审理，最后决定将其流放到溱州。程元振走到江陵府时被仇家杀害。

取代程元振的是鱼朝恩。代宗逃出长安后，宦官鱼朝恩领神策军自陕州驻防处迎驾。代宗开始宠幸鱼朝恩，任命他为开府仪同三司、右监卫大将军、观军容宣慰处置使、神策军兵马使、上柱国、冯翊郡开国公，加内侍监、判国子监事，充鸿胪礼宾等使，进封郑国公。鱼朝恩当权后很会维护与大臣们的关系，经常在私第宴请郭子仪等名

---

① 《旧唐书》卷 121《仆固怀恩传》，第 3486 页。

② 《资治通鉴》卷 223《唐纪三十九》，第 7155 页。

将，以及宰相、节度、度支使、京兆尹等各层职位上的人物。郭子仪、田神功也常在自己的宅邸设宴回请。

鱼朝恩安稳度过了几年就任意妄为。若是有政事没有经过他的处理，他就会瞪着眼睛说："天下之事，岂不由我乎？"[1]这样就触碰了代宗的忌讳。他的养子鱼令徽十四五岁就在内殿上班，代宗特别赏赐他穿绿色官服。有一次鱼令徽与同事起了争执，转头就向养父告状。第二天，鱼朝恩就向代宗请求道："我的儿子职位低微，被同辈欺凌，请您赐他紫衣。"代宗还没发话，他就让相关人员捧着紫衣过来了，鱼令徽穿上紫衣后便向代宗跪谢。代宗只好给自己找台阶，说："小孩子穿紫衣也挺合适。"

铲除鱼朝恩的利器也已出现，那就是宰相元载。元载其实并不反感宦官，早些时候他还与李辅国等内侍有过合作。但鱼朝恩行事过于霸道，不仅喜欢在大臣们聚集的地方公开讨论时政，还喜欢欺辱取笑宰相。比如有一次举行释奠礼，鱼朝恩需要讲解《易经》，他借用书中的"鼎覆"（比喻力薄任重，必受其辱）来讥讽宰相。元载对此表面上不动声色，其实心中已颇为不满。

元载揣摩出代宗的心思，密奏鱼朝恩独断专行，图谋不轨，请求杀掉他。代宗便让元载谋划此事。鱼朝恩原先都会让射生将周皓带人保护自己上朝，还派他的亲信陕州节度使皇甫温带兵在外接应。元载以重金收买了周皓和皇甫温，此后鱼朝恩私下做的一切，代宗都了如指掌。为了麻痹鱼朝恩，元载特意奏请代宗任命李抱玉为山南西道节度使，皇甫温为凤翔节度使，既给了鱼朝恩面子，也更加方便己方行事。元载趁皇甫温入京述职时将他留下，和周皓共同密谋杀掉鱼朝恩。时间就定在了寒食节。

正史记载得比较隐晦，《旧唐书》载：

---

[1] （宋）李昉等编：《太平广记》卷 188《权幸·鱼朝恩》，第 1410 页。

会寒食宴近臣，朝恩入谒。先是，每宴罢，必出还营，是日有诏留之。朝恩始惧，言颇悖慢，上亦以旧恩不之责。是日朝恩还第，雉经而卒。[1]

元载利用皇帝要在寒食节宴请群臣的规矩，降低了鱼朝恩的警惕性。宴会结束后，鱼朝恩正准备回营，代宗借口要讨论事项将他留下。商谈开始后，代宗突然话锋一转责难鱼朝恩图谋不轨。鱼朝恩虽然慌张却也积极为自己辩护，言辞之间颇为激烈傲慢。此时周皓携左右冲出将他勒死。鱼朝恩死后，代宗没有马上公布他死亡的消息，而是逐步免除了他观军容使等职，最后再宣称其"受诏乃自缢"。

李辅国助代宗即位、程元振助代宗打击功臣、鱼朝恩助代宗建神策军，任何一件事都可称得上是心腹所为。可这三人在八年内一个被盗贼所杀，一个被仇家所杀，一个自杀，代宗似乎无需为此背负任何政治责任。与其说他们是心腹，不如说是趁手的权力工具，更符合代宗的性格。

---

① 《旧唐书》卷184《鱼朝恩传》，第3486页。

六、元载专权

代宗做了十七年皇帝，其中十五年的宰相都是元载。元载（713—777），陕西凤翔岐山人。他出身寒微，原本应该并不姓元，《旧唐书》称其母嫁给了元景昇，故而改姓元，《新唐书》也没有把他记载在元氏宰相中。元载的这位继父只做过员外官，而且不治产业，家里很穷。元载从小喜欢学习，喜欢写文章，博览子史，尤其喜欢学习道教典籍。他参加过很多次科举考试，但都以失败告终。到了玄宗朝后期，他终于等来了命运的转折。天宝初，玄宗崇奉道教，下诏求明庄子、老子、文子、列子四子之学的人。因为考的是擅长的内容，元载一下高中，授邠州新平尉，后来又做过大理评事、大理司直等低级官员。

安史之乱中，肃宗急需人才，这时元载正在苏州躲避战乱，苏州刺史李希言向肃宗推荐元载，他被授予祠部员外郎，迁洪州刺史。收复长安之后，元载回到长安担任度支郎中。元载智性敏悟，获得了肃宗的赏识，让他负责江淮漕运，加御史中丞，又担任户部侍郎、度支使并诸道转运使。当时的大宦官李辅国的妻子元氏与元载同宗，于是元载攀上李辅国的关系，在肃宗晚期被任命为同中书门下平章事、度支转运使，成为宰相。代宗即位，赏识元载的才能，进一步提拔他担任中书侍郎、同中书门下平章事，加集贤殿大学士、监修国史，又加银青光禄大夫，封许昌县子。元载把之前负责的繁重的漕运财政工作委托给刘晏，专心担任宰相，从此大权在握十余年，成为一代权相。

唐代非常重视门第，而元载出身寒微，跟世家大族沾不上边。他能够走上人生巅峰，恐怕跟他娶了名将王忠嗣的女儿王韫秀有关。王忠嗣是玄宗的养子，执掌大唐军队多年，位高权重。元载家境贫寒，比王韫秀大了十一岁，等于是倒插门在王家，因此一开始饱受歧视和冷眼。《全唐诗》保存了几首元载和王韫秀的诗，可以帮助我们了解当时他们的婚姻生活。他在去首都长安谋取功名的时候写了首诗送给妻子：

> 年来谁不厌龙钟，虽在侯门似不容。
> 看取海山寒翠树，苦遭霜霰到秦封。①

王韫秀坚持跟随元载一起去长安，写了一首诗《同夫游秦》回应：

> 路扫饥寒迹，天哀志气人。
> 休零离别泪，携手入西秦。②

等到元载出人头地做了宰相，王韫秀给自己娘家写信，扬眉吐气：

> 相国已随麟阁贵，家风第一右丞诗。
> 笄年解笑鸣机妇，耻见苏秦富贵时。③

---

① 《全唐诗》卷 121《别妻王韫秀》，第 1214 页。

② 《全唐诗》卷 799《同夫游秦》，第 8985 页。

③ 《全唐诗》卷 799《夫入相寄姨妹》，第 8985 页。

广德元年（763），吐蕃入侵，元载随代宗出奔陕州，获得了代宗信任。他跟内侍董秀结交，事事顺应代宗的心意，代宗对他非常满意。代宗不满大宦官鱼朝恩，元载便协助皇帝铲除鱼朝恩。政敌消失，元载洋洋得意，认为自己为民除害有大功，甚至开始肆意点评其前辈，说他们"文武才略，莫己之若"。《旧唐书》说他"外委胥吏，内听妇言"①。他的太太王韫秀性格狠戾专横，很宠溺放纵自己的儿子，而元载也一味放纵妻子。

元载的奢侈和飞扬跋扈，逐渐引起了代宗的不满，日积月累，最终超出了代宗的容忍底线。《旧唐书》记载：

> 城中开南北二甲第，室宇宏丽，冠绝当时。又于近郊起亭榭，所至之处，帷帐什器，皆于宿设，储不改供。城南膏腴别墅，连疆接畛，凡数十所，婢仆曳罗绮一百余人，恣为不法，侈僭无度。②

元载在长安城南城北各有一栋超豪华别墅，装修极其豪华，堪称京城第一。他还在郊区修建亭台水榭，里面一直储备着各种帷幕、器具，以供他随时前去玩乐。元载在城南的豪宅和良田连成一大片，甚为壮观，里面还有一百多名身穿罗绮的奴仆。修建这么豪华的宅邸肯定花费巨大，而元载的主要收入来源竟是受贿。当时想要升职的士人不是求助元载的子弟，就是谒见中书省主书，公然行贿之风盛行，京城的重要机构，江淮地区的方面大员，都开始小人上位，排挤忠良。王维的弟弟王缙也是宰相，也正四处敛财，和元载一拍即合，日益放纵。代宗将一切都看在眼里，但顾及君臣情分并未制止，只在元载单独觐

---

① 《旧唐书》卷118《元载传》，第3411页。

② 《旧唐书》卷118《元载传》，第3411页。

见时，提点了一两句，但元载一点都没有放在心上。

很快，元载的专横引发了众怒。大历十二年（777）三月庚辰这一天朝会结束后，代宗来到延英殿，命左金吾大将军吴凑到政事堂抓捕宰相元载、王缙，中书主事卓英倩、李待荣以及元载的儿子元仲武、元季能。当天，代宗在宫中杖杀左卫将军、知内侍省事董秀——可见代宗早就知道宦官董秀和元载的关系。代宗公布元载的罪过，包括罔上面欺、阴托妖巫、夜行解祷、纳受赃私、贸鬻官秩、凶妻忍害、暴子侵牟。根据唐代笔记小说记载，处决元载时，刽子手还把他的袜子塞进了元载的嘴里，下场非常凄惨。代宗出手，绝不留后患，除元载本人被杀外，太太王韫秀和孩子全部处死，甚至元载已经出家为尼的女儿也被收入掖庭为奴。当时王韫秀也可以依照惯例没入掖庭为奴的，但是她拒绝了。她对前来查办的官员说："王家十二娘子，二十年太原节度使女，十六年宰相妻，谁能书得长信昭阳之事？死亦幸矣，坚不从命！"①

代宗下手的时机非常精准，舆论对元载极不友好，无人为他感到惋惜。抄家时，搜出了五百两钟乳，代宗分赐给了中书、门下及御史台的官员们，据说还搜出了八百石胡椒。胡椒在当时属于贵重物品，代宗一怒之下，派宦官去挖了元载祖父母和父母的坟墓。后来明朝的于谦还在诗中用了这个典故——"胡椒八百斛，千载遗腥臊"，以此提醒同事们不要贪污腐败。

人都有多面，历史人物也不例外。尽管贪得无厌、结党营私，元载无疑还是有才干的，而且有很大的抱负，希望能够恢复盛唐的荣光。比如他计划以河中府为中都，以关中、河东户税训练精兵五万驻扎中都，解决藩镇割据问题；还计划以原州为根据地，举陇右之地以至安西，逐渐收复河西走廊到西域的失地。随着他的倒台，这些计划

---

① 《太平广记》卷 237《奢侈二·芸辉堂》，第 1822—1823 页。

都没有实行。晚唐诗人杜牧有一首诗《河湟》，对元载被杀错失收复失地机会非常惋惜：

> 元载相公曾借箸，宪宗皇帝亦留神。
> 旋见衣冠就东市，忽遗弓剑不西巡。
> 牧羊驱马虽戎服，白发丹心尽汉臣。
> 唯有《凉州》歌舞曲，流传天下乐闲人。[①]

---

① （唐）杜牧撰，吴在庆校注：《杜牧集系年校注·樊川文集》卷第二，北京：中华书局，2008 年，第 171 页。

多说一点

如何理解宦官与皇权的关系?

我们经常有个印象,唐代的宦官飞扬跋扈,凌驾皇权之上。但这只是表象,从根本上说,宦官的权力来源,主要就是皇帝。宦官主要作为皇帝的代表和皇权的延伸而存在。代宗时期,先后铲除李辅国、程元振、鱼朝恩三大宦官;宪宗时期,吐突承璀权势熏天,主要是来自宪宗的支持。宪宗驾崩,吐突承璀也倒台而死。唐代没有宦官能够登基称帝的,而且唐朝灭亡,伴随着的宦官集团也覆灭了。可以说,在中晚唐,宦官是支撑皇权的重要力量之一。比如唐德宗最初已经把禁军指挥权交给普通将领,但是在泾原之变中他们表现糟糕,使得德宗再次把禁军指挥权交到家奴手中。再如,唐朝以宦官到藩镇做监军,是取代之前御史的职能。藩镇能够接受宦官监军,也是因为他们代表着皇帝。

第四章　思想世界的转折

安史之乱后，唐朝思想世界发生重大转变，整个文明的开放性和包容性降低。一方面是安史之乱带有的华夷之辩色彩引发了唐人对外来文明元素的检讨，包括粟特文明和佛教这些曾在大唐繁荣中发挥重要作用的文化因子；一方面是随着中亚的政治、经济、信仰情况发生巨变，陆上丝绸之路衰落。随着古文运动兴起，一场号召回到先王之道的保守主义思潮蔓延开来。这场思想变革几乎影响到每个层面，让唐宋的思想面貌截然不同。

一、佛教对唐文明的影响

中古时代见证了佛教的传入，三至九世纪的中国文明乃至东亚文明，在佛光的照耀之下，带有强烈的宗教属性。佛教对中古政治的参与，并非仅仅是特定政治人物、集团与特定僧人、寺院的互相利用，而有其自身信仰的逻辑——其对未来美好世界的期盼、对理想的世俗君主的理念，乃至对统治合法性的论述，都植根于自身的知识和思想之中。佛教将政治秩序置于一个神圣而又和谐的参照系之内，把神圣的宇宙秩序扩展到人的领域，从而赋予统治者一种类似必然性、确定性和永久性的东西。如果不深入探究佛教的基本逻辑，不把大量的宗教信息补入中古政治史料，那么中古时期的政治思想和政治起伏只不过是在世俗世界里演绎——这并不是完整的历史画面。

佛教从二世纪左右传入中国腹地，此后数百年中，很多来自古印度和中亚各国的僧人来到中原传播佛教，而中国也开启了西行求法巡礼运动。西行求法运动的高潮在东晋时期，隋唐时代中国佛教日渐自信，但是西行求法依然是连接各处佛教的重要途径，特别是玄奘、义净等高僧对文化交流和佛教发展作出了重要贡献。《大唐西域求法高僧传》开篇说"观夫自古神州之地，轻生徇法之宾，显法师则创辟荒途，奘法师乃中开王路"[①]，这是义净对法显、玄奘功绩的评价。

---

① （唐）义净撰，王邦维校注：《大唐西域求法高僧传校注》卷上，北京：中华书局，1988 年，第 1 页。

八世纪开始，佛教高僧们期望把佛法作为一种意识形态工具，将自己的信仰推到社会的各个角落去，不再将重要关怀仅仅停留于现实世界之外。他们讨论佛法和王权之间的关系，强调佛教和转轮王之间的彼此护持，憧憬弥勒下生带来的美好世界。佛教除了为君主的神圣性提供系统的政治解释（比如有关王权的"新"理论），还通过"驾驭"宇宙秩序和超自然力量而为国家命运提供"保障"，甚至有很多高僧投身相关政治理论和实践之中，持续对政治的起伏和走向产生影响。玄奘翻译的《十一面神咒心经》，经过其再传弟子慧沼（648—714）的注疏（《十一面神咒心经义疏》）获得推广。十一面观音和护国思想紧密相连，这一带有强烈密教色彩的信仰和理念，不止停留在理论的层次，甚至被用来解决神功元年的政治军事危机。此外，慧沼还为义净翻译的《金光明最胜王经》作注疏。《金光明最胜王经疏》的核心理念，是讲述佛法和转轮王之间彼此护持的关系，与《十一面神咒心经义疏》相似，这部经典也可以用来强调佛法和王权之间的关系。

但令人奇怪的是，宗教信仰往往会被无意识地排除在整个历史画面的拼图之外。如果我们去读两《唐书》，除了几个邪恶的政治和尚（如薛怀义）和垂名青史的大和尚义净、玄奘等外，完全找不到任何有关佛教强烈影响了政治史的迹象。可以说，佛教在隋唐政治史上的痕迹几乎被完全抹去了。这跟中古时代佛教昌盛甚至在儒释道三教中占据上风的历史图景完全不符。这种情况的产生，一方面是源于佛教自唐中后期退出官方意识形态舞台和主流意识形态，以及道学的兴起带来的对宗教信仰成分的摒弃；另一方面也源于现代学术不断重复形成的论述模式。历史记忆往往经过后世文本的不断重构，加上近代以来学者的反复申说，形成了许多固定的逻辑和表述。然而，历史的吊诡之处在于，如果我们抛开这些"常识"，深究某些细节，可能会发现不一样的图景。

佛光照耀下的唐朝，在政治风云变幻中又增加了宗教信仰和宗教势力的冲突融合，使我们每一步的推理，都不得不做双线处理——将其一并置于世俗空间和神圣空间，且需同时参考世俗文献和宗教文献。比如刘淑芬曾揭示了玄奘生命中最后十年政治上失意、精神上困顿的另一面，一改我们之前有关玄奘获得帝王恩宠的印象。由于陷入高宗与辅政旧臣争夺政治主导权的风暴之中，玄奘也被高宗和武则天归入需要剪除的辅政旧臣系。永徽六年发生尚药奉御吕才攻击玄奘系僧人的事件，之后遂有六臣监共译经的掣肘，玄奘更被监视居住，无亲近弟子伴从。其弟子慧立在生前不敢以《慈恩传》示人，彦悰在承接续成此书时犹犹豫豫，主要原因就是玄奘晚年活动和初唐政治关联的秘辛[①]。这样的结论几乎完全颠覆了我们之前关于玄奘和高宗形同鱼水的欢愉印象，喜剧一举转变为悲剧。

后世的史料再造也遮蔽了佛教僧侣在政治起伏中的形象和角色，比如义净，在武则天倒台之后，其在武则天政治宣传中扮演的重要角色逐渐被抹去，以致宋代的赵明诚读到唐碑《大唐龙兴三藏圣教序》的碑侧内容，才发现武则天"天册金轮圣神皇帝"尊号，正是由义净所定。又如被历史记忆"遗忘"的德感。这位被君主誉为"式亚龙树，爱齐马鸣"的高僧，很可能才是武周时期宗教政治事务的重要运营者。他跟薛怀义一样，是洛阳内道场的大德之一；他的名字出现在《大云经疏》和菩提流志新译《宝雨经》的译场、列位中；他长期担任洛阳佛授记寺的寺主，并且在武则天重返长安后被调回长安担任清禅寺主，主管京畿僧尼事务；他在武周政权晚期，代表武则天赴五台山巡礼；他主持修建武周政权晚期最为重要的宗教纪念碑性建筑光宅寺七宝台，并且敬造十一面观音像为武周政权祈福。然而，尽管他在

---

① 刘淑芬：《玄奘的最后十年（655—664）——兼论总章二年（669）改葬事》，《中华文史论丛》2009 年第 3 期，第 1—97 页。

武周政权的佛教事务中扮演着领袖的角色，他的名字却几乎从相关的文献记载和现代研究中消失了。经过对佛教文献和石刻史料的追索，德感的师承赫然闪现——他是窥基的弟子，也就是玄奘的再传弟子。这也就解释了富安敦（A. Forte）的一个推断：持法相之学的僧人在武周政权中发挥了重要作用[①]。薛怀义就被文献描述为出身洛阳市井小贩，但德感的情况则证明，武则天所任用的佛教高僧，其实就是名实相符的佛教领袖，她确实得到了当时主流佛教僧团的支持。作为七世纪末、八世纪初跟王权关系最为密切的高僧之一，德感可谓是玄奘在政治上的继承人。在玄奘政治上落魄之后，其法相宗一脉并未彻底退出政治舞台，德感在武则天时期，尤其是武周晚期，重新站到了历史的前台，演绎了一出信仰与政治、佛法与王权丰富多彩的历史剧。

佛教寺院构成了唐代社会的一部分，佛教知识分子应该被视为知识精英的一部分。将唐代政治史与信仰世界分开的做法，实际上割裂了本属同一历史语境的两个重要层面。中古时代政治文化和社会生活的一大特色，是思想世界和知识世界依然深受宗教意识的影响[②]，物质文明和思想世界都在佛光的照耀之下。权力政治结构在佛教信仰世界的反映，产生了佛教寺院、特定学派、特定僧团与特定政治集团存在密切关联性的情况，寺院和僧团地位的升降，与政治人物的命运起伏紧密相关，组成了当时信仰与政治世界复杂图景的一部分。有名的大安国寺即由玄宗的父亲睿宗舍宅而立，在开元时期（713—741）汇集了各种学派的僧侣，成为长安最为重要的皇家寺院。开元二十九年（741）二月，大安国寺僧人释道建还曾受命来沙州主持授戒仪式，宣

---

① 参看 Antonino Forte, *Political Propaganda and Ideology in China at the End of the Seventh Century*, Italian School of East Asian Studies, 2005.

② 参看陈弱水：《唐代文士与中国的思想转型》，桂林：广西师范大学出版社，2009年。陈弱水认为唐人心灵世界为二元结构，深受宗教思想的影响，这是当时思想世界的主要特点。

讲玄宗刚刚编纂完毕的《御注金刚经》以及《法华经》、《梵网经》[1]。

目前，关于佛教僧团和中古政治的关系，还有其他的以人群划分的研究模式，比如简单地描述皇族或者世家大族跟佛教的关系，再如简单地认为隋朝推崇佛教，唐朝推翻隋朝，所以轻视佛教，武则天上台，又在信仰世界反唐朝之道而行之，再度推崇佛教。此类研究甚多，蔚为壮观，陈寅恪讨论武周政权与政治的关系，就从家世信仰和政治需要两方面说明了武则天信仰佛教的必然性[2]。以个人因缘和信仰背景来解释政治动机，并非全无根据。至少，武则天在太宗驾崩之后出家感业寺为尼的经历及其家族的佛教背景，应该使武则天具备一定的佛教修养，为其借重佛教进行政治宣传奠定了一定的知识基础。但是，从根本上说，按照家族信仰切割信仰世界，和按照佛教宗派切割信仰世界的研究模式，其性质是一样的，都是希望通过整齐划一地将信仰世界分解成不同的集团，来对应在政治世界里的政治集团互相倾轧的"历史图景"。这种研究模式最根本的弱点，是忽略了历史的复杂性，它采取的是一种历史机会主义的解释方法。不要说信仰世界是否能够完美切割、跟世俗世界完美对应，即便是在世俗政治世界里，是否某一家族的成员一出生就奠定了他的政治立场和观点，并且一生都不会更改，也存在严重的疑问。正如陈寅恪自己所言，框架和叙述越完美，离事实反而越远。

毫无疑问，佛教不但强烈地影响着唐代的精神世界，也渗透到日常生活的各个角落。比如佛教信仰的普及让素食成为长安城饮食的重要组成部分，蜂蜜的生产销售成为重要的商业内容。一个自由开放的

---

[1] 荣新江：《盛唐长安与敦煌——从俄藏〈开元廿九年（741）授戒牒〉谈起》，《浙江大学学报（人文社会科学版）》第三期，2007 年，第 15—25 页。

[2] 陈寅恪：《武曌与佛教》，《中央研究院历史语言研究所集刊》第 5 本，1935 年，第 137—147 页，收入氏著《金明馆丛稿二编》，上海：上海古籍出版社，1980 年，第 137—155 页。

社会，在艺术创造上也更有创造性和想象力。唐代在宗教文明灿烂发达的同时，与之相关的雕塑、绘画、建筑等，都取得了令后人赞叹的成就。虽然大多数气势恢宏的佛教建筑，经过政治起伏和连绵战火的洗礼，已经彻底毁掉，但是只要看一看同一时期甚至较晚的日本佛教建筑，就知道唐朝的佛教建筑是多么惊人。

隋唐时代与佛教紧密相关的石窟、佛寺、佛塔等大量出现，有一些是具有纪念碑性的宗教建筑。留存至今的大、小雁塔就是唐代建造的。前者建造于高宗永徽三年（625），由玄奘亲自设计，虽然毁于武周长安年间，但是随后很快就被重建。这座高达六十四米的七层密檐楼阁式建筑，经过一千三百年仍然坚韧地矗立在那里。可以想象，当时世界之都长安城的天际线，被像大雁塔这样恢宏的佛塔装点着，俯

图 20　不动明王像。唐安国寺旧址出土，西安碑林博物馆藏。明王着菩萨装，头部与左手已佚，右手竖持宝剑，结跏趺坐于岩石座上。（动脉影　摄）

视着来来往往的商旅、高僧、官员和普通市民，远眺着胡商驼队从西域往返，带来丰富多彩的舶来品。而这些来自亚洲各个角落的异乡人，尚未走进长安的城门，就远远看到星罗棋布的高层建筑，目瞪口呆之余该是多么羡慕盛唐的气象和风度。唐中宗这位唐朝历史上最为崇佛的君主，在短短的任内，又修建了小雁塔。为了修建这座塔，宫女们纷纷募捐，很快就让这座十五层的宝塔建立起来。走进长安城，佛光照耀之处，就能看到佛塔的身影，诠释着大唐帝国在信仰世界的地位。

开凿石窟，从佛教传入中国之初就已经成为中国人表达自己信仰的方式。隋唐的石窟艺术在前代的基础上又有了显著的发展。东都洛阳附近的龙门，到今天仍有一千三百多个佛教石窟，大多数都是隋唐时代开凿。作为天后的都市，洛阳在武则天时代取代长安成为帝国的首都，也因此成为东方世界的中心。则天武后在神都修建了前所未有的建筑——明堂和天堂。这两座带有鲜明佛教色彩的建筑，使整个洛阳城的空间层次异常鲜明。与之配套的天枢，是中国古代少见的一座纪念碑，可以与罗马帝国修建的图拉真纪功柱（Trajan's Column）相媲美。天枢为铜铁铸成，由来自朝鲜半岛的毛婆罗造模，来自波斯的阿罗汗召集诸藩王筹资修建，来自高句丽的高足西也参与修建。天枢既是武周政权合法性的标志，又是中国当时作为东方世界主宰的明证，故号"万国颂德天枢"。

位于敦煌的莫高窟，保存了大量的壁画、雕塑，是世界上现存规模最大、内容最丰富的佛教艺术中心。莫高窟融绘画、雕塑和建筑艺术于一体，最大的第16窟达二百六十八平方米。其壁画内容博大精深，有佛像、佛教故事、佛教史迹、经变、神怪、供养人、装饰图案等等题材，还表现了当时狩猎、耕作、纺织、交通、战争、建设、舞蹈、婚丧嫁娶等社会生活各方面的情景。莫高窟壁画为中国美术史研究提供了重要实物，也为研究中国古代文明提供了极有价值的形象

图21 炽盛光佛及五星图。敦煌藏经洞出土绢画，题记为"乾宁四年（897）正月八日炽盛光佛并五星，弟子张淮兴画表庆光"。

和图样。最高的第96窟内附岩修建了佛塔，内储高达三十多米的弥勒佛坐像，与崖顶等高，巍峨壮观。虽然武则天的天堂已焚毁，敦煌的建筑仍为我们提供了可资参照的样品。

1900年，王道士在莫高窟现编号第16窟的石窟发现了一个长宽各二点六米、高三米的方形窟室，里面居然保存着从四世纪到十一世纪的文书和纸画、绢画、刺绣等文物五万多件。藏经洞出土的文书除了汉文文献，还有用古代藏文、梵文、佉卢文、粟特文、和阗文、回鹘文、龟兹文撰写的文书，内容主要是佛经，另有道经、儒家经典、小说、诗赋、史籍、地籍、账册、历本、契据、信札、状牒等，为研究中国乃至中亚文明提供了重要史料，补充了大量信息，保存了人类文明的重要记忆。

唐代的木结构建筑工艺达到了很高的水平。五台山南禅寺和佛光寺东大殿是中国现存的最为古老的木结构建筑。长安和洛阳的大量木结构建筑已经彻底毁灭了。但是从南禅寺大殿（修建于782年）和佛光寺（857年重修）来看，其建筑规模宏大，技术高超。唐代雕塑也形成了新的风格和特色，不论是石雕还是泥塑，都气势宏伟、形象生动。四川乐山大佛也是唐代的作品，高达七十一米，是目前最大的石佛像。这些雕塑艺术品，是中国文化的瑰宝。

佛教还推动了纸的使用和传播，印刷术的发明和更新，绘画的发展也与佛教关系密切。敦煌莫高窟中大量以佛教为题材的壁画，深富独创精神和超凡的想象力。唐代的三彩陶俑制作精美，能够刻画出人物的精神状态和感情思想，而动物俑以马和骆驼为多，形态逼真，生动地反映了唐帝国开放的时代精神。唐代著名的塑像家活跃在长安和洛阳等大城市，为数量众多的寺院和普通民众塑像。长安各大寺院的壁画，俱出名家之手，仍是以佛教画为主。吴道子擅长佛道画，号为"画圣"，他在传统的兰叶描和从西域传来的铁线描之外，别创出一种圆润的"莼菜条"画法，又吸取梁代张僧繇和西域画派的晕染法，使其画作富有立体感。其所画人物，"虬须云鬓，数尺飞动，毛根出肉，力健有余"①，是盛唐时代宗教画的代表人物。擅长人物故实的阎立德和阎立本兄弟、擅长仕女画的张萱和周昉、发展了山水画的展子虔、善画金碧山水的李思训等，都在中国绘画史占有重要地位。受佛教文化熏陶至深的唐代大诗人王维，首创中国水墨山水画，被称为山水画南派之祖，对后世的水墨山水画影响深远。敦煌等地壁画中的经变画，内容纷繁、构图紧密，展现了当时画工们的高超水平。从这些经变画中，可以一窥唐代绘画的风采。

---

① （唐）张彦远撰：《历代名画记》卷2，杭州：浙江人民美术出版社，2019年，第27页。

二、遣唐使——日本人热衷留学中国的时代

中国佛法的传布，最为重要的是日本，至今佛法依然在日本非常昌盛。日本的佛教最早或由百济传入，佛法在日本初兴，引起朝臣贵族的分裂，由于对西来宗教的态度不同，引发两党政争，以至于在585年敏达天皇下敕禁止佛教，两年后用明天皇又解禁。到了推古天皇元年（593），圣德太子摄政，奖励佛法，调和日本本土宗教、儒家和佛教三派，日本佛教由此奠定。推古天皇十五年，圣德太子遣小野妹子等人入隋，当时是隋炀帝在位。之后日本便有敕遣僧人入华学佛运动的展开。到了唐代，日本僧人来求法达到顶峰。从隋代到唐末，日本先后遣入华使十六次，加上数量更多的私人求法，使得日本佛教昌隆。举凡庙宇建筑、僧伽组织等，均取法于唐人。如日本国分寺之设立，就是模仿隋文帝分舍利建塔；日本东大寺之大佛，也是取法唐白马阪大像。奈良时代（710—794）的古京六宗，全是传自中土。齐明天皇时（655—662），日本僧人道昭入唐受教于玄奘，其后又有日本僧人智通、智达跟随玄奘、窥基学习；华严法藏的弟子中也有日本僧人审祥；更有唐朝僧人东渡日本传法，比如鉴真，前后七次东渡日本，跟随的僧人十余位，日人号之为东征和尚。

平安朝入唐求法之风极盛，归国携去经典极多，为一大特色。被称为入唐八大家的日本僧人，都带回了大量佛教典籍。比如最澄带回二百三十部四百六十卷，多系天台章疏；空海则带回二百十六部

四百六十一卷，多系密宗典籍；其他如常晓、圆行、圆仁、惠运、圆珍、宗睿等都带回大量佛教典籍。桓武天皇迁都平安京，与旧京贵族势力和佛教宗派拉开距离，同时也大力资助僧人往中土求取新的佛法。在这种背景下，最澄于804年来到大唐，回去之后提倡天台圆顿之旨，批评南都六宗。最澄在日本佛教史上地位非常重要，号传教大师。与最澄并称的，是著名的日本僧人空海。他与最澄一起来到唐朝，但是学习的方向不同。空海在长安青龙寺跟随慧果，授以金刚界、胎藏界两部大法，兼从天竺般若三藏学悉昙，回国之后大力宣扬密宗，在高野山创金刚峰寺，至今都是日本真言宗最有名的道场。空海被称为弘法大师。自空海和最澄入唐求法之后，日本佛教的局面发生了革命性的变化。空海更赋予了日本皇权新的意涵，在日本政治和思想上也扮演了重要的角色。在空海之前，日本的天皇是二位一体的，首先是天照大神的子孙，本身是具有神性的，此外他也是儒家的天子。等到空海回去之后，就把日本天皇变成了三位一体——又加上了佛教转轮王的身份。在不久之后，日本的天皇即位都要举行灌顶仪式。可以看出，日本的天皇跟佛教是天然连在一起的，天皇在佛教里的地位非常崇高，佛教也因此在日本非常重要。

必须指出的是，佛法东传，一方面是日本积极的迎取，另一方面的原因是随着佛教在中国的衰落，佛教高僧有强烈的危机意识和末法精神，希望能够把佛光传播到新的土地上去。除了日本僧人前来学习，也包括中国僧人主动东渡传法。最有名的是鉴真（688—763），鉴真于天宝十三年（754）到达日本。这时他已双目失明，年近七旬了。《唐大和尚东征记》写的就是鉴真把佛法传到日本的经历。在鉴真和尚的时代，佛法在唐朝受到了一些压制，尤其是在唐玄宗时期，佛教有走下坡路的迹象。这让佛教的高僧们很有危机感，鉴真希望能够开拓出新的领地，才怀抱理想东渡日本。他希望能够为佛教保存一些种子。鉴真把戒律传到日本的同时，还把佛寺建筑、佛像雕塑的艺

图22 井真成墓志拓片。墓志上的"国号日本"字样显示,"日本"国号至迟在734年以前就出现了。

术介绍过去。日本现存的唐招提寺及卢舍那佛,就是鉴真及其弟子在天平宝字三年(759)创建的。

除了佛教,日本的政治、思想、文化、建筑、历法等方面都受到了唐朝的影响和塑造。日本在相当长的时期内直接行用中国历法,如《元嘉历》《麟德历》《大衍历》《宣明历》等。整个唐代,日本前后共派遣了十九次遣唐使,都挑选博通经史、娴习文艺和熟悉唐朝情况的人担任。玄宗开元二十年(732)多治比广成一行竟多达五百九十四人。遣唐使的随行人员中还有一些医师、阴阳师、乐师等,就是为了进一步深造和求解疑难而被派来中国。遣唐使、留学生、学问僧带来彩帛、香药、珍宝，带回乐器、书籍、经卷、佛像。日本著名的"大化改新"，就是在高向玄理等留学生的协助下进行的。当时日本所颁行的班田制、租庸调制简直就是照搬唐朝的制度，其后形成的从中央到地方的完整官制系统也大体依照唐制而成。武则天长安三年（703），日本朝臣真人（相当于唐朝户部尚书）粟田来唐，武则天宴于麟德殿。玄宗初年，粟田再次来唐，"尽市文籍，泛海而还"。其副使朝臣仲满，"慕中国之风，因留不去，改姓名为朝衡，仕历左补阙、仪王友"。朝衡又作晁衡，本名阿倍仲麻吕，居唐朝京师数十年，与诗人王维、李白交往颇深，王维、李白都有诗作赠别晁衡。日本人还利用草体汉字表示声音，创造了平假名；利用楷体汉字偏旁表示声音，创造了片假名；这种字母一直沿用到今天。日本正仓院现存的文具、衣饰、屏风、乐器等唐代文物，见证了唐代中国和日本的文化交流。在唐代，中国在日本的影响达到顶点。到了唐末，中国的影响已牢固和长期地把日本纳入其文化圈内。

大量的中国典籍、文物保留在日本，随着这些典籍在中国本土的散佚，日本保留的这些文化遗产，实际上对研究中国自身具有重要的价值。比如藏在日本的大量古代佛教写经，可以弥补很多中国佛教的记忆；中国古代的阴阳五行术数类的书籍，在本土遭到禁毁，但是其文本和某些条目、思想元素，也在日本保存下来，这些文化遗产不但是理解日本古代文化的珍贵资料，同时也对理解整个东亚世界有学术意义。毕竟，在整个唐代，整个东亚世界实际上是沐浴在同一个文明之中，虽然样式稍有不同，但是精神非常相类。

三、中唐以后中国保守主义兴起和走向内转

安史之乱对唐朝军队的影响，是唐朝的数十万精锐边防军损失殆尽。东北方面的野战军跟随安禄山叛变，哥舒翰率领的河陇军在潼关之战中一败涂地，唯有朔方军实力仍在。为了平定叛军，唐朝西北方面的精锐部队被调回内地，不但使长安直接暴露在吐蕃的攻击之下，而且长期以来给唐文明注入新鲜血液的丝绸之路也不复为唐朝所掌握。中亚的信仰世界也发生了巨变，本来为佛教文明重要据点的于阗等据点在此后的数百年间被连根拔除，整个亚洲史面貌也发生了变化。

从中亚延伸到长安、洛阳的丝绸之路对唐朝的物质文明和精神文明都至关重要。一方面，它输入中国的种类繁多的外国商品丰富了中国文化，同时，它输入的各种宗教信仰和其他形势的精神文化元素，促使中国文明呈现出胸怀宽广的世界主义精神，包容不同文明的优秀成分。在丝绸之路畅通的时代，中国不但是世界物质文明交汇的地方，而且也在世界的精神文明、制度建设乃至宗教信仰方面都处于中心的位置。中国的佛教在当时的世界上是最活跃、最有影响力、也是最先进的思想体系；中国的中央政府制度、文官选拔制度也是世界上最为完备和严密的政治制度；日本、朝鲜等周边国家的僧侣和世俗知识分子纷纷到唐朝学习，不但学习制度、技术，更输入中国先进的宗教信仰和意识形态。高度文化自信的唐朝人，几乎可以容纳所有的宗

教在国内的传播，比如拜火教、摩尼教、景教和后来的伊斯兰教。中国的音乐、舞蹈、绘画、数学、天文、语言等各个领域都能兼容并蓄，取得辉煌的成就。唐朝人更可以自信地接纳不同文化背景的人来到中国，粟特的商旅、波斯的眼科医生和政治流亡者、印度的僧人、新罗的歌姬、高句丽的遗民，都把唐朝当成自己可以代代居住的乐土，愿意归化为中国人。

为了保证中亚通道，经过长达一个半世纪的苦心经营，中国高度专业化的军队征服了一个又一个绿洲据点，把势力深入到中亚腹地，甚至在伊朗边境和阿富汗建立保护国，也在北印度进行军事干预。因此在安史之乱前夕，唐朝在中亚的拓展并没有颓败的景象，反而是更加积极进取的态势，此时中国军队已经远征至伊犁河流域和伊塞克湖以西，深入帕米尔和吉尔吉特作战，并且牢固地掌握着塔里木盆地和准噶尔盆地。阿拉伯帝国和伊斯兰教的兴起是世界历史上的大事。在唐帝国深入中亚的同时，阿拉伯人也在往东方拓展。大约七世纪中后期，阿拉伯人已经渡过阿姆河到达锡尔河和阿姆河之间的索格底那亚地区，今天的阿富汗北部、河中以南地区在 718 年左右被阿拉伯并吞。由于宗教信仰的不同，粟特人主要信仰祆教和佛教，而阿拉伯人强硬推行伊斯兰教。在玄宗中期，他们上表唐朝期望唐朝出动军队讨伐阿拉伯，因为后者对它们课以重税并进行压迫。信奉伊斯兰教逊尼派的新兴阿拔斯王朝（黑衣大食）上台后，继续了之前阿拉伯帝国倭马亚王朝对唐朝中亚势力范围进行挑战的政策。之所以后来中国跟阿拉伯没有展开旷日持久的中亚争夺战，是因为唐朝遭遇了安史之乱，主动从中亚大踏步后撤，撤退的速度甚至超过了伊斯兰势力挺进的速度。从敦煌以西，万里之地全部沦入其他政治势力之手。此后一千年，中国的势力都没有再回到唐朝大军征服过的地区。

安史之乱前一年也就是 755 年，吐蕃王死，吐蕃朝廷派遣使节前来长安，希望跟唐朝建立友好关系，吐蕃在中国边境还是在中亚的扩张，都受到了唐朝的遏制。但是，安史之乱突然爆发，让唐朝只好将河西、陇右的军队撤回对抗安禄山叛军。吐蕃利用这个机会攻占陇右诸州，甚至在763年攻破长安，让唐朝陷入内忧外患的夹击之下，唐朝和吐蕃的关系进入了灾难性的阶段。此后吐蕃不但直接威胁唐朝首都，而且还控制了原先唐朝通往西域的通道，包括敦煌都沦落吐蕃之手，唐朝对塔里木盆地和准噶尔盆地的控制也彻底瓦解。直到九世纪中期，吐蕃国分崩离析，沙州张义潮归义军摆脱了吐蕃的统治，但是唐朝却再也没有实力去收复中亚的领土。中亚地区，作为人类多元文明的重要区域，曾集中了印度、伊朗、西方、中国等各种文化元素于一身的黄金地带，在此后伊斯兰文明的不断冲击下，彻底瓦解。在此后的几个世纪，伊斯兰势力逐渐摧毁了于阗等佛教据点，甚至将影响拓展到中国的陕甘地区。

如果中国不放弃中亚，将中亚作为自己的文化势力范围，就可以往西跟伊斯兰文明有更多的交流，很可能会促进思想、文化、信仰的进一步革新，就如伊斯兰文明影响西方文明引发文艺复兴一样。实际情况是，中国人从思想上后退了，韩愈等人倡导的原教旨主义的古义运动瓦解了中国往西的雄心。如果中国不从西域后退，则西域的佛教文明或许能够留存更长的时间，对中国的佛教势力也将起到重要的影响。

安史之乱是整个中国历史的转折点，很可能也导致了粟特人在亚洲世界地位的彻底崩塌。粟特人在引西方新鲜之血，注入中国文明之躯中，扮演了重要的角色，是促进中国文明开放、包容、博大的鼎盛时期的一个重要族群。但是这样一个杰出的民族，在安史之乱后遭到了沉重的打击，加上中国丢掉西域，从此中国势力从中亚后撤，粟特文明最终湮没在历史的长河中，变成了现在我们追忆的对象。

因为安禄山的种族与信仰的背景，尽管安史之乱并不是反抗民族压迫的斗争，还是被唐人赋予了夷夏之防的色彩。在这种背景下，安史之乱后期，胡人遭到大规模屠杀。这种屠杀不但发生于唐军，更大规模发生于叛军中。上元二年（761）三月，史朝义弑父自立，史朝义即位后，突厥人阿史那玉败走武清，"朝义使人招之，至东都，凡胡面者，无少长悉诛"[1]。史朝义对粟特胡人执行屠杀政策，在叛军老巢范阳引起大乱。阿史那承庆和康孝忠率领的蕃、羯兵与汉族将领高鞠仁率领的城傍少年展开激战。前者大败，高鞠仁控制了幽州城，下令屠杀城内的胡人。"鞠仁令城中杀胡者重赏，于是羯胡尽殪，小儿掷于空中，以戈承之，高鼻类胡而滥死者甚众。"[2] 经过这次屠杀，本来在幽州人数众多的粟特胡人几乎被屠杀殆尽。此后幽州胡人将领的记载就大大少于以前。

安史之乱给中国造成的创伤让中国人的心灵发生重要的变化。安史之乱后，不论是文学诗歌，思想论证，歌舞讨论，都逐渐排外。白居易把天宝末年将要发生的社会巨变，和玄宗爱妃杨玉环与发动叛乱的范阳节度使安禄山的胡旋舞技联系起来，人们甚至认为胡曲要为安

图 23 唐鎏金鸿雁纹银茶槽子。法门寺出土，法门寺博物馆藏。碾槽上錾刻"咸通十年文思院造银金花茶碾子一枚，并盖共重廿九两。匠臣邵元、审作官臣李师存、判官高品吴弘慤、使臣能顺"。另有多处"五哥"字样，指的是僖宗（懿宗第五子）。（动脉影 摄）

① 《新唐书》卷 225《史思明传》，第 6432 页。

② （唐）姚汝能撰，曾贻芬点校：《安禄山事迹》卷下，第 112 页。

禄山叛乱负责。中国人的心胸变得狭隘，胡人在中国社会的地位和在中国文化中的形象的变迁，这是安史之乱后中国人精神世界变化的一个缩影。从某种意义上说，安史之乱后的"古文运动"，其文艺复兴的色彩非常明显。韩愈等人的反佛，就是要跳回到没有佛教的中国古典文明传统去，认为佛教对中国文明是一种破坏。陈寅恪就指出，"唐代当时之人既视安史之变叛，为戎狄之乱华，不仅同于地方藩镇之抗拒中央政府，宜乎尊王必先攘夷之理论，成为古文运动之一要点矣"[①]。中国人夷夏之防的观念越来越强，也是受到安史之乱刺激的一种反映。

---

① 陈寅恪：《元白诗笺证稿》，北京：商务印书馆，2017年，第150页。

四、韩愈的生命史

韩愈（768—842），字退之，河南河阳（今河南孟州南）人。其先世曾居昌黎，故自称郡望昌黎人。父亲叫韩仲卿。韩愈的出身并不高贵，甚至可以说家境贫寒。他三岁父亲就死了，变成了孤儿，由兄长韩会抚养成人。

如果为韩愈梳理一份履历，你就会发现他前三十年的人生一直在失败：

大历十二年（777），韩会受元载牵连，贬韶州刺史，到任不久便病逝于韶州任上。九岁的韩愈先是随寡嫂回河阳原籍安葬兄长，却不得久住，只得随寡嫂郑氏避居江南宣州，在困苦与颠沛中度过。

贞元二年（786），十八岁的韩愈离开宣城，只身前往长安。其间韩愈赴河中府（即蒲州，今山西永济）投奔族兄韩弇，虽然获得了河中节度使浑瑊的推荐，却毫无收获。第二年秋，韩愈取得乡贡资格后再往长安。是年，韩愈在长安落第，生活无所依靠，又传来从兄韩弇死于非命的噩耗。约在此年末，韩愈因偶然机会，得以拜见北平王马燧，得到他的帮助。韩愈后曾作《猫相乳》以感其德。

贞元三年至五年（787—789）间，韩愈三次参加科举考试，均失败。贞元五年（789），韩愈返回宣城。

贞元八年（792），韩愈第四次参加进士考试，终于登进士第。次年，参加吏部的博学宏词科考试，遭遇失败。同年，韩愈之嫂郑夫人逝世，他返回河阳为其守丧五个月。

贞元十年（794），再度至长安参加博学宏词科考试，又失败。

贞元十一年（795），27岁的韩愈第三次参加博学宏词科考试，仍失败。期间曾三次给宰相上书，均未得到回复。同年，离开长安，经潼关回到河阳，于是前往东都洛阳。

贞元十二年（796）七月，韩愈被宣武节度使董晋征辟为巡官。贞元十五年（799）二月，董晋逝世，韩愈随董晋灵柩离境。韩愈刚离开四日，宣武军便发生兵变，留后陆长源等被杀，军中大乱，韩愈因先离开而得免祸。徐泗濠节度使张建封聘请他担任节度推官。

贞元十六年（800）冬，已经三十二岁的韩愈再度前往长安，这次他选择参加吏部考试，终于获得成功，调授四门博士，转监察御史。唐代科举授官，长相、仪表都是很重要的。标准是所谓"身言书判"，首先是"身"，要"体态丰伟"；第二是"言"，要看说话能否不卑不亢；第三是"书"，即书法；第四是"判"，指的是处理事情的能力。有人推测，进士科不糊名，考官知道是谁的卷子，而博学宏词科卷子是糊名的，韩愈可能是因为字写得太差，所以考博学宏词科很不顺利。

初入职场的韩愈也屡遭碰壁。德宗晚年有宫市之弊，韩愈曾上章数千言指控宫市制度的不好，德宗震怒，将其贬为连州阳山县令，后来再转为江陵府掾曹。元和初，宪宗召韩愈为国子博士，迁都官员外郎。华州刺史阎济美与华阴县令柳涧有矛盾，阎济美以公事停柳涧县令的职务，让他去当掾曹。阎济美任期满了之后，出居公馆，柳涧就撺掇老百姓去拦阎济美的车。后来接任的刺史赵昌认为柳涧这样做是违法的，于是把柳涧贬为房州司马。韩愈经过华州时听说了此事，他认为阎济美与赵昌相互勾结，共同打击柳涧，就向皇帝递了奏章。当时皇帝把奏折留下来了并没有批示，但后来监察御史李宗奭进行调查，发现柳涧私下贪污受贿，韩愈因而背上"妄论"的帽子。

韩愈认为自己才高八斗，但屡遭贬谪，于是作《进学解》表达自己的怀才不遇。当时的宰相看了文章之后心生怜惜，认为韩愈有史才，所以让他担任比部郎中、史馆修撰。一年后，韩愈转考功郎中、知制诰，拜中书舍人。好景不长，有不喜欢韩愈的人提起他的陈年旧事，韩愈再次遭殃，坐改为太子右庶子。总体来看，韩愈的人生颇为不顺：前三十年生活困顿，考运不佳；参加工作后的十年政敌很多，不断遭人打击。韩愈认为自己反复遭遇挫折是因为自己的星座有问题："我生之辰，月宿直斗。"韩愈觉得因为自己是摩羯座才会屡屡受人排挤。一直走在贬谪路上的苏东坡也感慨道："乃知退之磨蝎为身宫，而仆乃以磨蝎为命。平生多得谤誉，殆是同病也。"[1]

元和十二年（817）八月，韩愈迎来了人生中的第一个机遇。当时裴度任淮西宣慰处置使，兼彰义军节度使，请韩愈做他的行军司马。淮西平定之后，韩愈随裴度还朝，以功授刑部侍郎。此时韩愈已 45 岁，经济状况终于好转——能在京城买房了。他的《示儿》透露了一些信息："始我来京师，止携一束书。辛勤三十年，以有此屋庐。"相比之下，白居易似乎更悲惨，他五十岁才买房，所以写道："长羡蜗牛犹有壳，不如硕鼠解藏身。"（《卜居》）另一位诗人贾岛见识过宰相裴度的豪宅后，心生愤恨，写道："破却千家作一池，不栽桃李种蔷薇。蔷薇花落秋风起，荆棘满庭君始知。"（《题兴化园亭》）他说裴度在家里不种桃树、李树，居然种蔷薇，桃树、李树结果还可以吃，但蔷薇花在秋天一落，就只剩下满园荆棘，真是腐败。韩愈的小房子买在靖安坊，武元衡、张籍、元稹、刘禹锡、柳宗元、裴度

---

① （宋）苏轼撰，王松龄点校《东坡志林》卷一《命分·退之生平多得谤誉》，北京：中华书局，1981 年，第 20 页。

等宰相贵族也住在这里。武元衡就是在靖安东被刺杀的。武元衡遇刺后，作为邻居的韩愈立即上表要求捉拿刺客。韩愈与张籍多有往来，也是因为两人算得上是邻居。

元和十四年（819）正月，韩愈的命运急转直下。宪宗下令让太监拿着鲜花将法门寺的佛指舍利迎到宫中，停留三天后再送往诸寺。在皇帝的带动之下，整个长安城都陷入了崇佛的狂热。很多百姓都花很多钱去供养，为了表达自己的虔诚，甚至以香烧头顶和手臂。就在这个时间点，韩愈写下了《谏迎佛骨表》以示反对。《谏迎佛骨表》是一篇写得非常仓促，也非常感情用事的大文章。韩愈写得非常好，但他忽略了当时宪宗的用心。且不说宪宗用佛教来达到巩固统一的目的，就宪宗个人来说，那时他的身体已经很不好了，精力日衰，很希望通过迎佛骨舍利来保佑自己长寿平安。但在文章里面，韩愈大谈佛教传入中国之前，中国的帝王都活得很久，但自从佛法传入之后，君主"乱亡相继，运祚不长"。宪宗雷霆暴怒，当即下令要杀死韩愈，有赖于裴度这些大臣苦苦求情，才免了死罪，只是把他贬到潮州去担任刺史。

宪宗勒令韩愈即刻启程，不给任何收拾东西的时间。韩愈全家一百多口也都要跟着他仓促上路。韩愈在蓝桥驿等待命令的时候，看着从各处赶来的亲戚，写下了《左迁至蓝关示侄孙湘》：

> 一封朝奏九重天，夕贬潮州路八千。
>
> 欲为圣明除弊事，肯将衰朽惜残年！
>
> 云横秦岭家何在？雪拥蓝关马不前。
>
> 知汝远来应有意，好收吾骨瘴江边。

唐朝时中央受到贬逐流放的官员一般都会在蓝桥驿停留，等待进一步的命令。有的时候皇帝会收回成命，但有的时候更糟——皇帝会追加命令赐死。可以说这个地方在唐朝的政治史里也是一道风景。而此刻站在桥上的韩愈只觉得自己再无回来的希望。

宪宗到底没有收回成命，五十二岁的韩愈只能继续往南走。他在沿途写了很多诗文，可知道他一路坎坷。上路不久，他的第四个女儿就病死在了商州，葬礼非常仓促，被草草埋葬在路边。等到第二年韩愈获得机会北归的时候，他曾经写诗纪念：

> 数条藤束木皮棺，草殡荒山白骨寒。
> 惊恐入心身已病，扶舁沿路众知难。
> 绕坟不暇号三匝，设祭惟闻饭一盘。
> 致汝无辜由我罪，百年惭痛泪阑干。

从武关往南又走了两个月，经过今天的南阳、襄阳、江陵、长沙、衡阳，翻越五岭，韩愈一家终于到达广东韶关。经过曲江泷水，他遇见了一个地方上的小吏，进行了一番交谈，随后写下了《泷吏》。初见小吏，韩愈还摆官架子，不客气地问道："潮州还有多远？什么时候可以到？那边的风土人情生活条件怎么样？"小吏也不太想搭理他，不耐烦地回答道："凡是到潮州当官的，都是被流放的，你到了就知道，何必妄加询问。"小吏还跟他讲了当地的凶险环境，所谓"恶溪瘴毒聚，雷电常汹汹。鳄鱼大于船，牙眼怖杀侬。州南数十里，有海无天地。飓风有时作，掀簸真差事"。讲完后，又跟韩愈说了一番大道理："不知官在朝，有益国家不？得无虱其间，不武亦不文。仁义饬其躬，巧奸败群伦。"

韩愈自从被贬之后就心怀怨愤，走到韶关被小吏教训了一番后，他开始反思。韩愈从正月十四日从长安出发一直到三月二十五日到任，走了约七十二天。唐代刺史一旦到任，按照规矩，要给皇帝写谢表。韩愈的《潮州刺史谢上表》几乎倾注了全部心力来书写皇恩浩荡。《谢上表》的姿态与《谏迎佛骨表》的态度可谓一百八十度大逆转。《谢上表》的开头，韩愈就检讨了自己的错误，"臣以狂妄戆愚，不识礼度，陈佛骨事，言涉不恭，正名定罪，万死莫塞"，紧接着他详细描述了潮州地方风土的恶劣，"过海口，下恶水，涛泷壮猛，难计期程，飓风鳄鱼，患祸不测。州南近界，涨海连天，毒雾瘴氛，日夕发作"，又动之以情，说自己年老多病肯定活不长了，而且在朝中也无亲人，让皇帝放心他并没有朋党。最后希望皇帝体谅他身体很差，可以让他回去。在韩愈上表之后不久，就传来了坏消息，他的朋友柳宗元死在了柳州，这可能又增加了他的忧虑。

在《谢上表》中，韩愈讲述大唐的功业，从开国一直讲到宪宗，"四圣传序，以至陛下，躬亲听断，干戈所麾，无不从顺"。宪宗确实是中兴之主，在位十几年平定藩镇之乱，改变了安史之乱后李唐六七十年的颓势，让人看到了中兴的希望。韩愈甚至提议宪宗封禅。欧阳修评价："前世有名人，当论事时感激不避诛死，真若知义者。及到贬所，则戚戚怨嗟有不堪之穷愁形于文字，虽韩文公不免此累。"

宪宗读了韩愈的悔过之文，对宰相们说韩愈"大是爱我，我岂不知"，准备把韩愈调回去。但宰相皇甫镈反对，韩愈没能直接调回中央，但待遇有所改善，调为袁州刺史。韩愈三月到潮州，十月改为袁州刺史，只在潮州待了七个月。

韩愈过了岭南，首次吃到了牡蛎、海中鱼虾等，一开始不习惯，觉得很腥，吃久之后，开始慢慢享受这些东西。南方多祭鬼神，韩愈到了潮州之后入乡随俗，四处拜祭，写了很多的祭文，保存下来的就有五首，比如《祭鳄鱼文》。当时潮州沼泽比较多，有很多鳄鱼伤害人的性命，影响了百姓的正常生活。他以天子和刺史的名义驱逐鳄鱼，让手下拿了一只猪，一只羊，投到湫水中喂给鳄鱼，并且写了文章严重警告鳄鱼让它们往南走，限期七日，如果违期"则刺史选材伎壮夫，操劲弓毒矢，与鳄鱼从事"。民间传说鳄鱼听了韩愈的警告之后，全族都迁走了。这事逐渐传成了神话，尤其在宋代韩愈变成圣人之后，更被广为流传。

元和十五年（820），韩愈被召回长安，担任国子祭酒，转任兵部侍郎。成德军的士兵们杀了节度使田弘正，立王廷凑担任新的节度使，皇帝让韩愈前往镇州安抚成德的军民。韩愈回到长安后，转任吏部侍郎，后来又担任京兆尹，兼任御史大夫。很快韩愈因为不去御史台办事，被御史中丞李绅弹劾。朝廷下令，罢免了韩愈的京兆尹，转任兵部侍郎，同时也罢免了李绅的御史中丞，令其转任浙西观察使。后又改为李绅担任兵部侍郎，韩愈改任吏部侍郎。西安碑林博物馆现保存着唐代诗人李虚中的墓志。李虚中贞元十一年（795）进士及第，后担任秘书正字、监察御史、殿中侍御史等职，精于五行命理、沉迷服食丹药，其墓志由韩愈撰文。在墓志中，韩愈抨击了流行于士大夫阶层中的服食丹药求长生的谎言，警示后人引以为戒。但韩愈自己可能也服食丹药，白居易曾点名批评他说："退之服硫黄，一病讫不痊。"韩愈自己写的诗"金丹别后知传得，乞取刀圭救病身"，也能证明他曾向周君巢讨药。周君巢以丹药著称，还曾向柳宗元推销，被柳拒绝。陈寅恪在《元白诗笺证稿》中考证确有其事。但是钱锺书不以为然，认可钱大昕的说法，认为韩愈没有服食丹药。陶穀《清异录》云："昌黎公愈，晚年颇亲脂粉。故事，服食用硫黄末搅粥饭啖鸡男，不使交，千日烹庖，名'火灵库'。公间日进　只焉，始小见功，终致绝命。"

不论是否为丹药所误，长庆四年（824）十二月，韩愈病逝，时年五十七岁，追赠礼部尚书，谥号曰文。

韩愈作为唐宋八大家之首，古文运动的领袖，在中国思想上有着举足轻重的地位。陈寅恪论中国思想转型，对韩愈尤其重视，专门写过《论韩愈》总结了六点贡献来分别阐述韩愈在唐代文化史上的特殊地位。

韩愈力图建立儒家道统。华夏学术重视传承，没有清晰的师承关系，就不足以取信于人。佛教传入中国，《付法藏因缘传》也力图证明佛教的学说也有传承。唐代禅宗兴起，特别重视传承系统，强调所谓"教外别传"。韩愈的《原道》云：

> 斯道也，何道也？曰：斯吾所谓道也，非向所谓老与佛之道也。尧以是传之舜，舜以是传之禹，禹以是传之汤，汤以是传之文武周公，文武周公传之孔子，孔子传之孟轲，轲之死，不得其传焉。

虽然韩愈用孟子的说法来阐述儒家传承，但实际上是受到了禅宗教外别传学说的影响。韩愈从小跟随他被贬的哥哥到了今天的韶关地区，而韶关是中国禅宗的发祥地，禅宗学说盛极一时，韩愈在当时的氛围下肯定受到了感染。

唐初承袭南朝以来正义义疏繁琐的句章，文风华丽而空洞。高宗、武则天以后，偏重进士词科之选，重文学而忽视明经。韩愈看到了儒家学说的积弊与颓势，他想"直指人伦，扫除章句之繁琐"，于是在《原道》一文中抒发胸臆：

> 古之欲明明德于天下者，先治其国；欲治其国者，先齐其家；欲齐其家者，先修其身；欲修其身者，先正其心；欲正其心者，先诚其意。然则古之所谓正心诚意者，将以有为也。今也欲治其心，而外天下国家，灭其天常，子焉而不父其父，臣焉而不君其君，民焉而不事其事。

韩愈所言，是把《小戴礼记》中《大学》的一篇进行重新阐说，既有佛教抽象之心性，又有儒家学说所重视的政治社会组织。韩愈将两者融汇无碍，一方面尽量谈心说性，另一方面又能济世安邦。虽相反而实相成，印度为体，华夏为用，以此奠定了后来宋代新儒学的基础。

从来就没有一个一成不变的儒家。清朝经学大家皮锡瑞就抨击孔颖达编撰的《五经正义》非常荒唐。孔颖达在唐代是儒家的代表人物。他编撰《五经正义》时，受到唐朝当时文化信仰的影响，比如特别重视天人感应。但对清朝人来说，那些都是不经之谈，清朝的儒家学说重视人伦心性。韩愈吸收了佛教的一些理论，改造了儒家学说。

韩愈"排斥佛老，匡救政俗之弊害"。佛教自汉代传入中国，到了唐中叶已经五六百年，最初传入时，佛教对中国的文化、社会有非常大贡献，但它的边际效应也在逐渐减弱，尤其是到了韩愈所处的时代，佛教、道教产生的弊端越来越明显。唐代人的心灵结构，按照陈弱水的说法，实际上是二元心性的结构。唐朝人无论如何标榜自己是纯粹的儒家，哪怕是杜甫，如果深入他的内心，就会发现实际上他的心灵始终笼罩在佛光之下。但从韩愈开始，他们开始逐渐从佛教、道教跳出来，变得更加世俗化。

韩愈认为佛教是外来的宗教，所以他反佛，这其中自然带着一些民族主义的情绪。回顾唐朝的历史，在安史之乱后，藩镇割据的有很多是胡族或者是胡化的汉人。当时中国的这些文人在潜意识里就慢慢有了夷夏之防，认为当时的唐朝就像周天子一样，周围的这些藩镇都是夷狄交侵。古文运动的口号是要"尊王攘夷"。韩愈《论佛骨表》云：

> 伏以佛者，夷狄之一法耳。自后汉时流入中国，上古未尝有也。假如其身至今尚在，奉其国命，来朝京师，陛下容而接之，不过宣政一见，礼宾一设，赐衣一袭，卫而出之于境，不令惑众也。

正是韩愈并不灵活的人生态度反而让他成了唐代古文运动的领袖，其对后世的影响远远超越其他人。

韩愈所倡导的古文是用先秦、两汉的文体，改作唐代当时民间流行的小说，想要借之一扫腐化僵化不适用于人生的骈体文。古文运动的参与者不止韩愈一人，但韩愈能取得么高的成就，在陈寅恪看来，是因为他作为运动领袖的气魄与人格。跟他同辈的人，像元稹、白居易，他们的著作流传甚广，在当时要远远超过韩愈。韩愈的官比元稹小，活得没有白居易久，但元白在死后，名声远远赶不上韩愈。其原因就在于韩愈"奖掖后进"，很多人都愿意听他的号令，自称是"韩门"学士。

陈寅恪对韩愈评价甚高："唐代之史可分前后两期，前期结束南北朝相承之旧局面，后期开启赵宋以降之新局面，关于政治社会经济者如此，关于文化学术者亦莫不如此。退之者，唐代文化学术史上承先启后转旧为新关捩点之人物也。"

概括来说，韩愈的古文运动实质上也是一种原教旨主义，他们希望回到佛教之前的中华古典去。打着复古的旗号开启新的思想和意识形态。宋儒们甚至从自己下手，把谶纬内容从自己的理论体系剥离，希望从天上回到人间。中国文人价值由此发生变化，从文转化为道。所谓文以载道。唐代中前期重视文学写作，认为文章乃军国之大事。但对韩愈来说，文学才能只是一种工具，文以载道的意义在于，要以文章做容器来装圣贤的道理。

五、古文运动——回归古典的儒家思想运动

将佛教视为外来宗教，是中古时代反佛者的惯用论述。到了唐朝中后期，佛教已经跟中国文明紧密结合在一起，成为中国文明的一部分。但是道教、儒家依然常常以此为打击佛教的借口。受到儒家思想影响的历史撰述，往往把佛教的形象扭曲，甚至把佛教的声音消除。即使我们仔细阅《旧唐书》等正史，也不会找到太多关于佛教的描述，相关记载无非也就是几个政治和尚"扰乱"政局。

在佛道针锋相对的同时，儒学对佛道的排斥和责难也从未间断。在唐代中后期儒家思想运动之前，攻击佛教、道教的人多从国计民生的考虑出发，并没有从根本上进行否定，比如姚崇认为佛法就在心中，不需要花那么多钱去进行供养。韩愈时代，持儒家立场的知识分子开始从维护儒家思想正统地位的角度，从理论的高度去排斥佛道。这一时期兴起的古文运动，也可以在这种脉络里理解。齐梁以来柔靡浮艳的形式僵化的骈体文，日益成为文学发展的障碍。开元、天宝以后，很多文士提倡用散文取代骈体文。散文是周、秦、两汉通行的文体，唐人称之为古文。文体的改革实际上是当时政治思想斗争的反映。韩愈、柳宗元等人把"道"也就是儒家的道德伦理拔高到信仰的高度，强调文章写作要为弘道服务，所谓"文以明道"。这既是一个改革文风的运动，又是一个改革文学语言的运动，在思想上，更是儒学复兴运动的一部分。

站在儒家正统思想的立场上，从理论高度排斥佛道，首推韩愈。韩愈是古文运动的推动者，也是始终反佛的标志性人物。这两者并行不悖。在他看来，文化、政治、经济、伦理等一切社会秩序，皆需是儒家仁义的体现。维系秩序的，说到底是儒家的"道"。他认为："天道乱，而日月星辰不得其行；地道乱，而草木山川不得其平；人道乱，而夷狄禽兽不得其情。"韩愈将夷狄视同禽兽，认为是人应该主宰的对象。在他看来，佛教的教义，是要求背弃君臣、父子，禁生养之道，不是真正的道。他提倡的是先王之道。韩愈甚至虚构了一个儒家的"道统"："尧以是传之舜，舜以是传之禹，禹以是传之汤，汤以是传之文武周公，文武周公传之孔子，孔子传之孟轲，轲之死，不得其传焉。"在韩愈架构的这个儒家道统里，将儒家道统追溯到传说中的尧，当然就早于佛教传入中国的时代。这种谱系化的做法，说到底是把儒家思想发展成为一种带有宗教信仰色彩的意识形态和伦理体系，从而取代佛教和道教进入人的心灵之中。

元和十四年（819），宪宗迎取法门寺所藏佛指舍利入宫供养，遭到韩愈的激烈批评。他上表表示反对，抨击佛本是夷狄之人，口不能言先王之道，身不能穿先王之服，不知道君臣之义和父子之情，"事佛求福，乃更得祸"。他甚至建议将佛骨舍利"付之有司，投诸水火"，加以毁坏，永绝根本，彻底断绝人们对佛教的念想。这样的论调激怒了宪宗，大怒之下将韩愈贬为潮州刺史。韩愈之后的李翱也极力反佛，希望重新树立儒家的正统地位。他撰写的《复性书》明显带有抵制佛教思想流传的意图。

在佛教的兴盛时期，唐代儒学几乎变为潜流，佛教思想的繁荣和复杂压倒了儒学的光芒。但是中唐以后，儒学一方面打着回归古典的旗号，以先王之道质疑佛教教义；另一方面，儒学也吸收了佛教的一些元素，重新改造了自身的理论和信仰体系，所以重新焕发出生命力。比如韩愈所谓的"道统说"明显源自佛教的"祖统"。佛学的一些思想元素甚至基本概念，也被儒家思想所吸收。李翱《复性书》的性善情恶论，无疑是佛性论的产物。佛教把"清净"看作人的本性，主张消灭人欲，以恢复清净本性。李翱的性善情邪论亦是如此。

从政治意识形态来说，真正对天人感应、五德终始的天命说提出挑战的，主要发生在中唐以后，比如柳宗元就是其中的典型代表。柳宗元将批判矛头对准了当时几乎所有主要类型的对更高存在物的设想：流行的超自然观念、道教对长生不老的追求、儒家关于"天"的概念等。现代理性主义者所说的"迷信"全部都是当时柳宗元批判的对象。

柳宗元对儒家关于"天"的观念的批判，正是对儒家神学化的反动，可谓代表了古文运动及宋代的新理学运动的方向。古文运动强调回到原典，不单单是想跳过外来的佛教，回归中华的传统，还在于排除超自然、"迷信"的成分，回归人心和道德——学者们大多认为这种潮流具有某种人文主义的思想特色。柳宗元批判儒家关于"天"的概念，中心正是汉代以来形成的儒学与阴阳五行宇宙论结合的情况。在这种儒学体系中，儒家的"道"和阴阳五行论所诠释的"天"是等同的。

在柳宗元看来，汉代儒学对阴阳宇宙观的接受和采用，是对儒家基本教义的严重侵犯。他有五篇文章专门批驳汉代儒学的这一"倒退"，对董仲舒、刘向、班彪等人大加挞伐，认为他们是诳乱后代。陈弱水认为，从风格上说，柳宗元的批评让我们想到伏尔泰在《哲学辞典》《五十人讲道书》等作品中对《圣经》及其基督教义的抨击——尽管伏尔泰的评论要复杂得多。其实，如果我们对比欧阳修、柳宗元等人的政治思想，会发现其与马基雅维利的意识形态非常相近，他们都强调政治应该从神回到人身上，政治是人的事情，上天（教会）不应干涉。

宋代新的儒学潮流兴起，将佛、道、谶纬等带有神秘色彩的怪力乱神都排挤出正统学术体系，我之道为道，他之道为邪道，是伪道学。欧阳修作《论删去九经正义中谶纬札子》、南宋魏了翁作《九经要义》删去谶纬之说，谶纬才最终衰绝。反映到其他知识领域，欧阳修作《新五代史》，取消自汉朝以来诸史相沿的《五行志》，代之以《司天考》，专记天象而不载事应；《新唐书》虽有《五行志》也仅仅著其灾异而削其事应。从政治思想方面说，宋代以后，五德终始学说逐渐退出历史舞台。经历了儒学复兴运动，在北宋中期以后士大夫的论说中，五德终始说、谶纬、封禅、传国玺等传统政治文化、政治符号都走向了末路，神秘论在儒学当中逐渐被摈弃了。这是中国思想史上的重大转向。

多说一点

如何看待唐宋之际的思想变革？

唐宋之际的思想变革，不仅仅是文人价值的变化。不仅仅是唐代士人重视文学写作能力，宋代强调文以载道——文章是为了阐述政治正确的微言大义。如果总结唐宋之际的思想变化，将是非常复杂的一个描述。不过去宗教化是非常明显的。唐代是个佛光笼罩人心的时代，宗教影响着社会的各个层面。政治、经济、生活方式、艺术形式无不带有宗教光芒。随着中晚唐到宋的去宗教化，佛教从正统政治、学术舞台中央退出。随着禅宗兴起，佛教走向乡村，走向小农经济。新的儒家学者虽然一方面暗自吸收佛教的一些成分，但一般都摆出排斥佛教的态度。道学的出现，就是有排他的意图。即便在儒家思想内部，带有神秘主义元素的阴阳谶纬内容也被逐步剔除。

从政治意识形态来说，唐人相信天命，柳宗元开始质疑，到了王安石，认为"天命不足畏"。唐宋之际，统治合法性的建立，从天转移到人，君主仁政学说兴起。五德终始、天人感应的理论逐渐失去影响力。另外，唐人尚武，宋人完全不同。唐诗云："宁为百夫长，不为一书生。"宋人则鄙视武人，推崇文治。

第五章

艰难中的跋涉：德宗朝政治

德宗李适（742—805）的少年时代见过盛唐的辉煌，青年时期经历过安史之乱的动荡，是大唐盛极而衰的见证者。在安史之乱中，他以皇子身份提兵平叛，与郭子仪等名将一起图形于凌烟阁。然而传统史学家对这位皇帝的评价普通偏低，比如白寿彝、范文澜都视其为"昏君"，更有甚者，如柏杨直接开骂"猪皇帝"。实际上，因为他的成长伴随着盛世的坍塌，德宗有着恢复大唐荣光的强烈使命感，他的一切努力也为"元和中兴"奠定了基础。

一、德宗的改革及挫折

大历十四年（779）五月，代宗病逝，德宗李适即位，时年三十八岁。李适在居丧期间，一切行为都严格遵照丧礼的规定，例如他曾召韩王李迥一起吃饭，吃马齿羹却不放盐和乳酪调味。这一微小的举动其实也反映出德宗决心节俭朴素，力戒奢靡。当时朝廷上涌现出一批空头官职，名目、职能有所重叠也不删去，俸禄还随官员便宜行事，方便其钻空子敛财。民间苛捐杂税激增，富人为了躲避劳役，不是买官就是出家为僧，而穷人只好四处流亡，自安史之乱开始后的三十年间，"乡居地著者百不四五"[1]。河南、山东、荆襄、剑南等军事重镇都暗自囤积了大量的财物，国库反而空虚，面对藩镇割据的局面，唐朝中央政府的权威受到极大的挑战和削弱，而解决藩镇问题，需要军队、需要钱。纵观德宗一生，其对攒钱、强军这两件事可谓不遗余力。

德宗上台后的第一个月内连续下诏：诸州府、新罗、渤海停止每年进贡鹰、鹞；山南枇杷、江南柑橘，每年只需进贡一次，仅为宗庙祭祀所用，余贡皆停；遣散三百名梨园使及伶官，余下人员都归入太常寺（掌管礼乐的最高行政机关）；取消剑南每年进贡春酒十斛的规定；禁止各地进贡珍禽异兽，银器上不允许出现金饰；文单国（即陆

---

[1] 《旧唐书》卷 118《杨炎传》，第 118 页。

真腊，今属柬埔寨）进献的三十二只舞象全都放归荆山，五坊（皇家饲养雕、鹘、鹞、鹰、狗的机构）鹰犬皆放归山林；遣散宫女百余人；不得筹建寺庙、道观，僧人不允许剃度出家；宣王以下开府的亲王俸料全都减少；严惩贪污受贿。

代宗时期宦官非常得宠，凡奉命出使各地都默许受贿。代宗曾派宦官去妃子的娘家送赏赐的物品，回来后听说宦官没得到什么打赏，代宗就很不高兴，认为这是在轻视自己的命令。妃子吓坏了，立刻把自己的私人财物拿出来补偿给那位宦官。自此宦官们公然索贿，无所忌惮。宰相们甚至会在边门藏钱，这样宦官每次来送奖赏或者宣读圣旨都不会空手而归。宦官们到地方各州县时，还会发公函要求他们上缴一定数量的财物，好像征税一样。德宗上台后曾派遣宦官邵光超去给李希烈送旌节（节度使的凭证），李希烈回赠邵光超若干奴仆、马匹，以及七百匹缣帛和二百斤黄茗。德宗一直知道宦官受贿的问题，听说此事后非常愤怒，下令杖责邵光超六十大板并流放。很多还没回京的宦官闻此消息，不约而同地扔掉了本已收下的东西，之后送来的礼物钱财他们也都不敢接受。

德宗任用刘晏、杨炎改革财政、税收制度，也取得了一定的效果。唐初均田制、府兵制相辅相成，构建起唐王朝内重外轻的武装布局；至武则天、玄宗时代，均田制、府兵制相继崩溃，流民数量激增，十八卫失去了基本的警卫功能，张说提出了改革，配合宇文融主持的括户，募兵制出现，军备力量被更多地投入到对外战争中。安史之乱后，原先的政治经济制度受到重创，流民人数迎来了新一轮高峰，实际人口已不足登记人口的百分之五十，括户政策和本就与均田制相配合的租庸调制度均已无法继续推行[1]。建中元年（780），宰相杨炎建议推行"两税法"：

---

[1] "建中初，命黜陟使往诸道案比户口，约都得土户百八十余万，客户百三十余万。"见《通典》卷7《食货七·历代盛衰户口》，第153页。

凡百役之费，一钱之敛，先度其数而赋于人，量出以制入。户无主客，以见居为簿；人无丁中，以贫富为差。不居处而行商者，在所郡县税三十之一，度所与居者均，使无侥利。居人之税，秋夏两征之，俗有不便者正之。其租庸杂徭悉省，而丁额不废，申报出入如旧式。其田亩之税，率以大历十四年垦田之数为准而均征之。夏税无过六月，秋税无过十一月。逾岁之后，有户增而税减轻，及人散而失均者，进退长吏，而以尚书度支总统焉。[1]

　　杨炎将之前杂乱的征税时间统一为夏秋两季征收，夏季征税在七月前完成，秋季在十二月前完成。征收的标准也与租庸调不同：税额不全是粮食、丝帛等实物，也开始征收现钱；本地住户和外来住户无一例外均需缴税；不再按人头收取，而是按照财产的多少进行征收，贵族官僚和商人也要按照财产数量缴纳一定的赋税。此举首先扩大了交税基数，使百姓不能借口居无定所、经商而逃税，从而增加了国家的财政收入。德宗并未操之过急，贞元四年（788）才下诏公布征收两税的等级，此后每三年重新评估一次，给纳税人留下了充分的适应时间。史书评价，实行两税法"天下便之。人不土断而地著，赋不加敛而增入，版籍不造而得其虚实，贪吏不诚而奸无所取。自是轻重之权，始归于朝廷"[2]。两税法是中国税制史上具有重要意义的改革，对后世有深远的影响。

　　与之相应，德宗对财政机构和人员也做了一定的调整。《唐会要》记载：

---

① 《旧唐书》卷 118《杨炎传》，第 3421—3422 页。

② 《旧唐书》卷 118《杨炎传》，第 3422 页。

图24 德宗时代的银铤。铤上铭文为："岭南观察使判官建中二年二月减判银课料五十两官秤。""减判"即"减半"，这是岭南观察使下属判官的减半支付的课料银。

建中元年正月五日赦文：宜委黜陟使与观察使及刺史转运所由，计百姓及客户，约丁产，定等第，均率作，年支两税。如当处土风不便，更立一限。其比来征科色目，一切停罢。至二月十一日起请条请：令黜陟、观察使及州县长官，据旧征税数，及人户土客，定等第钱数多少，为夏秋两税。其鳏寡惸独不支济者，准制放免。其丁租庸调，并入两税。州县常存丁额，准式申报。其应科斛斗，请据大历十四年见佃青苗地额均税。夏税六月内纳毕。秋税十一月内纳毕。其黜陟使每道定税讫，具当州府应税都数及征纳期限，并支留、合送等钱物斛斗，分析闻奏，并报度支、金部、仓部、比部。其月，大赦天下，遣黜陟使观风俗，仍与观察使、刺史计人产等级为两税法。此外敛者，以枉法论。[1]

唐时由尚书省度支郎中负责赋税统计、调拨、支出等一切财政事务，玄宗朝因对外战争频繁，国家财政繁剧，开始任用其他官员代为管理，度支郎中逐渐被架空为闲职。安史之乱后，度支使正式出现，原专管军事费用，到唐代后期逐渐由宰相兼领，成为代表中央支配财政

---

① 《唐会要》卷83《租税上》，第1535页。

的高级官职。德宗时为加强对财政机构的控制，解决中央和地方的经济矛盾，特设黜陟使与地方长官（刺史、观察使等）确定各地税收应纳总额，并从中划分出"上供"（上缴中央国库）、"送使"（送给上级政府机构）、"留州"（留给地方支配）三部分。与此同时，地方政府原先属于非法赋敛（如以急备、供军、折估、宣索、进奉等名义征收的赋税）的"灰色收入"被一并纳入"两税"之中，成为了"正供"。这是德宗为"两税法"留下的"容错空间"，"新税制是与当前政治现实的有意识的妥协，它打击地方的力量，但只是间接地打击"①。

很快，新税制就带来了中央与地方的摩擦。建中元年（780）德宗生日时，并未接受各地的朝贡，而大将李正己、田悦各献上了三万匹缣帛，德宗将这笔费用交给了度支（掌管财赋支调的官员）充公，可以说，此举是在告知自治的藩镇同样需要贯彻执行中央的财政政策，颇有一番中兴气象。

同时，德宗的"强军"也收获了一些成效，在周边关系上取得了极大的进展。他的脑中似乎一直有以前大唐威加四海时的荣光。开元天宝年间，安西四镇统任西夏五十七蕃、十姓部落。安史之乱后，唐朝的主力军队从中亚撤退，河西、陇右地区被吐蕃占领，东西阻绝，原来在西域的部队失去了消息。德宗积极打击吐蕃，成功扭转了唐对吐蕃的战略劣势。这时朝廷才知道守将李元忠、郭昕还在坚守，伊西、北庭仍存。德宗对此嘉奖有加，任命伊西、北庭节度观察使李元忠为北庭大都护，四镇节度留后郭昕为安西大都护、四镇节度观察使，伊西、北庭一众将士都获得了升官加薪。

安史之乱中，德宗还是皇子，担任天下兵马大元帅，在陕州带着药子昂、魏琚、韦少华等会见回纥牟羽可汗。牟羽可汗认为自己跟代

---

① ［英］崔瑞德编：《剑桥隋唐中国史》，北京：中国社会科学出版社，2018 年，第 454 页。

宗结为兄弟，就是李适的叔父，让他行"舞蹈"之礼。李适拒绝。回纥将他的随从各杖打一百，魏琚、韦少华被打死。回纥可汗之母前来致歉，并亲送李适乘马返回。20多年以后，唐朝恢复元气，回纥合骨咄禄可汗多次请求和亲，都被德宗拒绝。直到787年，才允许回纥和亲，前提条件是回纥可汗称臣于唐朝皇帝，并且认唐朝皇帝为父。

从此以后，回纥再次称臣于唐朝。

德宗还派遣宦官杨良瑶（736—806）出使巴格达，联络大食夹攻吐蕃。2014年，杨良瑶墓在陕西省泾阳县被发现。杨良瑶是陕西华阴人，祖籍在今天陕西省咸阳市泾阳县云阳镇。他是中国古代航海最早下西洋的外交使节，比明代的郑和整整早了620年。贞元元年（785）四月，杨良瑶受命出使黑衣大食（阿拉伯帝国的阿拔斯王朝），"届乎南海，舍陆登舟"[①]，成为我国第一位航海抵地中海沿岸的外交使节。回国后杨良瑶受命主持修葺历代唐陵，后来又参与了洛阳平叛。

大历十四年（779），唐朝名将李晟率神策军与邠宁、陇右、范阳三镇合军，一举击败了吐蕃和南诏的二十万联军。军队主力被消灭

图25　杨良瑶神道碑。杨良瑶的官衔为"唐故右三军僻仗、太中大夫、行内侍省内给事、赐紫金鱼袋、上柱国、弘农县开国男、食邑三百户"。

---

① 张世民：《杨良瑶：中国最早航海下西洋的外交使节》，《咸阳师范学院学报》2005年第3期，第5页。

后，南诏国王紧急将首都迁往今天的云南大理以避唐军锋芒。此后唐军在战略上处于攻势，不断歼灭吐蕃军队的有生力量。贞元九年（793），德宗令大将浑瑊与灵盐节度使杜希全等重修盐州城，经两年时间完工，从此"灵武、银夏、河西稍安，虏不敢深入"[1]。贞元十七年（801）八月至贞元十八年正月，唐军大破吐蕃军十万，生擒吐蕃大相论莽热，并降服部分黑衣大食及康国军队。吐蕃对唐朝的威胁，基本解除。德宗朝"北和回纥，南通云南，西结大食、天竺"[2]，边境晏然无事。

德宗热爱学习，尤其对医学很感兴趣，自撰《贞元集要广利方》。他很有文采，"尤工诗句，臣下莫可及"[3]，杜佑任淮南节度使时，向朝廷进献崔叔清的诗一百篇。李适批示道："此恶诗，焉用进。"其"翰墨落笔可观"，书法也算一流。但很可惜，当时的唐朝国力已不比以前，德宗又太急，知进而不知退，正如其大臣的告诫："然陛下性灵太急，不能容忍，若旧性未改，贼虽奔亡，臣恐忧未艾也。"[4]在处理藩镇问题上的失分，大大影响了他的历史形象。

德宗即位之初，就先接解除了郭子仪的兵权，尊郭子仪为尚父，加太尉兼中书令，让他的部将李怀光、常谦光、浑瑊等分领节度使。当时李正己有淄、青、齐、海、登、莱、沂、密、德、棣、曹、濮、徐、兖、郓十五州之地，李宝臣有恒、定、易、赵、深、冀、沧七州之地，田承嗣有魏、博、相、卫、洺、贝、澶七州之地，梁崇义有襄、邓、均、房、复、郢六州之地，各聚兵数万。这些人本是安史之

---

① 《旧唐书》卷 144《杜希全传》，第 3924 页。

② 《资治通鉴》卷 233《唐纪四十九》，第 7502 页。

③ （宋）王谠撰，周勋初校证：《唐语林校证》卷三，北京：中华书局，1987 年，第 30 页。

④ 《旧唐书》卷 144《贾隐林传》，第 3920 页。

乱的余孽，后来选择了投靠李唐，朝廷虽然给了他们很多赏赐，但仍心怀猜疑。大历十四年（779）年中，李正己主动献上铜钱约三十万串以表诚意，德宗将信将疑，正苦恼如何处理，宰相崔甫建议可以用这笔钱去慰劳淄州、青州的将士们，不仅可以笼络民心，也可表明新中央政府对待财政的态度。年底时，德宗认为西川节度使崔宁"恃地险兵强，恣为淫侈"①，但他把控西川地区十余年，中央一时无法将其铲除，德宗只好召他入朝，给了"司空"的空名，强行将其留居京师。建中元年（780）春，又发生了一件不大不小的事情：新上任的河北黜陟使洪经纶不了解时务，听说魏博节度使田悦手握七万士兵，便要求其将军队裁减到三万人（当时朝廷规定藩镇可拥兵数量的上限为四万）。田悦假装听命，遣散了部分下属，转头又将这些人召集起来，说："你们一直在军中供职，都有父母妻儿，现在突然被黜陟使罢了官，要拿什么来养活一大家子呢！"大家放声大哭起来。田悦自掏腰包接济这些士兵，同意让他们返回军中。这些士兵都因此对田悦心怀感激而怨恨朝廷。这一系列事件无疑让藩镇察觉到德宗强硬的态度，而德宗的手段未加收敛，反而愈演愈烈，比如在建元二年（781）初下令修筑汴州城；移京西防秋兵九万二千人以镇关东；这些藩镇派使者去朝廷汇报工作，都不再给予赏赐，等等，将局势逼入一触即发的紧张境地。

建中二年（781）年初，成德节度使李宝臣死，德宗不同意李惟岳继承父亲的职位，坚决要收回成德镇的任免权，于是李惟岳联合魏博田悦、淄青李纳、梁崇义反抗朝廷。德宗命幽州留守朱滔、淮西节度使李希烈等平乱。最初效忠中央的军队处于上风：李正己起兵不久后即病故，其子李纳续领淄青军，但被围困；梁崇义被李希烈打败自杀；李惟岳部下王武俊叛变，杀掉李惟岳向中央请降；四镇中只有魏

---

① 《资治通鉴》卷 226《唐纪四十二》，第 7270 页。

博的田悦仍在对抗中央，但已孤掌难鸣。德宗仍不知变通，之前对有自治倾向的藩镇的强硬态度逐渐蔓延至那些拥护中央的藩镇身上。他想分割成德镇，结果逼得王武俊再次造反；本来站在朝廷一侧、参与镇压叛乱的幽州节度使朱滔想要深州，被德宗拒绝，也选择加入叛军阵营。建中三年（782）年底，幽州朱滔自称冀王、成德王武俊称赵王、淄青李纳称齐王、魏博田悦称魏王，"四镇"以朱滔为盟主，联合对抗朝廷。打到年底，淮西的李希烈也造反了，战火一下从河北蔓延到河南，东都也告急，唐朝中央一下沦落至四面开火的局面。

迟迟未决的战事就是无底洞，德宗需要钱，就下诏减少自己以及太子、诸王的餐费。宰臣见状纷纷进言，要求减少堂厨百官的月俸，拿出三分之一支持军队，并且在全国范围内增收房屋、茶叶等杂税，致使民怨日深。然而就算这样，由于打仗一个月至少需要投入一百余万贯铜钱，国库也只能维持几个月。太常博士韦都宾等提出让长安富商上缴财产中超过一万贯钱的部分作为军需；判度支使杜佑在长安极力搜刮富商，只要商人申报的数字不符合机构的预估，就会被施以杖刑，有人甚至因受不了这种痛苦而自缢。在这种高强度的压榨下，朝廷也才勉强挤出八十多万贯的油水，还搞得京城一片萧条。于是德宗下令征用当铺的利钱，凡储蓄了钱帛粟麦的人，一律被征借四分之一，并封存他们的钱柜和粮窖，结果引发长安罢市。全城百姓和商人都钱财枯竭，朝廷也才收到两百多万贯钱。

这个时候出现了"罄国用不足以馈军，竭民力未闻于破贼"[1]的局面。大臣陆贽劝说德宗及时止损：

> 今关辅之间，征发已甚，宫苑之内，备卫不全。万一将
> 帅之中，又如朱滔、希烈，或负固边垒，诱致豺狼，或窃发

---

① 《旧唐书》卷 13《德宗本纪》，第 401 页。

郊畿，惊犯城阙，此亦愚臣所窃为忧者也，未审陛下复何以备之！陛下傥过听愚计，所遣神策六军李晟等及节将子弟，悉可追还。明敕泾、陇、邠、宁，但令严备封守，仍云更不征发，使知各保安居。又降德音，罢京城及畿县间架等杂税，则冀已输者弭怨，见处者获宁，人心不摇，邦本自固。①

陆贽看到京城内守备不全，人心动摇，劝德宗赶紧调兵回京城驻守，停止苛捐杂税。陆贽一言成谶，很快就发生了泾师之变。

泾州在今甘肃灵台、泾州、镇远一带，原州在今甘肃平凉、隆德、宁夏一带。安史之乱前，原先的西北地区主要处于由朔方、河西、陇右、安西、北庭组成的保护屏障之内。安史之乱爆发后，朔方主力军疲于对付山东叛军，河西、陇右几经受创元气大伤②，这道外围保护屏障出现了裂口，吐蕃等企图趁虚而入。为防御吐蕃，唐朝开始于内线建立起京西北节镇。乾元二年（759），肃宗设置邠宁节度使，泾、原两州为其管辖。代宗于大历三年（768）罢邠宁节度使，改设泾原节度使，十四年（779）复置邠宁节度使。这样自西南向东，凤翔、泾原、邠宁、鄜坊连成一线，成为新的西北防御屏障。

建中四年（783），唐军哥舒曜部驻守襄城，与李希烈作战。九月，德宗为解襄城之围，调动关内泾原兵前往救援。十月，天气寒冷，泾原节度使姚令言率五千士卒抵达长安。这次去河南平叛，多数泾原将士都带着家眷，希望在长安得了朝廷赏赐，就此离开边境，在

---

① 《资治通鉴》卷 228《唐纪四十四》，第 7350 页。

② 安史之乱爆发后，西北地区急缺具有战斗力的士兵，驻屯兵只能从其他地区调入。首任泾原节度使马璘即带着自己来自安西北庭的部下进入泾原。此外泾原还有李嗣业当初从安西带到灵武的一支军队。参看黄永年：《六至九世纪中国政治史》，第 402 页。

中原安家。结果直到兵过长安，朝廷都没有一点表示，士卒怨愤之气弥漫。京兆尹王翃奉命犒赏军队，却只准备了粗茶淡饭。泾原军士大怒，扬言道："吾辈将死于敌，而食且不饱，安能以微命拒白刃邪！闻琼林、大盈二库，金帛盈溢，不如相与取之。"[1]于是披甲张旗，返回长安。姚令言本在朝中，听闻这件事，赶紧骑马回到军队，士兵们却向他放箭。姚令言于是趴在马上冲入乱兵中喊话："诸君失计！东征立功，何患不富贵，乃为族灭之计乎！"[2]士卒不听，用长戈把姚令言架了出去。姚令言急忙上奏，德宗听到后大惊，一开始派宦官去宣布每人赐帛两匹，但是士兵们更加愤怒，用箭射宦官。德宗再派宦官去宣慰，叛兵已到通化门，杀掉了中使。德宗急忙命令赏赐金帛二十车，但为时已晚，叛军已经入城，无法遏制。百姓仓皇逃窜，士兵们说："汝曹勿恐，不夺汝商货僦质矣！不税汝间架陌钱矣！"[3]德宗派普王李谊与学士姜公辅前往安抚，叛军已经陈兵在丹凤楼下了，前来围观的百姓数以万计。

德宗在皇宫中彷徨无计，传令禁军前来护卫，结果"上召禁兵以御贼，竟无一人至者"[4]。德宗即位后，深恨代宗时鱼朝恩、程元振等大宦官执掌禁军兵权，于是罢了宦官手中的兵权。可他信任有加、言听计从的神策军军使白志贞，却是个渎职贪腐之辈。白志贞到任禁军后，欺上瞒下、广造名册，中饱私囊，不几年工夫，就将禁军的实力彻底掏空。见势不妙的德宗只得带着太子、贵妃和一百多太监仓皇逃出长安，直奔奉天（今陕西乾县）。左金吾大将军浑瑊率军赶到奉天救驾。浑瑊久经沙场，在军中素有威望，德宗见到他后心中稍安。

---

① 《资治通鉴》卷 228《唐纪四十四》，第 7352 页。

② 《资治通鉴》卷 228《唐纪四十四》，第 7352 页。

③ 《资治通鉴》卷 228《唐纪四十四》，第 7353 页。

④ 《资治通鉴》卷 228《唐纪四十四》，第 7353 页。

经过这次变乱，德宗再也不信任别人了，他又把禁军的指挥权交还给宦官。

泾原乱军冲上含元殿，在皇宫中大肆劫掠，将长安的府库洗劫一空。此时太尉朱泚罢镇，闲居在长安晋昌里。朱泚是昌平人，担任卢龙节度使，赐爵怀宁郡王，因积极改善幽州与中央政府的关系，他亲往长安朝见德宗，并留居长安。朱泚隶属幽州军系统，按理说和泾原八竿子打不着，却被泾原叛军拥立为主。这还要追溯到三年前的修建原州城事件。

大历末年，元载提出在原州修筑城池——原州是抵御吐蕃等西番进攻的冲要。然而此计划还没能施行，元载就死了。建中元年（780）[1]，杨炎再次提起此事，并要求两京、关内的丁夫前去疏通丰州陵阳渠（今内蒙古五原县西南），以刺激农业生产。时任泾原节度使的段秀实以边防人力短缺为由婉拒，杨炎认为他在挑战自己的权威，一气之下将段秀实召回长安，另委派邠宁节度使李怀光兼任泾原节度使，前去监督，朱泚和崔宁分别率领一万士兵前去相助，并下诏让泾州准备筑城工具。泾州的士兵听闻此事认为此举是要将自己投放塞外，都非常愤怒，不愿配合。李怀光以治军严苛闻名，到任邠宁节度使之初就斩杀了好几位大将以正视听，泾州人听闻李怀光接管后都非常害怕。泾州副将刘文喜利用士兵们的怨恨公开反抗诏令，并要求将李怀光撤职，换成段秀实或朱泚。朝廷妥协了，让朱泚代替了李怀光，没想到刘文喜仍不愿奉诏筑城，反而闭门守城，还偷偷向吐蕃求援。被惹恼的德宗坚持铲除此等忤逆之臣，朱泚、李怀光奉命攻下泾州，原州城最终也没能建成。

朱泚得以成为了泾原兵的老上司。在泾原军看来，他们自己的统帅姚令言并不能服众——他因孟晫的举荐得以获得这个职位，而孟晫

---

[1] 《旧唐书·杨炎传》作"建中二年"，当误。

出身文官，并不属于军事系统。另一位看起来很合适的人选段秀实始终忠于唐廷，且战功卓越，眼下德宗被迫离京，段秀实必不好说服。相比之下，朱泚有个割据河北称王的弟弟朱滔，且曾靠幽州兵变夺取节度使职位，是个更为合适的人选。因此泾原兵在商议后，迎接朱泚为主。朱泚自称大秦皇帝，改元应天。次年正月，又改国号为汉，改元天皇；以姚令言为侍中、关内元帅，李忠臣为司空，朱滔为皇太弟。

朱泚虽然称帝，但其实力并不足为据。按理说，朱泚原先率领的凤翔兵和泾原兵都应唯其马首是瞻。实际上，泾原内部并未统一，且兵力不足；朱泚直接管辖的凤翔兵有部分留守陇州，并未一同叛变而受制于忠于朝廷的陇州刺史、奉义军节度使韦皋，阻断了朱泚获得后援军的可能性。在如此严峻的形势下，朱泚只得破釜沉舟，率军围攻德宗所在的奉天。在之后一个多月的时间里，两军在奉天城下展开了血腥的城垣攻防战，史称"奉天之难"。正在前线跟藩镇作战的神策军将领李晟、朔方节度使李怀光等唐军主力也从河北撤军勤王，德宗的削藩之战被迫终止。李怀光从奉先（今陕西渭南蒲城县）领兵出发抵达泾阳（今陕西咸阳市内），依北仲山、嵯峨山一路西行。他先派偏将张韶带着藏在蜡丸里的奏章随叛军攻城。张韶伺机越过壕沟，对城上人喊道："我朔方军使者也。"[1] 等他拉着绳子爬上城去时，身上已经中了几十箭。当时德宗在重重包围之中，守城形势非常危急，听说李怀光的军队来了非常高兴，立刻让人抬着张韶在城内巡行示众宣布这个消息，军心才安定。没几天李怀光在醴泉（今陕西咸阳礼泉县）击退朱泚的骑兵，直奔奉天。朱泚听说这个消息，非常担心，立刻退守长安，奉天就此解围。

兴元元年（784）正月，德宗在奉天下"罪己诏"，声明"朕实不

---

① 《资治通鉴》卷229《唐纪四十五》，第7375页。

君"[1]，公开承担了导致天下大乱的责任，他说"朕抚御乖方，致其疑惧"[2]，赦免了叛乱的藩镇。除了朱泚以外，甚至连朱滔也予以宽大处理。王武俊、李纳、田悦见到大赦令，主动取消王号，上表谢罪。

本来形势已有所缓和，但是二月又起了变化——前来救援的朔方节度使李怀光也起了叛心。自肃宗朝至李怀光叛变前，朔方节度使的人选更换频繁，足以证明朝廷对朔方军的不信任，历届人选中又以郭子仪的军功、威望最高，而李怀光正是郭子仪的心腹。李怀光是靺鞨人，本姓茹，祖先移居幽州，父亲茹常是朔方军的将领，后来因战功被赐姓李，改名李嘉庆。李怀光少年就参军，是个粗人，在他看来天下的祸乱都是卢杞、赵赞、白志贞这些奸佞小人造成的，在奔赴解救奉天的途中放言，面圣后一定会请德宗诛杀这些小人。卢杞因为李怀光刚刚立下大功，心里非常担心，就建议德宗让李怀光乘胜追击，不要在奉天停留，一举拿下长安。德宗认为有道理，就命李怀光直接屯兵便桥（今陕西咸阳南面渭河之上），与其他主力军一起择日进攻长安。李怀光自认劳苦功高，却被奸臣阻碍不得面圣，心里颇有不满，于是带兵前往鲁店（在奉天东南），停留了两天才出发。

李怀光在咸阳驻军不进，多次奏本揭露宰相卢杞等人的罪状，皇帝不得已贬了卢杞、赵赞、白志贞的官。他又弹劾自己的前同事、深得德宗信任的宦官翟文秀，德宗迫于军情，下令杀了翟文秀以安抚李怀光。李怀光渐生反意，迟迟不肯发兵攻打长安，与李晟产生摩擦。德宗又想向吐蕃借兵收复长安，李怀光坚持不愿意在文书上签字，还对奉命前来商议的陆贽出言不逊。李晟和陆贽坚称李怀光反状已明，向德宗提出将李晟军与李怀光军分离，与另外两支军队合兵。德宗顾忌李怀玉不满，并没有同意。此后李晟又多次上书德宗，直言李

---

① （宋）宋敏求编：《唐大诏令集》卷5，第27页。

② 《旧唐书》卷12《德宗本纪》，第340页。

怀光要造反，德宗始终将信将疑，李怀光内心惊恐，更加坚定了谋反的决心。

兴元元年（784）二月，德宗下诏加封李怀光为太尉，并赐铁券，派神策右兵马使李卞等前去传旨。李怀光当着李卞他们的面把铁券扔到地上说："圣人疑怀光邪？人臣反，赐铁券；怀光不反，今赐铁券，是使之反也！"[①]朔方左兵马使张名振抓住话头高喊："你不出兵攻打敌军，又对皇上派来的使臣如此无礼，果然是要造反吧！"李怀光立刻否认，指出如今并非出兵的最佳时期，并提议为德宗所居之处修筑城墙，随后以此为借口将军队转移至咸阳城。

李卞等人回去后报告了所见到的情况，德宗开始暗中准备离开奉天。李怀光夺取了另外两支军队的指挥权后，给自己的老部下、仍留守奉天的韩游瑰写信，希望他能响应自己造反，却遭到了背叛。李怀光又派手下赵升鸾潜入奉天作为内应，威胁德宗。没想到赵升鸾也倒戈，将此计划告诉了唐军大将浑瑊，于是德宗连夜出城前往梁州（今陕西汉中城固一带）。李怀光派下属前去追赶德宗的车驾，可这几位部下都没有很强烈的反志，只装模作样地带兵出击，一路上听任士兵打杂抢掠，很快就回去禀报李怀光追击未果。李怀光于是联络朱泚合兵反叛。一直到七月，李晟打败朱泚、收复京师，德宗才得以重返长安，结束了颠沛流亡的生活。

贞元元年（785）秋，马燧收复河中，李怀光兵败自杀。次年四月，淮西节度使李希烈为手下陈仙奇谋杀，陈仙奇举城投降，德宗任命其继任节度使。七月，淮西兵马使吴少诚杀陈仙奇，德宗又任命吴少诚为节度使留后。从此以后一直到去世，德宗都未再对藩镇大规模用兵。

但是德宗并没有就此罢休。他继续攒钱，解除吐蕃、南诏等威

---

① 《资治通鉴》卷 229《唐纪四十五》，第 7406 页。

胁，为将来宪宗元和中兴奠定了基础。代宗时代一改开元以来的习惯，禁军已不再由宦官统帅。但在泾师之变后，德宗对此的态度发生了一百八十度转弯，把禁军的指挥权从李晟手中收回，再次赋予宦官。司马光说："德宗愤积世之弊，悯唐室之卑，南面之初，赫然有拨乱之志，而识度暗浅，资性猜愎，亲信多非其人，举措不由其道，赋敛烦重，果于诛杀，故关外之寇未平，而京城之盗先起。"[1]乾隆皇帝评价德宗说"世之论德宗者，以为有三失焉：一曰事姑息，二曰任阉宦，三曰好聚敛"。

德宗的盛世梦想，最后以失败告终，留给后人一个昏庸的形象。白居易《卖炭翁》云："翩翩两骑来是谁？黄衣使者白衫儿。手把文书口称敕，回车叱牛牵向北。一车炭，千余斤，宫使驱将惜不得。半匹红纱一丈绫，系向牛头充炭直。"[2]就是德宗为了攒钱留下的后遗症。德宗一直到死，都对钱很执着。他跳过宰相向地方要钱，而且叮嘱地方政府不要让宰相知道。他跟李泌说："每岁诸道贡献，共直钱五十万缗，今岁仅得三十万缗。言此诚知失体，然宫中用度殊不足。"[3]司马光批评他："王者以天下为家，天下之财皆其有也。阜天下之财以养天下之民，己必豫焉。或乃更为私藏，此匹夫之鄙志也。"[4]

① （宋）司马光撰：《稽古录》卷15，四部丛刊景明翻宋本。

② （唐）白居易著，谢思炜校注：《白居易诗集校注》，第393页。

③ 《资治通鉴》卷233《唐纪四十九》，第7501页。

④ 《资治通鉴》卷233《唐纪四十九》，第7510页。

二、中唐名将的人生轨迹：马璘、浑瑊、李晟

马璘、浑瑊、李晟是中唐名将中具有代表性的几位。这三人有几个重叠的标签：河西出名将，三人都来自西北；三人都出生在开元盛世，见识过大唐极盛时的风华绝代；中晚年都在安史之乱带来的风雨飘摇的内战中度过。他们可谓唐朝"转折的一代"的代表。对很多人来说，安史之乱是悲剧，对这几个人来说，却是建功立业的良机。

1. 马璘：被忽视的中兴猛将

马璘（721—777）是扶风人，出身将门，祖父是名将马正会，父亲早逝，很小就成了孤儿，长大后没有心思置办产业，不想过平庸的生活。二十几岁时，读到《马援传》"大丈夫当死于边野，以马革裹尸而归"一句时，感慨道："岂使吾祖勋业坠于地乎！"[①] 马援是东汉的名将，曾征讨至今天的越南地区，马璘是马援的后代，少年将军意气风发，一心希望继承祖业。开元末年，马璘仗剑西行，早年在安西都护府从军，一直升任到左金吾卫将军同正。另一中唐名将马燧，少时也有类似的表态，他曾在和兄弟一起读书时感叹："天下将有事矣，丈夫当建功于代，以济四海，安能矻矻为一儒哉！"[②] 唐代的很多士族

---

① 《旧唐书》卷 102《马璘传》，第 4065 页。

② 《旧唐书》卷 84《马燧传》，第 3689 页。

子弟都愿意弃文从军，跟宋代的风气很不一样。

安史之乱时，马璘率三千精兵入援朝廷，转战卫南、河阳等地，升任镇西节度使。宝应元年（762）十月，唐军兵分四路攻向洛阳，史朝义率领铁骑十万赶来，双方在昭觉寺决战，唐军数次冲锋但史朝义的军阵纹丝不动，鱼朝恩又命乱箭射击敌方，没想到叛军就算很多人中箭，军阵依旧不动。马璘意识到有问题，立刻高喊："事态危急！"举起大旗，带着部下五百人突入十万叛军中，唐军大队人马随后伺机而动，杀得史朝义军大败。两军又转战于石榴园、老君庙，叛军被再次击破，死伤惨重。此战让马璘声名远扬，李光弼赞叹道："吾用兵三十年，未见以少击众，有雄捷如马将军者。"[1]

广德元年（763）时，仆固怀恩造反，暗中勾结吐蕃入侵。马璘率兵赶至凤翔，马不卸鞍，人不解甲，击溃吐蕃兵，从此威名远扬。永泰年间，马璘获封安西四镇、北庭及邠宁节度使。大历三年（768），代宗罢邠宁镇，改设泾原镇，马璘遂成为首任泾原节度使，率领原手下约两万安西北庭士兵迁往泾州驻扎。大历九年（774），吐蕃大举来袭，马璘率自己的安西北庭兵和任节度使后遥管的郑、颍二州的防秋兵（安史之乱后唐廷为防备吐蕃秋季进攻而设的边防兵，每支约两三千人）屯驻回中道（连接陕甘宁地区的重要驿道）。马璘镇守泾原凡八年，一直视破敌为己任，在各州县修建堡垒，修缮攻守所需的各种器具，多次与吐蕃交战，互有胜败，虽无拓展边境之功，但也没让吐蕃大肆侵犯入境。史书评价马璘"虽生于士族，少无学术，忠而能勇，武干绝伦，艰难之中，颇立忠节，中兴之猛将"[2]。大历十一年（776），马璘病重，已不太能处理公务，镇内事务便交由经验丰富的节度留后段秀实（曾任安西北庭长官如李嗣业、荔非元礼、

---

① 《旧唐书》卷 102《马璘传》，第 4066 页。

② 《旧唐书》卷 102《马璘传》，第 4066 页。

白孝德等人的副手）全权负责。大历十二年（777）马璘病逝，年五十六，德宗为其废朝一日，追赠司徒，其手下的安西北庭军及泾原节度使一职由段秀实接任。

马璘作为唐朝新的西北防线的中坚力量，得到了极高的礼遇。代宗对他极为看重，任他为检校尚书左仆射（即名义上的宰相），封扶风郡王，并命百官迁往尚书省送他上任。此外，马璘得到的朝廷赏赐也非常多，在当时一众朝廷官员中，其生活堪称豪奢。天宝年间的贵族大臣已经开始走向奢靡，但房屋建造规模仍然有制度；安史之乱后，该制度遭到极大破坏，文臣武将间时兴攀比宅邸之风，宁愿散尽家财也要修建豪华的亭馆第舍，当时人称这种现象为"木妖"。马璘在京城所建的住宅在功臣权贵中首屈一指，仅修建中堂就花费了二十万贯铜钱，其他房间更是有过之而无不及。马璘死后，儿孙护送他的灵柩回京，有数百人都假称是他的故吏前去吊唁，实际上都只是想观赏一下中堂。

当时还是太子的李适听闻其事，非常不满，待他即位后便严禁大臣的府第规模及奢华程度超过皇宫，还下诏捣毁马璘的中堂和内官刘忠翼的宅邸。马璘家的花园被收归官府，之后公卿赐宴多在这个花园中举行。马璘的后人都没有什么才能和品行，没多久就家道衰落了。晚唐诗人许浑曾作有《经马镇西宅》："将军久已没，行客自兴哀。功业山长在，繁华水不回。乱藤侵废井，荒菊上丛台。借问此中事，几家歌舞来。"[1] 可见当时马璘家族之兴旺，然而再豪奢的生活如今也不过是爬满乱藤野菊的废墟罢了。诸法无常，遥想开国功臣李靖的家庙，到天宝年间也已经变成了别人家的马厩。

清光绪十七年（1891），陕西布政司署整修库门，于土中发现残碑断石五块，据碑额的残字可推断出该碑应为《（唐）故尚书左（仆）

---

① 《全唐诗》卷 529《经马镇西宅》，第 6046 页。

射知省事（扶）风王赠司（徒）马公庙碑》，碑文撰书者姓名均不见，据欧阳棐《集古录目》，该碑当是礼部郎中程浩撰文，吏部尚书颜真卿书丹，太子中允翰林待诏韩秀实分书题额。清代陕西布政司署大概在今天的西安市北院门、鼓楼一带，距回民街不远，唐代这里属于皇城内，为尚书省所在地。

2. 浑瑊：夹缝中的朔方军将领

浑瑊（736—799）的"浑"姓属突厥铁勒九姓部落之一，他的高祖是铁勒部的大俟利发（即颉利发，是突厥赐给非可汗部落首领的最高头衔），贞观年间任皋兰州刺史，其后代世代都为皋兰都督。浑瑊的父亲浑释之为朔方军将领，一直做到开府仪同三司，试任太常卿，封宁朔郡王，广德年间战死于对吐蕃的战争中。

浑瑊十多岁就善于骑射，跟随父亲东征西讨，曾经跟随哥舒翰攻克石堡城，勇冠诸军，在安史之乱前就已经很有名了。安禄山叛变后，仆固怀恩与浑瑊的父亲分别为郭子仪的左右武锋使，多次立功。此时已是中郎将的浑瑊亦跟随李光弼出师河北，平定了诸多郡县。叛军将领李立节以骁勇著称，浑瑊临阵杀了李立节，升为右骁卫将军。肃宗即位后，浑瑊即刻奔赴灵武，途中经过天德军的辖区（属关内道丰州，今内蒙古巴彦淖尔市内）时正撞上吐蕃入侵。浑瑊击败吐蕃后，又跟随郭子仪参与了收复两京之战，后又与仆固怀恩一起平定史朝义反叛。凭着这大大小小几十场战役的胜果，尚不满三十的浑瑊于安史之乱后给自己挣来了和父亲一样的职位——开府仪同三司、太常卿。

仆固怀恩举兵造反后，令儿子仆固玚与浑瑊一起包围榆次（今山西晋中榆次区），结果仆固玚因手下的朔方军闹兵变被杀，浑瑊便率部下投奔郭子仪。当时浑瑊的父亲浑释之正守卫灵州，收到了仆固怀恩的檄文，通知他手下军队不日将返回灵州。浑释之察觉到情况不对，认为仆固怀恩的军队一定是兵败溃散才作此决定，因此想拒绝其军队进驻灵州。他的外甥张韶则认为仆固怀恩可能是幡然改悔了，劝浑释之接纳他们。浑释之一直无法作出决断，最后只能接受已经兵临城下的仆固怀恩率军进入灵州。张韶私下向仆固怀恩透露浑释之的顾虑，仆固怀恩即以张韶为内应，杀了浑释之。

此时的浑瑊担任朔方行营左厢兵马使，跟随郭子仪讨伐吐蕃。大历七年（772），吐蕃对唐朝的西北边境构成了大量威胁，浑瑊与泾原节度使马璘会兵，在黄菩原大破吐蕃军。此后四年中，浑瑊常在长武城（今陕西长武县西北处）戍守。此城建于隋开皇年间，后被废，大历初年由郭子仪部将李怀光主持重修。长武城靠近泾水，地处陕甘交界，是保护中原通往西北要冲的重要关隘。浑瑊于此处多次击退妄图入侵中原的吐蕃、回纥大军。大历十二年（777），郭子仪离开军队回京入朝，让浑瑊任邠、宁、庆三州兵马留后，全权处理各军镇事务。大历十四年（779），郭子仪拜太尉，号尚父，被彻底解除了兵权。其原先统领的朔方被一分为三：李怀光得邠宁，领朔方军主力；常谦光得"老地盘"朔方，但此时主力已东移；浑瑊得振武。同年末，朔方节度使更换为崔宁，浑瑊也被召回长安，担任左金吾卫大将军，兼左街使。

建中四年（783），已叛乱的淮西节度使李希烈派间谍伪造浑瑊与自己沟通的书信，想将他拖下水。浑瑊主动上奏了此事，德宗仍然信任浑瑊，特意为他做担保，更赐他一匹良马及鞍辔，还有两百匹锦彩。德宗以普王李谊（代宗第三子昭靖太子李邈之子，德宗因其年幼养于膝下，本为舒王，有人议论其与哥舒翰重字，遂改为普王，泾师之变后复更为舒王）为荆、襄等道行营都元帅讨伐李希烈，广纳人才，又以浑瑊为检校户部尚书、御史大夫，充任元帅都虞候（元帅属官，负责整肃军纪）。

泾师之变爆发后，德宗仓皇跑到奉天。三天后，浑瑊带着自己的家人和子弟兵赶到奉天去保护皇帝，可谓忠心耿耿。浑瑊即刻被任命为行在都虞候，检校兵部尚书，京畿、渭北节度使，因此他也成为了奉天保卫战的指挥官。邠宁留后韩游瑰、庆州刺史论惟明、监军翟文秀奉命率三千兵马准备在便桥迎战，没想到与朱泚在醴泉相遇，韩游瑰认为敌强我弱，万一敌军故意分出一队在便桥拖延，大军直接进攻奉天，以奉天现在的兵力几乎没有胜算，于是立刻领兵赶回奉天。朱泚在韩游瑰后赶到，两军于城下交战，浑瑊与韩游瑰血战了一整天，结果唐军失利，叛军打算强攻城门进城。浑瑊发现城门内有几辆草车，就一边让虞候高固带人在前用长刀砍杀敌人，这些士兵个个以一当百，一边把草车拖过来塞在城门口，放火烧车，各路人马趁势出击，成功逼迫敌军撤退。朱泚就在奉天城东不远处驻扎，当晚就让西明寺（位于长安城延康坊，原为隋宰相杨素的宅邸）的僧人法坚制造了各种攻城器械，甚至不惜毁掉寺院获取木材来制作云梯和冲车。此后朱泚每天都来攻城，昼夜飞箭、大石不断，浑瑊指挥有度，巩固城防，和韩游瑰等人不分昼夜地奋战。原本前去援救襄城的幽州兵听说朱泚造反，就突破潼关，在奉天归附了朱泚（此幽州兵即朱泚刚归附唐廷时，主动上表请弟弟朱滔带去京西作防秋兵的三千五百人），戍守普润的士兵（隶属神策军）也归附了他，一时间朱泚的军队扩充到数万人。

不久灵武节度使杜希全等人带领六千士兵赶来救援。德宗与众人商议救兵的走向，浑瑊与宰相卢杞产生了分歧：浑瑊根据自己多年的经验指出，漠谷狭隘，会被敌军围堵，不如从北面绕过乾陵，既可以在城东北扎营，且可与奉天城形成掎角之势，如此一来朱泚也不敢再从乾陵间往来；卢杞却认为取道漠谷路程近，且不会惊扰乾陵，毕竟德宗讨伐叛党以和顺为名。德宗竟然听从了卢杞的建议。当杜希全走到漠谷时果然遭到了叛军的攻击，损伤惨重，不得不退回本镇。此后朱泚围城更甚，奉天城中弹尽粮绝，人心忧惧，德宗与浑瑊对泣无言。朱泚当时已占领乾陵，居高临下俯视着奉天城中的一举一动，还用各种话语讽刺朝政，甚至指挥骑兵招纳城中的大臣和老百姓，宣传李唐的天命已经完结。

几天后朱泚造出了攻城的云梯，奉天城中的人们见此情景都大惊失色，德宗命浑瑊带着一千多份御史大夫以下的空白告身前去招募敢死之士，并赐他御笔一支，承诺每胜利一场就授予他们官爵。没想到事情在这时出现了转机。浑瑊提前预测敌军云梯的进攻路径，事先挖好了地道，并在上面堆满了马粪，引火点燃，及时添柴，让火足足烧了两日，火焰蹿的有城墙高。正巧刮北风，敌军顺风推着沉重的云梯，陷入地道处，一时间无法动弹。正巧这时风向转变，火势也随时转向，几架云梯瞬间被付之一炬。在这场艰苦的战役中，浑瑊被乱箭射中，血流不止，仍然坚持作战。其后李怀光及时赶来，奉天顺利解围。

李怀光被逼反后，浑瑊临危受命，被封为检校左仆射、同中书门下平章事，兼灵州都督，灵州、盐州、丰州、夏州、定远城、天德军等地节度使，仍充任朔方、邠宁、振武、奉天等行营兵马副元帅，与李晟的神策军呼应，收复长安，歼灭朱泚军主力。事后浑瑊获封咸宁郡王，赐大宁里的豪宅一座。

贞元三年（787），浑瑊代表唐朝参加和吐蕃的平凉盟会，结果吐蕃背盟，突然发动攻击。唐军损失惨重，监军宋凤朝被追兵所杀，崔汉衡、宦官俱文珍等六十余人全都被抓，浑瑊眼疾手快，夺了一匹马逃走了。回京后，浑瑊素服上朝待罪，德宗下诏赦免了他。此后吐蕃再次入侵京畿时，德宗仍派浑瑊镇守奉天。

浑瑊的几十年军旅生涯可谓见证了朔方军于猜忌中瓦解。朔方节度使人选在大约二十五年间更换了九次，平均每位节度使的任期不足三年（见表1）。

或许正是因为见证了太多前辈被打压、被逼反，浑瑊一生"忠勤谨慎，功高不伐"。藩镇每年给朝廷进贡的东西，他都要亲自检查，以确保万无一失。皇帝每有赏赐，他不论离朝廷多远，受赏时都表现

表 1 肃宗至德宗朝朔方节度使人选更替表

	节度使	任期	时间	背景	浑瑊履历
肃宗朝	郭子仪（朔方）	至德元载（756）八月 乾元二年（759）七月	2年11个月	乾元二年三月，九节度使于相山战败，被召回京城。	击退吐蕃；随郭子仪收复两京；讨伐安庆绪。
	李光弼（河东）	乾元二年（759）七月 上元二年（761）五月	1年10个月	上元二年三月，授河中尹、晋绛等州节度使，朔方军进入河中地区，五月被召回京城。	
	李国贞（宗室）	上元二年（761）八月 宝应元年（762）二月	6个月	与太原节度使均为部下所杀。中央不得已启用郭子仪镇压河中军乱。	
	郭子仪（朔方）	宝应元年（762）二月 同年四月	2个月	代宗即位，被召回京城。	
代宗朝	仆固怀恩（朔方）	宝应元年（762）十二月 广德元年（763）九月	9个月	自宝应元年四月统率朔方军收复洛阳，平河北；十二月因郭子仪为其请功获封朔方节度使；次年未回到绛州，九月于汾州拒命，被迫叛变。	平史朝义；父亲身死；投奔郭子仪。
	郭子仪（朔方）	广德二年（764）正月 大历十四年（779）五月	13年4个月	德宗即位，被召回京城，兵权被三分，朔方军主力实际在李怀光手中。	随郭子仪平周智光；常年戍守奉天、邠州等地，多次击退吐蕃、回纥进攻。
德宗朝	常谦光（朔方）	大历十四年（779）五月 同年十一月	6个月	西受降城、定远军（城）、天德（军）、灵州、盐州、夏州、丰州等并入朔方镇。	任振武军节度使。
	崔宁（剑南）	大历十四年（779）十一月 建中二年（781）七月	1年8个月		被召回京。

	节度使	任期	时间	背景	浑瑊履历
德宗朝	李怀光（邠宁）	建中二年（781）七月 兴元元年（784）三月	2年7个月	诏授太子太保，被追叛变。	被李希烈诬陷；泾师之变中坚守奉天。
	浑瑊（朔方）	兴元元年（784）三月 同年八月	5个月		平朱泚叛乱，收复长安。
	杜希全	兴元元年（784）八月 贞元九年（793）十二月	9年4个月		与河东节度使马燧合兵，平李怀光，收复河中；任平凉盟会使，遭吐蕃伏击。
	李栾	贞元十年（794）正月 宪宗元和二年（807）四月	13年3个月		吐蕃入侵，奉命出镇奉天，后还镇河中；与灵盐节度使杜希全等重修盐州城；十五年去世。

得极为恭敬，就好像皇帝在他面前一样。即使位极人臣，浑瑊依然谦逊有礼，当时的人们都把他比作金日磾（西汉政治家，匈奴人，以忠君闻名），因此浑瑊也很少见的深得德宗信任，死后被追赠的谥号亦为"忠武"。

3. 李晟：巧诈还是拙诚？

李晟（727—793）可谓中唐第一名将。李晟是甘肃临洮人，家族世代在陇右为将。他性格勇武刚烈，有才能，善骑射，十八岁从军，以勇敢著称。李晟跟随河西节度使王忠嗣攻打吐蕃，吐蕃骁将登城力斗，对唐军造成很大伤亡。王忠嗣招募军中的射手去定点清除吐蕃将领，李晟一发即中，吐蕃勇士顷刻毙命，三军振奋呐喊，王忠嗣给了他很高的奖赏，拍着他的背说"此万人敌也"[1]。

---

[1] 《旧唐书》卷133《李晟传》，第3661页。

大历初年，李抱玉担任凤翔节度使，让李晟为右军都将。大历四年（769），吐蕃围攻灵州，李抱玉派李晟领兵五千去迎战，李晟说："单纯按兵力估算，五千人显然不够；但若使用谋略，那这五千人又显得太多。"最后只带了一千骑兵赶到临洮，突袭定秦堡（今甘肃临潭县附近），把吐蕃军队的辎重物资全部烧光，迫使吐蕃放弃围攻灵州。事后李晟授开府仪同三司，兼左金吾卫大将军，泾原、四镇、北庭都知兵马使，总领游兵。没过多久，马璘与吐蕃战于盐仓，兵败，李晟带领部下前去救援，从乱兵之中救出马璘，因此被封合川郡王。马璘嫉妒李晟获得如此威名，不再对他以礼相待，还让他回京朝拜。没想到李晟得到代宗的赏识，出任右神策都将。

安史之乱后，以朔方军为代表的地方武力已不再受中央信任，自肃宗开始，皇帝们都试图构建能为自己完全掌控的嫡系部队。肃宗曾尝试在灵武组建过一支新队伍，交由宰相房琯管理，可惜未能成功。黄永年分析："为中央计，成立直属部队的最理想办法是找一支建制完整且具有战斗力的地方部队，排除其原有的将帅，由既与此部队有渊源又忠于唐室者来统带，从而化此地方武力为中央嫡系。合乎这个理想的，正好有一支原属陇右地方武力的神策军。"[①]

神策军最初由哥舒翰为抵御吐蕃在磨环川（今甘肃卓尼县西）组建而成。安史之乱爆发后，神策军使成如璆派卫伯玉率一千兵马入中原。乾元二年（759），九节度使于相山战败，此时磨环川也被吐蕃占领，卫伯玉的这支队伍便被朝廷征用，驻守陕州，卫伯玉任神策军节度使。肃宗以鱼朝恩为观军容宣慰处置使，借此加强对军队的直接掌控力，并限制郭子仪等节度使的权力。此后两任神策军节度使都被调离，神策军逐渐由鱼朝恩控制。广德元年（763），代宗为避开吐蕃入侵而选择前往神策军驻守的陕州。此时的神策军经过多次扩编建制，

---

① 黄永年：《六至九世纪中国政治史》，第418—419页。

实际上成为了天子的禁军，长安地区就好像神策军的驻防区。代宗出于种种顾虑，并不愿轻易动用这支天子亲兵，因此在讨伐叛党的战役中并未取得成功。德宗则不然，他积极启用神策军，使之与其他军镇一起奔赴战场。

德宗即位后，吐蕃进攻剑南，当时的剑南节度使崔宁被召回京城，三川地区（代宗时剑南道分设剑南东川、剑南西川，与山南西道合称三川）的人都非常恐慌。德宗命李晟率领神策军前去救援，大胜吐蕃，在成都停留了数月后返京。

建中二年（781），魏博节度使田悦造反，朝廷让李晟担任神策先锋都知兵马使，与河东节度使马燧、昭义节度使李抱真联合镇压田悦。德宗希望能够一举铲除河北那些飞扬跋扈的藩镇，完成国家的统一。但是他操之过急，不仅没能实现这一目标，反而激起了泾原兵变。德宗仓皇逃到奉天，形势危急，李晟带领神策军西归，在东渭桥附近驻扎下来，伺机收复长安。当时神策制将行营兵马使、御史大夫刘德信正在救援襄城，听说奉天危机，就带着部下赶来与李晟汇合。结果合兵之后，没有统一的指挥，军队一片混乱，李晟就列举了几条刘德信的罪状将他杀了。

然而在《奉天录》中，这个故事有着截然不同的发展：刘德信和高秉哲的援军先到，攻下东渭桥，并筑垒固守，解决了粮食运输的难题。而第十天的时候李晟的军队才姗姗来迟。李晟在回援途中才被加封为神策行营节度使，而刘德信在迎接李晟大军时军礼不备，折损了李晟的威严，因此被斩杀[1]。

不论过程如何，此时的李晟已整合了军队，于渭桥严阵以待。虽然他们没有很好的后勤支援——当时已经是夏天，军队的士兵还穿着

---

[1] 黄永年据此条材料认为，李晟"敢不经奏请擅杀同军大将刘德信，已属骇人听闻"，"对同属神策军系统的尚且如此，对受中央歧视的朔方军及其统帅李怀光更可想而知"。见《六至九世纪中国政治史》，第 425 页。

很厚的冬装——但孤军抗战仍士气不减。差不多同时，朔方军李怀光带领五万兵马自河北前线撤回，大军驻扎在咸阳。李怀光不想让李晟独占功劳，因此请求与李晟的神策军合兵。李晟奉命带兵前往陈涛斜（亦名陈陶斜、咸阳斜，在今咸阳东。）备战，可是军垒都还没建好，叛军就杀了过来。李晟觉得现在敌军远离自己的大本营，是个好时机，就想主动出击，而李怀光认为自己的部队才刚到驻扎点，兵马未歇，军垒未成，胜算不大，于是决定按兵不动，伺机而行。每当要交战，李晟都会把自己打扮得与众不同：头戴绣帽，身披锦裘。李怀光很讨厌他这样，斥责他说："将帅应当自重，怎么能穿得花里胡哨的吸引敌军呢！"李晟向李怀光表示应该尽快出兵，自己愿意做先锋，李怀光拒绝了他的请求。此时军饷也出了问题：朔方军出征总是会抢夺百姓的牛马，而神策军则秋毫不犯；李怀光想分给他们一些夺来的物资，也被拒绝。其实当时按照规定，神策军得到的赏赐是要优于其他军队的。李怀光要求各军的待遇与神策军一样，想逼李晟自己削减神策军的待遇，造成神策军内部的矛盾。然而李晟表示，李怀光是元帅，自己当然听从元帅的指挥，是否增减军饷都遵从李怀光的决定。李怀光无奈之下只好让这个要求不了了之。

李怀光在咸阳坚守了八十多天，还是不愿意出兵。时间久了李晟怀疑李怀光与朱泚勾结，也想造反，于是多次向德宗上书想要移军渭桥，让自己的部下和女婿各领兵五百驻守洋州、利州、剑州，以防不测。德宗没有答应，但也对李怀光产生了怀疑，多次派宦官前来催战，甚至打算亲自来咸阳督战。李怀光非常害怕，以为德宗想要夺走自己的兵权。这时鄜坊节度李建徽、神策将杨惠元（一作阳惠元）与李晟、李怀光的军队联营，李晟认为事态紧急，正巧有中使经过，李晟便假装接到了德宗的命令，带兵前往渭桥驻扎。这一举动深深刺激到了李怀光本就绷紧的神经。果然几天后，李怀光就劫持了李建徽、杨惠元，吞并了他们的军队，起兵造反了。当时长安已经落到朱泚手里，朔方节度使李怀光谋反；淄青节度使李纳对河南虎视眈眈；淮西节度使李希烈伺机夺取了汴州与郑州。而李晟既没钱，也没兵，只好四处招募英豪。留守奉天的戴休颜、邠宁兵马使韩游瑰、骆元光、尚可孤都愿接受李晟调度，一时间唐军大振。而李怀光的军队逐渐人心离散、弹尽粮绝。其部将孟涉、段威勇本是神策将，不满李怀光的所作所为，就带领几千人投靠了李晟。经过此事，不论朝廷还是德宗都更加信任神策军，神策军作为中央军的地位更加稳固。

收复长安之战，诸将认为可以先攻占外城，然后与叛军在城内进行决战。李晟认为不可。他认为长安城内巷陌狭窄，还有百姓居住，如果叛军设伏，将会扰动百姓。叛军在城北禁苑驻扎了重兵，可以直接去跟他们决战，这样既可以保宫阙，又可以让老百姓免遭战难。在李怀光造反两个多月后，李晟三日之内就收复了长安，戴休颜、韩游瑰与浑瑊也合兵拿下咸阳。德宗本来很悲观，已经逃到梁州，准备逃往四川了。当捷报送到时，德宗非常感动，说："天生李晟，为社稷万人，不为朕也。"① 德宗皇帝封他为西平郡王，赐永崇里府邸、泾阳上等田地和延平门的一处林园。因为李晟功勋卓著，德宗还特意为他在东渭桥树立了纪功碑，让皇太子来写，并且让皇太子把写好的文稿送给李晟。

吐蕃的宰相尚结赞跟吐蕃大臣说："唐之名将，李晟与马燧、浑瑊耳。不去三人，必为我忧。"② 于是就实行反间计。贞元二年（786）九月，吐蕃大军入陇州，抵达凤翔，沿途大肆宣传是李晟让他们来的。吐蕃请和，李晟主战，宰相韩滉赞成李晟的主张。本来以为大局已定，没想到韩滉在这个时候去世了。继任宰相之位的是张嘉贞的孙子张延赏。张延赏与李晟早有矛盾，就建议德宗不可让李晟长久典

① 《旧唐书》卷 133《李晟传》，第 3670 页。

② 《旧唐书》卷 133《李晟传》，第 3672 页。

兵。最后德宗收回李晟的兵权，将他召回长安，拜太尉、中书令。之后就发生了浑瑊和吐蕃结赞在平凉盟会反被伏击的事件。

张延赏家族三代为宰相。大历末年，吐蕃进攻四川，李晟带兵将之打败，回去的时候带走了成都的官妓高氏。当时张延赏担任成都尹、剑南西川节度观察使，因为李晟带走的是官妓，且没经过张延赏的审批，所以张延赏大怒，派人追到长安，把官妓又带了回去。李晟因此怀恨在心，言辞之间掩盖不了心中的愤怒，从此两人结仇。贞元元年（785），宰相刘从一有疾，本来准备让张延赏担任中书侍郎、同中书门下平章事。李晟就打小报告说张延赏的坏话，张延赏因此失去了升职的机会。贞元三年（787）正月，浙西观察使韩滉来长安述职，顺便出面做和事佬，劝李晟上表推荐张延赏做宰相，李晟答应了。待张延赏当上宰相后，李晟提出希望两家结亲，却遭到了拒绝。李晟对人说："军人就是性格直爽，几杯酒就可以化解以前的矛盾；文人总是高高在上，可能表面上看起来已重归于好，说不定心里还憋着气。现在他不同意这门亲事，就是还记着之前的仇呢！"史书这样评价："延赏博涉经史，达于政事，然以私害公，罢李晟兵柄，非守正中立者也。"[1]

李晟被罢了兵权，索性闭门不出。当时通王府长史丁琼也被张延赏排挤，心怀不满，借口讨论事情劝李晟起兵造反。李晟一听大怒，立刻斥责道："你怎么能说这么不吉利的话！"就把丁琼举报到朝廷。神策军在李晟离开后，又被交回到宦官手中。据《唐会要》：

> 兴元克复，（李）晟出镇凤翔，始分神策为左右厢，令内官窦文场、王希迁分知两厢兵马。
>
> 贞元二年九月二日，神策左右厢宜改为左右神策军，每

---

① 《旧唐书》卷129《张延赏传》"史臣曰"，第3614页。

军置大将军二人，秩正三品，将军各二人，从三品。^①

神策军也像之前的羽林军一样，分为左右两军，同时在两军中特设护军中尉一职，负责监军，由宦官担任。实际上就是将神策军的指挥权交给了宦官，但因为有左右两位护军中尉，可互相牵制，降低了集权造反的风险。

贞元五年（785）九月，李晟与另一位功臣马燧在武英殿见唐德宗。德宗对两位老将军抚慰有加，专门下旨表扬他们的功劳。诏书云："在中宗，则桓彦范等著其辅戴之绩；在玄宗，则刘幽求等申翼奉之勋；在肃宗，则郭子仪扫殄氛祲；今则李晟等保宁朕躬。"^②又命太子把诏书抄写一遍交给李晟，李晟把诏书刻在石头上立在家门口。

图 26　库木土拉第 73 窟壁画"观无量寿经变"。描述了两个武士在大殿之上抓捕王者的画面。两名武士都穿着明光甲，这是唐朝士兵的标配。

---

① 《唐会要》卷 72《神策军》，第 1294 页。

② 《旧唐书》卷 133《李晟传》，第 3673 页。

据文献记载，李晟话不多，和皇帝谈话，从来没有和亲人泄露过半句。李晟擅长教育子女，家风严明，儿子李愬也是名将。贞元九年（789）八月，李晟去世，时年六十七。德宗亲自写了封信送到灵柩前，曰："卿一门胤嗣，朕必终始保持。……方冀知朕诚志。无以为念……临纸遣使，不能饰词，魂而有知，当体朕意。"[1]

---

① 《旧唐书》卷 133《李晟传》，第 3675 页。

三、"神仙宰相"李泌

《旧唐书》和《新唐书》对李泌的评价截然不同。《旧唐书》不记李泌辅佐代宗收复两京的功劳，反称其"居相位而谈鬼神，乃见狂妄浮薄之踪"①，认为他整天谈论鬼神，好说大话，非宰相之材。而《新唐书》对李泌的评价很高，认为李泌有智慧，而且忠于朝廷。李泌之子李繁撰有《邺侯家传》，歌颂自己父亲的功劳，其间内容不可尽信。司马光说："泌虽诡诞好谈神仙，然其知略实有过人者。至于佐肃、代复两京，不受相位而去，代宗、顺宗之在东宫，皆赖李泌得安，此其大节可重者也。"②

李泌（722—789），字长源，出身辽东李氏，祖上是辽东襄平（今辽宁辽阳）人，曾经出过西魏太保、八柱国之一的司徒李弼，后居长安。到李泌这一代，家道早就中落了，李泌的父亲李承休做过吴房县令。李泌少时聪敏，博涉经史，精究《易象》，善写文章，尤其是诗，张九龄、韦虚心、张廷珪都很看重他。但他行事不羁，耻于科举入仕，就选择了隐居山林修道。天宝中，李泌自嵩山上书《复明堂九鼎议》，建议玄宗恢复武则天时期所置的明堂九鼎，得到了玄宗的赏识，任命他为待诏翰林，去东宫陪太子读书。杨国忠嫉妒李泌的才

---

① 《旧唐书》卷 130 "史臣曰"，第 3630 页。

② 《资治通鉴》卷 233《唐纪四十九》，第 7519 页。

能，揭发他曾写过一首讽刺朝政的《感遇诗》，李泌因此被贬谪去了湖北蕲春郡，再次隐居山中。

天宝末年，安禄山叛变，肃宗到灵武即位后，派人去访召李泌。恰好李泌冒着危险从嵩山、颍水间赶到了肃宗所在之处。在彭原郡见到肃宗后，李泌面陈古今成败之机，肃宗很高兴，毕竟是故人，给了很高的礼遇，让李泌在他的卧内办公。李泌自称山人，不愿意当官，辞掉了一些官职，肃宗封了他一些散官表示恩宠，拜银青光禄大夫，主要掌管秘书工作。李泌在当时权逾宰相，文状拟写、将相升迁，他都参与。肃宗还让他任天下兵马大元帅广平王李俶的行军司马。肃宗经常说："上皇天宝年间您是朕的师友，现在您又做了广平王的行军司马，朕和朕的父亲、儿子三人都得到过您的帮助呀。"但李泌很快就被当时的中书令崔圆与大宦官李辅国排挤，他主动辞官到衡山隐居，肃宗仍给予他三品官的禄俸。

代宗即位后，召李泌为翰林学士，但遭到权相元载的排挤，被分配到江南西道担任判官。元载倒台后，李泌再次进入中央，但很快又被宰相常衮排挤，出任楚州（今江苏淮河以南、盱眙以东一带）刺史。这时已经到了代宗朝后期，李泌年纪大了不想离开长安，代宗也很同情他，让他在京城多待了几个月，之后澧州刺史职位有了空缺，才派李泌赴任，不久后又改任杭州刺史。苏辙称"杭本江海之地，水泉咸苦，居民稀少"，李泌在任时，"始引西湖水作六井，民足于水，故井邑日富"[1]。

德宗与李泌的缘分也很早就开始了。肃宗在灵武时，德宗还是奉节郡王（他出生八个月后就获封此称号），就跟着李泌学文。代宗即位后，李泌获得殊荣，可以在蓬莱殿书阁（大明宫内殿旁的书院）居

---

① （宋）苏辙著，陈宏天、高秀芳点校：《苏辙集》，北京：中华书局，1990年，第1122页。

住，已经是太子的德宗常与李泌交往。兴元元年（784），德宗因泾原兵变前往奉天，征召杭州刺史李泌一同前往，并任命李泌为左散骑常侍，每天在中书省值班，方便德宗随时咨询政事。贞元元年（785），陕虢都兵马使达奚抱晖用鸩酒毒杀了节度使张劝，随后全权接管军中一切事务，还暗中联系李怀光的部下作为后援。德宗非常担心李怀光会与达奚抱晖联手，这样蒲州、陕州同时反叛，朝廷的水陆运输要道将遭到重创，便任李泌为陕州防御水陆运使。李泌聪明地选择单枪匹马闯入陕州，并放话自称只是运使而非节度使，来这里也只是奉命监督江淮地区的粮食运输情况，如果陕州那边达奚抱晖是可用之人，自然会给他相应的职位和旌节。这话传到达奚抱晖耳中，成功稳住了陕州的局势。德宗大喜，加封李泌为陕州、虢州都防御观察使。贞元二年（786）六月，李泌上奏称在虢州发现了"瑟瑟"（绿宝石），谏言德宗禁止私人开采。但德宗以躬俭为由，拒绝了李泌的建议，下令任由百姓开采，不加禁止，并就地加封李泌为检校礼部尚书。当时戍边的陈州、许州士兵中有三千人自长安西边往老家河南奔逃，李泌在陕州边境险要处设埋伏，把这些人全都杀了。

不久，李泌晋升中书侍郎、平章事、集贤崇文馆学士、修国史。张延赏当宰相时改革政府体制，希望能够减少财政压力，减少政府官员的规模，引起被裁减官员的怨怒。李泌认为现在正是用人之际，不削减闲职反而辞退干活的人，是治标不治本，因此他在当了宰相之后，请求恢复之前被裁减的州县官员的职位。至德年间开始，朝廷设置了大量的额外官，李泌根据他们在官之日的长短，确定他们的资历，给予相应的正职，将原先的额外官全都罢黜，如此还能增加百官俸禄。安史之乱以后，中央政府一直处于财政困难的状态，有的时候都发不全工资，这种时候政府会取消提供给官员们的杂役，并将雇佣杂役的费用折算成手力课补给官员。李泌在此基础上提出根据官员的工作量确定手力课的额度。这样做后，大家都很高兴。

李泌还写了一篇《议复府兵制》，希望能够恢复原有的府兵制，以便从根本上遏止藩镇割据。李泌的观点其实有一定代表性，杜牧在《原十六卫》中又一次提出这一问题。可惜这种想法在当时根本无法施行——府兵制的基础是有大量的自耕农和土地，但唐中后期土地兼并严重，实行府兵制的经济基础已经不复存在。

当然李泌最引人瞩目的功劳还要数保住了皇位继承人。肃宗朝时，李泌用一首《黄台瓜辞》保住了代宗李俶。等到德宗朝时，太子李诵面临着同样的困境。李诵妃子萧氏的母亲是郜国公主（肃宗之女，德宗的姑姑），而张延赏告发郜国公主的情夫是东宫的太子詹事李昇，德宗便怀疑他们结党营私，于是贬黜了很多人，危及皇太子的储君之位。其实早些年张延赏曾任西川节度使，与东川节度使李叔明结下了梁子。在李怀光与朱泚联合叛乱后，德宗被迫自奉天逃往汉中，途中经过骆谷道。当时正遇上大雨，道路泥泞湿滑，随行的很多士兵都选择投奔朱泚。李叔明的儿子李昇和郭子仪的儿子郭曙等六人组成"敢死队"立誓保卫德宗安全，回到长安后，德宗感念他们的功劳，将这六人任命为禁卫将军，宠爱备至。时任宰相的张延赏发现李昇私下出入郜国公主的府第后，便暗中向德宗报告，想借此打击李昇。李泌揣测到了几方的心思，向德宗说明了张延赏与李叔明父子之间的嫌隙，为李诵反复辩解，德宗才没有改立舒王李谊为太子。

在唐人眼中，李泌为人正直，但缺点是好谈神仙诡道，经常说大话，说自己与赤松子、王乔、安期、羡门等道士同游，所以不为同僚、史臣所容。《唐国史补》卷上记载："李相泌以虚诞自任。尝对客曰：'令家人速洒扫，今夜洪崖先生来宿。'有人遗美酒一榼，会有客至，乃曰：'麻姑送酒来，与君同倾。'倾之未毕，阍者云：'某侍郎取榼子。'李泌命倒还之，略无怍色。"[1]

---

[1] （唐）李肇撰，聂清风校注：《唐国史补校注》，北京：中华书局，2021年，第105页。

肃宗、代宗都重阴阳祠祝之说，但德宗即位之初非常厌恶巫祝怪诞之士，才登基就解散了内道场的僧人，废除了巫祝的一些祭祀。代宗出殡时，德宗一路号泣，随着送葬车到承天门，看到丧车不走午道而是走午未之间（南偏西），就问怎么回事。有司奏报因为德宗的本命在午，所以不敢当道。德宗说："安有枉灵驾而谋身利。"① 命丧车直接走午道。

后来德宗经历泾原之变，也开始注意时日禁忌。当时的舆论对李泌很不利，说德宗因为相信鬼神才任用李泌。他又喜欢任用顾况这类闲散文人，经常搞出一些事情被人嘲笑。李泌的任期也很短。他于贞元三年（787）六月入相，五年（789）二月就去世了，只做了一年多宰相。所以时人认为李泌在相位其实"无足可称"②。

李泌形象的重新塑造有赖于他的儿子李繁。李繁袭封邺侯，少聪警，有才名，但无德行。李泌死后，户部尚书裴延龄以花言巧语得到德宗信任，掌权后卖弄权威，被朝士所忌惮。谏议大夫阳城对裴延龄忍无可忍，就写了封弹劾的奏疏准备揭发他的恶行。因为阳城得到过李泌的举荐，便很放心地让故人之子李繁给他誊写草稿。没想到李繁记忆力超群，只抄写一遍就能记诵全文，而且当晚就去拜访了裴延龄。裴延龄有了防备，阳城的奏疏就成了一堆废纸。李繁与右补阙、翰林学士梁肃交好，但梁肃去世后，李繁竟然跟梁肃的太太通奸，又把她抛弃，当时的士人为之侧目。后来李繁屡屡遭到打击，仕途不顺，最后被贬为亳州刺史，又被人控告滥杀无辜，遂被赐死。临死前，李繁唯恐父亲李泌的功业不传，向狱吏讨来纸笔，写成《邺侯家传》。历史本就是各种记忆互相竞争剩下的东西，李繁这些充满文学色彩的描述，很明显影响了后人对李泌的认识。

---

① 《旧唐书》卷 130《李泌传》，第 3621 页。

② 《旧唐书》卷 130《李泌传》，第 3621 页。

四、陆贽和韦皋

德宗朝有两个重要人物，一个是在中央当宰相的陆贽，另一个是地方诸侯韦皋。

陆贽生于玄宗天宝十三载（754），嘉兴人。少年时就特立不群，勤于学业，尤其擅长儒学，十八岁就考中进士，后来又考中博学宏词科（考试内容主要为策、论、议、诗、赋，以选拔能草拟日常文书的人），担任华州郑县尉。陆贽后来又考中了书判拔萃科（主考书法和文理，参加拔萃科考试是当时士人迁转的一条有效途径[①]），迁监察御史。陆贽的文才在当时小有名声，德宗在东宫做太子时就听说过他，因此即位后便召陆贽为翰林学士，对他非常倚重。

建中四年（783），泾原兵变后陆贽随德宗一路颠沛流离，当时天下叛乱，事务繁杂，虽然有宰相，但是很多重要事务陆贽都有参与决策，人称"内相"。德宗下达的各种文件也都由陆贽负责。有的时候一天之中德宗要下达好几百件诏书，陆贽挥翰起草，思如泉涌，连帮忙整理文件的胥吏都跟不上他的速度。陆贽在德宗逃难时有个非常大的贡献——他劝德宗下了罪己诏。这篇罪己诏由陆贽替德宗起草，获得了良好的宣传效果，可谓中国历史上最具真情实意的罪己诏。贞

[①] 金滢坤：《唐代书判拔萃科的设置、沿革及其影响》，《厦门大学学报（哲学社会科学版）》2016年第5期，第45页。

元初，节度使李抱真入朝，上奏说："陛下幸奉天、山南时，赦书至山东，宣谕之时，士卒无不感泣。臣即时见人情如此，知贼不足平也。"①

等到德宗回到京城，进一步提拔陆贽担任中书舍人。在小圈子内，德宗当然不止重用陆贽一个人，当时吴通微兄弟也任翰林学士，深得德宗信任。据说他们的文章才器都不及陆贽，但善于团结权贵大臣，在党争里占据上风，经常联合起来在德宗面前说陆贽的坏话。陆贽虽然很有才干，且跟德宗非常亲近，但德宗很长时间都没有把他提拔为宰相，反而一些地位比较低的官员，像刘从一、姜公辅都顺利晋升。陆贽做不了宰相其实有深层次的原因。他言事激切，再加上被同侪排挤，很难讨德宗欢心。陆贽初入仕途时，曾受到寿州刺史张镒的关照，二人结为忘年之交。做到宰相的张镒被卢杞陷害，被调离中央，陆贽有心为张镒说话却力有不逮，等到卢杞倒台后他才敢上书陈情。在奉天解围后，德宗哭着说都是自己的错才招来了贼寇，陆贽反应很快地回答说都是群臣的过错，暗暗将矛头指向卢杞等人。可惜德宗有心偏袒，陆贽极力陈说卢杞的罪状只换来了德宗的不快。

陆贽的母亲住在江东，皇帝还派宦官把陆贽母亲接到长安来，同僚们羡慕又嫉妒。陆贽非常孝顺，母亲死后，他便回到洛阳，在嵩山丰乐寺隐居。隐居期间，他的实际影响力还在，地方节度使都跑到嵩山给他送礼。陆贽对这些示好全都拒绝，只接受老朋友西川节度使韦皋的东西。陆贽服完丧后，被提拔为兵部侍郎，还担任翰林学士。当时的舆论都期待陆贽能担任宰相，这导致宰相窦参对陆贽非常忌惮，两人互相攻击。窦参性格阴愎，仗着权力四处敛财，每当遇到官员职位升降的事情，都会交给给事中窦申负责。窦申是他的同族子侄，狐假虎威，借此受贿，时人称之为"喜鹊"。德宗对这些也略有耳闻，

① 《旧唐书》卷 139《陆贽传》，第 3800 页。

曾敲打过窦参，窦参反复保证窦申无辜，窦申却仍然我行我素。当时有官员与陆贽关系不和，窦申担心陆贽会被提拔，就暗中与这些人联手诬陷他。德宗对其中的曲直非常清楚，很快就将这帮人贬了官，窦参也倒台被贬到郴州，陆贽接替他为宰相。

郴州节度使刘士宁送给窦参数千匹绢，湖南观察使李巽跟他关系不好，在这个时候落井下石，向皇帝打小报告。添油加醋的还有右庶子姜公辅，跟皇帝说窦参曾对他说过"陛下怒臣未已"[①]，言外之意是窦参泄露过跟皇帝的对话内容。德宗一怒之下，竟然处死了窦参。不过整件事都有点扑朔迷离，但舆论普遍认为陆贽在里面扮演了一定的角色。

陆贽担任宰相后面临着新的挑战。德宗重用户部侍郎、判度支裴延龄。裴延龄理财能力很强，提出精简政府机构，削减官员，减少开支，虽然得罪人，却是德宗想要的结果。陆贽自诩"上不负天子，下不负吾所学"[②]，以天下为己任，认为立国要以民为本，批评"富者兼地数万亩，贫者无容足之居"[③]的情况，列举两税法七条弊端，力劝德宗爱人节用，轻徭薄赋，反对横征暴敛。这明显和德宗的大政方针背道而驰，陆贽一派很快就倒台了。陆贽的手下，盐铁转运使张滂、京兆尹李充、司农卿李铦等全被贬官。贞元十年（794）年底，陆贽被罢相。陆贽也知道形势不妙，就闭门谢客。十一年春大旱，军队粮食不够，陆贽就事上奏，裴延龄说陆贽动摇军心。德宗大怒，要处死陆贽等四人，幸好谏议大夫阳城等人替他们求情，才免于一死。事后陆贽被贬为忠州（今重庆市忠县）别驾。

陆贽担任宰相期间，与地方藩镇官员交往，向来一尘不染。德宗

① 《旧唐书》卷 139《陆贽传》，第 3817 页。

② 《旧唐书》卷 139《陆贽传》，第 3817 页。

③ 《全唐文》卷 465《其六论兼并之家私敛重于公税》，第 4759 页。

却嫌他"清慎太过"，担心妨碍公务。劝他即使不收钱财，小礼物还是可以收一点的。德宗甚至命翰林学士顾少林连口传密旨，告诉陆贽"清慎太过，都绝诸道馈遗，却恐事情不通。如不能纳诸财物，至如靴鞭之类，受亦无妨者"①。

陆贽在忠州待了十年。此地湿热，瘟疫流行，陆贽就开始钻研医术，写了《陆氏集验方》五十卷。陆贽大权在握时，驾部员外郎李吉甫因得罪于他而被贬为明州长史；陆贽倒霉的时候，李吉甫正好做忠州刺史，成了他的顶头上司。这让陆贽一家都非常惊恐，担心遭到报复。但没想到李吉甫为人心胸非常宽广，不计前嫌，仍然以宰相之礼相待。这让陆贽感到非常惭愧，两人之后成了非常好的朋友。

在当时，陆贽的思想远远比他作为官员更有影响力。唐朝人权德舆认为他可以与西汉名臣贾谊相比；苏轼认为他是"王佐""帝师"之才，文辩智术皆超过西汉谋臣张良。陆贽认为"治乱由人，不在天命"，这在当时是很先进的思想。德宗和大臣们认为天下变乱"此亦天命，非由人事"②。但陆贽认为"人事治而天降乱，未之有也；人事乱而天降康，亦未之有也"③，提出天下到底是太平还是祸乱，主要是因人事而起，并指出"立国之本，在乎得众"④，在于人心，"夫欲治天下而不务得人心，则天下固不治"⑤。强调人的重要性，在唐代是非常重要的思想转变。

贞元八年（792），陆贽主持进士科试，韩愈、欧阳詹、李观等八人登第，时称"龙虎榜"，誉为"天下第一"，而他便为韩愈等人座

① 《全唐文》卷 473《谢密旨因论所宣事状》，第 4826 页。

② 《资治通鉴》卷 228《唐纪四十四》，第 7364 页。

③ 《新唐书》卷 157《陆贽传》，第 4915 页。

④ 《资治通鉴》卷 229《唐纪四十五》，第 7380 页。

⑤ 《新唐书》卷 157《陆贽传》，第 4918 页。

师。朱熹对陆贽的评价非常精当，他说："陆宣公奏议极好看。这人极会议论，事理委曲说尽，更无渗漏。"[1]

陆贽有一个非常亲近的朋友，那便是西川节度使韦皋。韦皋，长安万年县人，出身京兆韦氏。代宗时，韦皋担任一些低级职务，以建陵挽郎转调华州参军，再升任监察御史。之后他得到宰相张镒的赏识，张镒到地方上担任凤翔陇右节度使，推荐韦皋为营田判官、殿中侍御史，掌管陇州行营留后事。

泾原兵变时，张镒被朱泚旧部凤翔兵马使李楚琳所杀，李楚琳叛归朱泚，陇州刺史郝通也加入了朱泚叛军。朱泚带兵围攻奉天，陇州需要人带兵留镇，本来朱泚任命他的旧将牛云光督军，但牛云光装病，推荐韦皋为帅。韦皋佯装接受朱泚的任命，暗地里收陇州的兵将武备，用计杀掉了牛云光和朱泚的使者。韦皋又派家人去奉天城上报德宗，城中为之振奋。德宗任命他为御史大夫、陇州刺史，还特别任命为奉义军节度使，以旌表他的忠义。兴元元年（784）德宗回京，韦皋被征召到朝廷担任左金吾卫将军，很快升为大将军。

贞元元年（785），韦皋取代张延赏任检校户部尚书，兼成都尹、御史大夫、剑南西川节度使。张延赏是韦皋的岳父。唐人范摅的《云溪友议》记载了穷秀才韦皋逆袭的故事。宰相张延赏家世显赫，是玄宗宰相张嘉贞的小儿子，夫人是宰相苗晋卿的女儿。家中经常设宴招待客人，想从中选个女婿，却一直没有遇到中意的。夫人苗氏有眼光，看上了还是秀才的韦皋，但是张延赏不满意。过了两三年，韦皋因为性格清高事业还是没有起色，张延赏就对这个女婿非常无礼，连家中的仆人都待之轻慢，只有岳母对他很好。韦皋的妻子张氏看不过去，让他出去闯荡。张延赏知道他要走，很高兴，用七匹马驮着东西送他。但韦皋最后只带走了妻子张氏所给的首饰和一些书籍。等到韦

<hr>

[1] （宋）黎靖德编，王星贤点校：《朱子语类》卷 136《历代三》，第 3248 页。

皋发达了，张延赏还很不好意思，悄悄离任让位。韦皋的事在当时流传很广，达官贵人再也不敢轻视贫贱女婿。所以郭圆有首诗云："宣父从周又适秦，昔贤谁少出风尘。当时甚讶张延赏，不识韦皋是贵人。"①

韦皋在娶张氏之前，还和一个女子有过约定。韦皋年少时曾经游玩于江夏，住在姜使君家里。有个小姑娘叫玉箫，常常侍奉韦皋。韦皋想要去长安谋职，玉箫希望能跟他一起去。韦皋想来想去，还是推辞了，并承诺少则五年，多则七年，一定会娶玉箫。但玉箫等到第八年还是没能把人盼来，便感叹说韦皋一定不会来了，遂绝食而死，死前还留下一首诗："黄雀衔来已数春，别时留解赠佳人。长江不见鱼书至，为遣相思梦入秦。"② 这些都是笔记小说的记载，其可信度存疑。

韦皋在西川节度使任上有巨大功绩。南诏本已臣服吐蕃，在他的游说下，复通于朝廷。作为唐朝的大将，他屡次击败吐蕃，数年之内就收复了被吐蕃攻占的要地嶲州（今四川西昌）。贞元十七年（801）八月，韦皋带兵深入吐蕃境内，转战千里，最后生擒吐蕃宰相论莽热，在南线战场上取得了决定性胜利。韦皋以功加检校司徒，兼中书令，封南康郡王。德宗皇帝亲自撰写《南康郡王韦皋纪功碑铭》。

韦皋信佛，四川乐山大佛的主体就是韦皋在任时完工的。乐山大佛自开元初年投入建造，先后经历三位负责人。贞元元年（785），韦皋任西川节度使，大佛开始了第三次建造工程，其间韦皋捐出五十万钱资助开凿佛像。他所撰写的《嘉州凌云寺大弥勒石像记》被刻在大佛右侧临江峭壁上，记录了这一伟大工程的始末。

韦皋在西川节度使任上做了二十一年，多次上奏朝廷，希望能

---

① （唐）范摅撰，唐雯校笺:《云溪友议校笺》卷中，北京：中华书局，2017 年，第74 页。

② （唐）范摅撰，唐雯校笺:《云溪友议校笺》卷中，第 68 页。

让陆贽接替自己的位置，德宗都未批准。永贞元年（805）顺宗即位，陆贽终于被召回朝廷，可惜诏书未到人就去世了。顺宗虽加韦皋为太尉，但他因为身体不好不能听政，就依靠自己的小圈子治国，朝廷政事主要把控在宦官李忠言、侍棋待诏王叔文等人的手里，在朝廷引起了非常多的争议。韦皋作为老臣，主动请顺宗让太子监国，也给太子写了一封劝说信。于是顺宗退位，宪宗顺利上台。顺宗小圈子里的那些人，包括柳宗元、刘禹锡等，全遭贬逐。就在这个档口，韦皋因疾病去世。一对好友，一双贤臣，一个在前朝卓有建树，一个在南疆建功立业，最后都在遗憾中离世，为德宗朝画下了一个并不圆满的句号。

多说一点

如何评价德宗?

德宗所下的罪己诏情感真挚,深自批评。自古以来,人们对他的评价往往颇低。主要原因,第一是泾原兵变,第二是敛财太紧。不过他也不是毫无建树。德宗以强明自任,一直力图恢复盛唐景象。对外,他在军事外交上取得重大突破,尤其是对吐蕃反守为攻,占据战略优势,为之后的元和中兴奠定了良好的外部环境。在财政上,他支持的两税法改革也取得了一定成效。德宗对财政的高度重视,给宪宗平定藩镇提供了坚实的财力基础。德宗最初力主削藩,对藩镇强硬用兵,低估了形势,在泾原之变后,他接受了现实,转而在藩镇中保持平衡。他最初已经将禁军统率权交给了普通将领,但是在泾原之变中,禁军表现得很糟糕,反而是宦官们作用很大。所以在泾原之变后,他又把禁军指挥权交给了宦官,这是加强皇权的手段。我们对藩镇、宦官的认识态度,影响了对德宗的评价。

第六章 元和中兴

安史之乱爆发后，肃宗、代宗、德宗三代都在努力重建盛唐的政治社会秩序，但叛乱的惯性仍在，内政与外患之连环性此起彼伏，长安多次沦陷于吐蕃和叛军之手，以致代宗逃往陕州，德宗逃往奉天、梁州。但也是在这段时期，唐朝对周边关系的经营取得进展，逐渐扭转对吐蕃等周边政权的战略颓势。对内也经过政治、经济改革，增加中央政府财力、恢复生产秩序。这些为宪宗迎来"元和中兴"奠定了基础。

一、短暂的顺宗朝和二王八司马事件

永贞革新又称二王八司马事件，传统观点认为，这是顺宗永贞年间官僚士大夫以打击宦官势力、革除政治积弊为主要目的的改革。改革主张加强中央集权，反对藩镇割据、反对宦官专权，持续时间仅有一百多天，最终因宦官俱文珍等人发动政变，幽禁顺宗、拥立太子李纯而以失败告终。顺宗李诵也因为这个所谓的"永贞革新"稀里糊涂地当了半年皇帝，还被贴上了明君的标签。

顺宗李诵（761—806），上元二年（760）生于长安，大历十四年（779）封宣王，建中元年（780）被立为皇太子。德宗一直对这个继承人不满意，一度动过换人的心思，被李泌劝止。顺宗虽然不得父亲喜欢，没有什么过人之处，且身体不好，只活了四十五岁，却生了四十多个孩子。贞元二十年（804）九月，四十四岁的李诵中风；同年年底，德宗病重，亲王、公主们都去探望，唯独李诵去不了。次年正月，德宗就因病情越来越严重而去世。唐王朝在这二十多天中仿佛站在悬崖峭壁边——皇帝病入膏肓，太子中风不良于行，大臣们都不知道两宫是否安好，流言蜚语扰动人心。德宗驾崩的消息传出时，人们都还不敢确定谁会做皇帝。最终顺宗挣扎着穿上孝服，到九仙门见百官，成功即位，人心这才慢慢安定。

从即位那一刻起，顺宗就已经因病不能说话了，治国主要靠自己做太子时结交的小伙伴们。以小圈子治国，必然会引起整个官僚体制的不满。顺宗的小圈子有两个主要人物：杭州人王伾，任翰林侍书待诏，后被提拔为殿中丞、皇太子侍书，善书法；绍兴人王叔文，善下棋，性格狡诡，且自恃清高，自诩为诸葛亮一样的人物。顺宗还是太子的时候就和两人走得很近，王叔文常与他论及政治得失，讲述宫市之弊，东宫的事宜都交由王叔文裁决处理，他时常和李诵议论，谁适合当宰相，谁可以当将军，私下积极结交知名人士和想要快速升官的人，当时翰林学士韦执谊以及陆淳、吕温、李景俭、韩晔、韩泰、陈谏、柳宗元、刘禹锡等人，都积极攀附他。这些人官职、出身不尽相同，如柳宗元、刘禹锡都是大文学家，但也是小圈子的重要成员，他们"定为死友"[1]，平时行踪诡异，有的地方的藩镇搞政治投机，也会资助他们。

这个东宫小圈子慢慢就有朋党的色彩了，开始排斥异己。德宗朝后期，左补阙张正一与吏部员外郎王仲舒、主客员外郎刘伯刍等关系很好，某次上书得到召见，就被王叔文怀疑是准备告发他，于是让韦执谊抢先一步反咬一口，结果张正一等人全都被贬官到很远的地方，其他人也不知道是什么缘由。

顺宗即位后对二王非常信任：王伾连连升迁，很快就成了左散骑常侍，充翰林学士，还能自由出入皇宫，见大宦官李忠言和美人牛昭容；王叔文被任命为起居舍人，充翰林学士。顺宗不能说话，无法处理政事，二王就成了他的左膀右臂。顺宗常常坐在帷幕后，宦官李忠言、昭容牛氏侍奉左右，几个人像玩传话游戏一样，王伾负责传达信息，交由王叔文做决断，然后再由王伾将决定告诉李忠言，李忠言再传话给牛昭容，牛昭容转告顺宗，最后二王再以顺宗的名义颁行诏书，在外由韦执谊、柳宗元、刘禹锡等一众人负责具体执行。王叔文、王伾之党权势熏天，凡是跟他们关系好的人都得到了升官，因此

---

① 《资治通鉴》卷236《唐纪五十二》，第7603页。

两人家门口整天车水马龙，连家附近的酒肆、宾馆都全是人。王伾爱财如命，还专门做了个大柜子用于受贿，连睡觉都睡在上面。

王叔文敏锐地感觉到应当把财政大权牢牢握住，于是跟同党商量，只要国家的财富在手，就可以用这些钱来结交大臣，收揽军队，他们的权力就可以得到巩固。王叔文靠着自己对顺宗的影响，插手官员的任用，将淮南节度使杜佑调回中央担任宰相，兼度支、盐铁使，自己担任度支、盐铁副使兼户部侍郎，又推荐韦执谊任宰相，把钱牢牢掌握在自己人手里。

顺宗上台之初，也像他父亲德宗一样，采取一些拉拢民心、展示形象的动作。这些动作基本上都是琐碎的细节，并不能算作什么系统性的改革，甚至看不出跟以前唐朝皇帝即位伊始宣布的德政有什么区别。这些内容包括：罢宫市，五坊小儿之类[1]。德宗末年，负责为宫内采购物品的宦官在长安街头横行不法，压价购买市场上的物品，民怨很大，就像《卖炭翁》里描述的那样。像饲养、训练鸟兽等供皇帝玩乐的五坊小儿，总是去敲诈老百姓，有借口捕鸟把网张在人家门口的，有盖在井上不让人打水的，百姓苦不堪言，必须得贿赂他们才行。为了平息民怨，王叔文提议，把京兆尹李实抛出来当替罪羊，治他在街头横征暴敛、敲诈勒索之罪。李实被贬为通州长史。老百姓们很高兴，在衣袖中藏着石头瓦砾就等着他经过，李实从小道逃跑。除了这些细节之外，顺宗在位时间太短，对政治、财政、军事制度各方面都没有大的动作。但是后来被称为"永贞革新"。

状元宰相武元衡早先在安葬德宗时担任山陵仪仗使（负责监造、管理帝后陵寝相关事宜），刘禹锡请求他让自己担任仪仗判官，武元衡素来看不上这帮人的作风，就没有答应。当时小圈子里的很多人都担任了御史，武元衡升任御史中丞不久，王叔文就让同党以权势与财

---

[1] 《资治通鉴》卷 236《唐纪五十二》，第 7610 页。

利引诱他，打算让他依附自己，武元衡不肯服从，因此很快就被降职为左庶子。侍御史窦群为人刚正，弹劾屯田员外郎刘禹锡扰乱朝政，不宜继续被任用。他还敢当面顶撞王叔文，王叔文想赶走窦群，没有得逞。窦群曾警告他说："世上本来就有不可预测的事情。"王叔文问道："你什么意思？"窦群说："去年李实怙恩挟贵，气盖一时，当时你还不过是一个匍匐在路边的江南小吏罢了。你如今也不过是暂时坐在了李实那样的高位，怎知现在的路边没有匍匐着另一个当年的你呢？"王叔文的同党打算将他斥逐到朝廷以外，韦执谊以窦群有耿直的名声在外为由，制止了他们。

当时的宰相共有五人：杜佑、贾耽、高郢、郑珣瑜、韦执谊，其中前四位于顺宗即位前就已身居相位，只有韦执谊是由二王提携上来的。贾耽非常讨厌王叔文，称病要辞职。王叔文到中书门下找韦执谊，正逢宰相们一起吃工作餐。按照唐朝的制度，用餐时间是不能被打扰的。王叔文呵斥门房，门房只好进去通报，韦执谊犹豫了很久，脸色羞愧得通红，最后还是起身去迎接王叔文，两人在韦执谊的办公处说了很久。其他宰相杜佑、高郢、郑珣瑜都停下筷子，等着韦执谊回来。过了一会，有人来报，韦执谊与王叔文已经吃上饭了。杜佑与高郢知道这违反制度，但内心畏惧，不敢说话。老宰相郑珣瑜一声长叹："吾岂可复居此位！"[1]说罢就取马回家，回家后便一病不起，很快去世。

王叔文还企图夺走兵权，任命右金吾大将军范希朝为左、右神策京西诸城镇行营节度使，让自己的亲信韩泰担任行军司马。这些职位本该由宦官中的神策中尉直接管辖，王叔文的这项人事任命无疑是想从宦官手中抢走这支军队的实际指挥权。宦官们一开始还没有意识到问题的严重性，正巧这个时候各地边将向中尉递交述职文书，

---

① 《资治通鉴》卷 236《唐纪五十二》，第 7610 页。

就有人趁机直言"方属希朝"，宦官们才察觉情况不妙，愤而令自己手下的将军们不得将兵权交给范希朝等人。王叔文夺兵权就此草草收场。

顺宗的长子李纯——也就是未来的宪宗——也加入政治的角斗场，反对王叔文的大臣们逐渐团结在了他身边。在王叔文等人把持朝政的时期内并没有立太子，双方的斗争焦点转移到要不要立太子上。这时候宦官发挥了很重要的作用。大宦官俱文珍、刘光琦、薛盈珍都是先朝旧臣，跟士大夫官僚联合起来，召翰林学士郑絪、卫次公、李程、王涯直接入金銮殿，直接起草册立太子的诏书。顺宗不能说话，身边侍奉的牛昭容本想阻止，郑絪径直绕过她，写了一张"立嫡以长"的纸条给皇帝看，顺宗点了点头，立太子之事就这样被定了。

太子册立时按例要见百官。太子李纯仪表十分英武，百官一见都互相祝贺，甚至有人喜极而泣。健壮能干的太子与口不能言的老皇帝必然会形成两个权力中心，显然太子身边的人会越来越多，而另一边的势力则会江河日下。因此在太子册立的那一瞬间，就已经注定了王叔文等人要以悲剧收场。当百官欢庆立太子时，唯独王叔文脸带忧愁，口中吟诵着杜甫所作的《蜀相》："出师未捷身先死，长使英雄泪满襟！"听到的人都讥笑他没点自知之明。

王叔文的倒台非常快。三朝元老俱文珍出手，他直接被削去了翰林学士之职。度支、盐铁转运副使的职务还在，但是不担任翰林学士，他就无法接近皇帝，没有权力参加中央的决策。王叔文摆了一桌酒席，请诸学士及李忠言、俱文珍、刘光琦等人，以母亲之病，希望缓和关系。但是当场被俱文珍等人痛斥，宴会不欢而散。很快，王叔文的母亲病逝，根据制度，他被免职。王叔文被赶走之后，王伾也日日忧惧，突然中风，辞职回家养病。他们的同党也逐渐被赶出朝廷。

图27 唐安公主墓甬道东壁第二幅壁画。两人均头戴黑色幞头，身穿圆领长衫，系黑色腰带。男侍手持马球杆，毕恭毕敬地尾随主人。

　　这时候，藩镇势力也加入了进来，指责三竖（李忠言、王伾、王叔文）挠政。地方藩镇纷纷上奏，希望皇太子监国。有的奏章甚至直接跳过皇帝呈给皇太子。西川节度使韦皋此前派自己的副将刘辟私下拜见王叔文，希望能总管剑南三川，并承诺必有重谢。王叔文很不满这种做法，想杀了刘辟杀鸡儆猴，韦执谊劝住了他。刘辟在长安又听说王叔文凶残地杖杀了一位公开指责他的官员，非常害怕，立刻回去禀报了所见所闻，韦皋认为王叔文不通人情，遂决定投向太子一方。宰相韦执谊这时也与王叔文产生了嫌隙。韦执谊当了宰相后，想要遮掩自己和二王交往的痕迹，且迫于公众舆论，经常不按王叔文的要求做事，事后又派人向王叔文道歉，并解释自己是在"曲成兄事"，三番四次下来王叔文大为光火，二人便结下了梁子。韦皋看准时机上表，先慰问皇帝身体，称担心皇帝积劳成疾，劝其让太子监国；同时写信给皇太子，摆明立场，坚决抵制王叔文等人，拥护皇太子。其他节度使纷纷效仿，奏章像雪片一样飞到京城，全都痛斥王叔文集团，希望顺宗退位，把权力交给皇太子。大宦官俱文珍等直接教促让皇太子监国。在这种局面下，顺宗也没办法，七月下诏："其军国政事，宜令皇太子勾当。"①

皇太子李纯一旦掌权，就开始清洗宰相班子。他任命太常卿杜黄裳为门下侍郎，左金吾大将军袁滋为中书侍郎，并同平章事。俱文珍等因为是旧臣，也得到重用。又以郑珣瑜为吏部尚书，高郢为刑部尚书，并罢政事。八月，顺宗正式称太上皇，宪宗即位为皇帝。贬王伾为开州司马、王叔文为渝州司户。王伾很快病死。第二年，宪宗下旨赐死王叔文。

所谓"永贞革新"既非宪宗永贞年间发生，也未做出重大革新举动。如黄永年评价："这是以宦官俱文珍为首的德宗朝所任使的旧人旧臣，结合到一起对顺宗朝的李忠言、王叔文等人的一次大夺权。"②所谓的"二王八司马"就是顺宗任太子时纠集起来的私党，德宗朝旧臣也多有察觉，如卫次公就曾指出"皇太子虽有疾，地居冢嫡，内外系心，必不得已，当立广陵王。若有异图，祸难未已"③。王叔文集团的短暂掌权只是德宗朝向宪宗朝权力让渡中的一环。

关于夹缝中的顺宗，韩愈评价道：

> 顺宗之为太子也，留心艺术，善隶书。德宗工为诗，每赐大臣方镇诗制，必命书之。性宽仁有断，礼重师傅，必先致拜。从幸奉天，贼泚逼迫，常身先禁旅，乘城拒战，督励将士，无不奋激。居储位二十年，天下阴受其赐。惜乎寝疾

① 《旧唐书》卷 14《顺宗本纪》，第 408 页。

② 黄永年：《六至九世纪中国政治史》，第 453 页。

③ 《旧唐书》卷 159《卫次公传》，第 4179 页。

践祚，近习弄权；而能传政元良，克昌运祚，贤哉！[1]

在韩愈看来，顺宗本人作为太子还是合格的，有才且有战功，但即位后因病放权近臣，扰乱朝纲，幸好及时传位宪宗，此举可以称"贤"。《剑桥中国隋唐史》认为，德宗立其残废的儿子为太子实属愚蠢之举。当宪宗在 805 年登上皇位时，他采取强有力的政策所需要的制度手段以及财政、军事资源基本上已经具备，这应归功于德宗不事声张和坚持不懈的努力[2]。

顺宗只不过是一个过渡性人物。他的小伙伴们几乎得罪了包括士大夫、藩镇、宦官在内的整个唐朝官僚体制。因此八司马的下场也不难预料：贬韦执谊为崖州司马，韩泰为虔州司马，陈谏为台州司马，柳宗元为永州司马，刘禹锡为朗州司马，韩晔为饶州司马，凌准为连州司马，程异为郴州司马。柳宗元和刘禹锡或许曾用满腔热血去追求自己的政治理想，但是就治国来说，他们的能力和才华的确撑不起自己的理想和野心。柳宗元的诗似乎能很好地描绘出他们的心情：

千山鸟飞绝，万径人踪灭。

孤舟蓑笠翁，独钓寒江雪。

---

① 《旧唐书》卷 14《顺宗本纪》，第 410 页。

② 参看［英］崔瑞德主编，中国社会科学院历史研究所译：《剑桥中国隋唐史：589—906 年》，第 469 页。

二、中唐政治中的宦官俱文珍

俱文珍（？—813），河南安阳人，鲜卑族。早年净身入宫，冒认刘姓宦官为父，所以又名刘贞亮。官方史书一改对宦官的鄙视态度，评价他"忠直坚强，颇识义理"，这八个字让俱文珍在一众宦官中显得有些特别。俱文珍能在德宗晚年登上权力高峰，除了德宗的赏识，也是靠他自己累积的功劳。俱文珍对唐朝来说，可以用出生入死、军功赫赫来形容。

早期的俱文珍在史料中是一片空白，我们只能根据零星的文字知道他曾在泾原兵变时跟随德宗逃到了奉天，历经苦难——大概就是在这个时候得到了德宗的信任和赏识。贞元三年（787），唐朝和吐蕃在平凉会盟，俱文珍随浑瑊等人一同前往，但吐蕃劫盟，俱文珍与副使崔汉衡、浑瑊的副将马宁、马燧的侄子马弇等一同被俘。李晟、马燧、浑瑊一直被吐蕃的尚结赞视为眼中钉，便想借机离间马燧。此前吐蕃已派人给马燧送了厚礼，希望他积极促成结盟，如今吐蕃反水，已陷马燧于尴尬的境地。尚结赞又找到马弇，故意当着众俘虏的面对他说，感谢早前马燧答应与他们和谈，如果那时唐军发动进攻，吐蕃就全军覆没了，马燧对吐蕃有恩，遂将马弇、俱文珍、马宁三人释放。尚结赞的小心思很明显，这群俘虏回去后必定会详细说起马燧的事情，俱文珍会向皇帝禀报，而马宁定会告知自己的上司浑瑊，德宗综合马燧之前的种种举动，必会对他产生怀疑，事实证明尚结赞的离间计确实成功了。

回到唐朝后，俱文珍又奉命出使南诏。在现在的云南盐津豆沙关还保留有一处题记。题字之人为宰相、书法家袁滋。题记曰：

> 大唐贞元十年九月廿日，云南宣慰使内给事俱文珍，判官刘幽岩，小使吐突承璀，持节册南诏使御史中丞袁滋，副使成都少尹庞颀，判官监察御史崔佐时，同奉恩命赴云南册蒙异牟寻为南诏，其时节度使尚书右仆射成都尹兼御史大夫韦皋，差巡官监察御史马益，统行营兵马开路置驿，故刊石纪之，袁滋题。[1]

唐朝时这里被称为石门关，德宗贞元十年（794），俱文珍等人作为使臣出使南诏，恢复了唐与南诏的友好状态，结束了此前持续四十多年的敌对状态。可以说，俱文珍为德宗缓和周边关系，营造良好外部环境做出了重要贡献。

俱文珍回来后就受命出任宣武军监军。德宗朝早期就已逐渐恢复以御史担任监军的传统。经过泾原之变，德宗为了更好地控制军队，又循前朝旧例开始派遣宦官担任监军，并授予他们极大的权力：节度使死后，监军可暂时全权负责藩镇的各项事宜；与不听中央命令的节度使谈判；可干涉人事调动；有时甚至可以指挥作战。贞元十一年（795），德宗任命李说为河东留后，李说感恩监军王定远之前的知调之恩，便申请为他铸造监军印，监军有印自此开始。

俱文珍担任监军之前，宣武军屡屡兵变，人心惶惶。宣武军以汴州也就是今天的开封为中心，是重要的战略中心，控制着南北漕运。安史之乱后，中央政府的财政收入更加依赖江南，唐朝在汴州先后设

---

[1] 《全唐文补遗》（第七辑），《袁滋等题记》，第69页。

置河南节度使、汴州防御使、宣武军节度使，保卫漕运，也作为中央控制关东的桥头堡。德宗委派俱文珍担任宣武军监军，足以说明他对俱文珍的重视。

俱文珍到任后，在相当长的时间内，保证了宣武军牢牢掌握在朝廷手中。为了应付兵变，俱文珍培养亲兵千余人。贞元十二年（756），宣武军节度使刘元佐病重，以其子刘士宁为宣武军兵马使，刘士宁趁机召集诸将作乱，将其不信任的大将李湛等杀死。俱文珍联合宣武军都虞候邓惟恭，抓捕刘士宁，推举将领李万荣为节度使。很快李万荣病重，让其子李迺代理节度使，李迺趁机作乱，俱文珍和李万荣的老友都虞候邓惟恭合作，将李迺押送回京。李万荣病死后，中央任命董晋继任宣武军节度使。董晋被调往开封的时候，征辟韩愈为巡官。韩愈应该在此时跟俱文珍产生了交情，也可以近距离观察这个大太监。十五年（799），董晋去世，继任的陆长源恃才傲物，性格急躁，为人刻薄，判官孟叔度为人轻佻，喜欢折辱士兵，在这两人的管理下很快就发生了兵变。士兵们将陆孟二人杀了剁碎，把他们的肉吃得精光。俱文珍见势不妙，立刻写了一封密信，将此前长期担任宣武大将并深得人心的宋州刺史刘逸准召来，才稳定住局面。刘逸准便被任命为新一任宣武节度使，并被赐新名刘全谅。刘逸准上任数月而病卒，朝廷应俱文珍要求，任命韩弘为宣武军节度使。韩弘上任不久，对宣武军进行了一次大整顿，杀掉一批乱军的凶卒，宣武军内部才没有发生大的乱子。

宣武军节度使不断更换，但是监军始终是俱文珍。作为皇帝的代表，俱文珍在宣武军的表现让德宗刮目相看，也让其他宦官奉他为精神领袖。德宗晚年，把俱文珍从汴州调回中央，担任神策军的指挥官，把十几万神策军交给他指挥。德宗死后，俱文珍成为左右政局的重要人物，正是在他的主导下德宗旧臣粉碎了"二王八司马"集团，宪宗得以顺利即位。

永贞元年（805）八月，韦皋去世，其下属刘闢代理节度使事务，并上表朝廷希望能继任节度使。宪宗并未同意，反而召他回京，刘闢公然抗命。当时宪宗刚即位，朝中局势未稳，便决定任命刘闢为检校工部尚书，充任剑南西川节度使，以息事宁人。没想到此举反而助长了刘闢的嚣张气焰，狮子大开口，想要都统三川，让好友卢文若任东川节度使，于是出兵包围了梓州。宪宗对于是否派兵出击感到很为难，宰相杜黄裳劝他派神策军将领高崇文去镇压，并不要派宦官监军。杜黄裳是八司马中韦执谊的岳父，但他很看不起王叔文集团，自始至终都站在宪宗这边。宪宗又犹豫了几天才同意了杜黄裳的建议，但并未拒绝监军。

元和元年（806）正月，高崇文率军五千打前阵讨伐刘闢，俱文珍亲自担任监军。一开始东川节度使李康被刘闢打败并囚禁，高崇文到了之后，刘闢又把李康放了回去。俱文珍却指责李康不能抗击敌人，把他杀了。八月，刘闢兵败，被押送长安斩首。尽管俱文珍功劳累累，但对于宪宗来说始终是前朝旧人，因此对他并没有过多信任，后来也只是给他一个右卫大将军的虚职，其原先的左神策中尉也让位给了吐突承璀。顺宗时就已对德宗朝遗留下来的"五坊小儿"问题（五坊的宦官借口捉捕鸟雀欺压百姓）进行处理，宪宗延续了禁五坊的政策，因此不少宦官都受到了处罚，一时间宦官们都人人自危。后来宪宗更信任王守澄，其他的宦官就慢慢被边缘化了。

元和八年（813），俱文珍因病去世，赠开府仪同三司。据说，他生前很喜欢喝茶，还著有《饮茶十德》一书。

韩愈给予了俱文珍很高的评价，某些词句用在战功卓著的将军与中兴革命的大臣身上都不过分。在《送汴州监军俱文珍》中，他赞扬道：

奉使羌池静，临戎汴水安。

冲天鹏翅阔，报国剑铓寒。

晓日驱征骑，春风咏采兰。

谁言臣子道，忠孝两全难。[①]

诗中赞颂了俱文珍的两大功劳——出使南诏与担任宣武军监军。韩愈还评价俱文珍，"其监统中贵，必材雄德茂，荣耀宠光，能俯达人情，仰喻天意者，然后为之。……奋其武毅，张我皇威。遇变出奇，先事独运。"[②] 由韩愈负责撰写的《顺宗实录》也对俱文珍高度赞扬，把二王八司马（当然包括柳宗元）视为小人和扰乱朝堂的奸臣。

---

① 刘真伦、岳珍校注：《韩愈文集汇校笺注》，北京：中华书局，2010 年，第 3127 页。

② 刘真伦、岳珍校注：《韩愈文集汇校笺注》，第 3127 页。

三、宪宗迎来"元和中兴"的契机

经过半个多世纪的战乱和政治内斗，唐朝在宪宗李纯（805—820）的统治时期迎来了最接近复兴的契机。

正如《剑桥中国隋唐史》所指出的，宪宗是一位重实干的坚强的君主①。宪宗嗣位之初，读列圣实录，非常敬慕贞观、开元时期大唐的景象，看到太宗和玄宗的治国方略时对丞相说："太宗之创业如此，玄宗之致理如此，既览国史，乃知万倍不如先圣。当先圣之代，犹须宰执臣僚同心辅助，岂朕今日独为理哉！"②学习了唐朝国史后，宪宗奋发作为，跟大臣讨论国政，"昼漏率下五六刻方退"③。宪宗的工作时间很长，有时到晚上9点多还在跟大臣讨论问题。作为对比我们看看韩愈的工作时间。韩愈说自己是"寅而入，尽辰而退。申而入，终酉而退"，也就是上午5点上班，9点下班；下午3点上班，7点下班，一共工作8个小时。宪宗可比韩愈的工作时间还要长得多。

宪宗不但勤勉，而且"能用忠谋，不惑群议"④。在位期间平定了西川节使度刘闢、镇海节度使李琦，招降了河北三镇，消灭了淮西节

---

① ［英］崔瑞德主编，中国社会科学院历史研究所译：《剑桥中国隋唐史：589—906年》，第476页。

② 《旧唐书》卷15《宪宗本纪》，第472页。

③ 《旧唐书》卷15《宪宗本纪》，第472页。

④ 《新唐书》卷7《宪宗本纪》，第219页。

度使吴元济、淄青节度使李师道，重振了唐朝中央政府的权威。宪宗统治时期，唐朝的政治、经济、社会各方面都得到了发展，史称"元和中兴"。

自德宗贞元十年（794）以后，朝廷的权威日渐衰弱，地方藩镇的势力越来越大。德宗事无巨细都握在手里，宰相并没有实权。宪宗问宰相："前代帝王，或怠于听政，或躬决繁务，其道如何。"[①] 宰相杜黄裳认为，"为人主之体固不可代下司职，但择人委任，责其成效，赏罚必信，谁不尽心"[②]。杜黄裳的看法得到了宪宗的高度认可。

江淮地区是唐朝的粮仓，也是中央税收的主要来源。他采取措施，减轻江淮人民的赋税负担，让民众休养生息。宪宗下令让观察使先将所得赋税用于地方治理，多余的才上交国家。他任命李巽为度支盐铁转运使，"江淮钱谷之弊，多所铲革"[③]。李巽出任度支盐铁转运使后，一年所征税收，就达到代宗时期著名经济大臣刘晏征税的最高份额，第二年超过了这个数，第三年又增加 180 万缗。元和六年（811）粮食丰收，米价变得非常便宜，一斗只值二钱。元和六年所卖盐铁，除峡内井盐外，计收 6 859 200 贯。宪宗又让宰相李绛在北边屯田养兵，以减轻财政开支。元和七年（812）李绛奏振武、天德两地可耕种的良田有万顷，请派能吏开置营田。李绛命度支使卢坦去负责屯田，四年时间开田 4 800 顷，收谷四千余万斛，每年可以为中央政府节省二十多万贯钱。

宪宗时期，中央政府财政充裕，对百姓相对宽松，在争夺民心上占了优势。反而藩镇愈发恶劣，如平卢淄青节度使李师道甚至征发妇女充任徭役。这一切，都为宪宗打击藩镇、恢复中央权威奠定了基础。

---

① 《旧唐书》卷 14《宪宗本纪》，第 415 页。

② 《旧唐书》卷 14《宪宗本纪》，第 415 页。

③ 《旧唐书》卷 135《程异传》，第 3738 页。

四、魏博军倒向中央和武元衡被刺

唐代有一句话叫"长安天子，魏博牙兵"，是说天底下最有权势的两类人，一是在首都长安的大唐天子，另外就是镇守魏镇飞扬跋扈的牙兵。

魏博由安禄山部将田承嗣创立。安史之乱后，河北地区盘踞着多位手握重兵的安史余党：洛阳还在史朝义手中、魏博有田承嗣、相卫有薛嵩、成德有李宝臣、幽州有李怀仙。此时仆固怀恩父子奉命平定河北，然而两人手上只有兵三万，绝不可能一次剿灭所有叛军，还可能逼得这些势力联合起来对抗中央。因此仆固怀恩决定擒贼先擒王，追着史朝义打，连连取胜，将其逼至北方自杀。其余势力则见风使舵，纷纷向中央投诚，中央自然乐意河北各势力各自为战，于是欣然任命各余党地方节度使之职，重建河北藩镇。田承嗣被正式任命为魏、博、贝、沧、瀛五州节度使，其范围大概在现在的河北南部、河南北部。他在辖区内自设官署，登记户口，重赋税，且势力范围内所征赋税从不上交中央，后来又将地盘逐渐扩张至贝、博、魏、卫、相、磁、洺七州。田承嗣拿赋税养兵并制造武备，让老弱去种田，鼓励年轻人参军，成为拥兵十万的一方；又从中挑选特别优秀、勇武有力的一万人组成牙兵，这是魏博镇的核心力量。这支牙兵队伍一直猖獗到五代时期，被朱温反复绞杀，最后才退出历史舞台。

大历八年（773），田承嗣为安禄山父子、史思明父子修建了一座四圣堂。唐朝人多用"圣人"来称呼皇帝，田承嗣此举就是公然在河北为前面四任叛军首领建庙宇供百姓祭祀，暗示自己将为此地区第五代领袖。这一举动无疑会破坏河北地区朝廷之前所乐于见到的群龙无首的状态，因此代宗立刻下旨令田承嗣将祠堂捣毁，并授予其同中书门下平章事，封爵雁门郡王加以安抚。其后，代宗还将自己的二位女儿永乐公主、新都公主都嫁给了田承嗣的儿子田华，希望能将其彻底招安，可惜田承嗣越发猖狂，不时起兵挑事。

大历十四年（779），田承嗣去世，以诸子皆弱为由，让一直颇受宠爱的侄子田悦继承了节度使之位，开创了藩镇世袭的先河。田悦手下拥军七万，德宗新设置的黜陟使自作主张——也在一定程度上反映出中央对待藩镇的态度——让他解散四万士兵回归乡里。将士们依靠军队所发粮食和布帛来养家，如果军队被解散便很难维持生计，田悦收到中央的命令后，便利用这点煽动起众将士的不满，随后又拿出自己的财产赏给将士们，很快就俘获了人心。这也给了魏博公然拒绝中央政府命令的底气。

德宗即位后推行两税法，在财政上取得一定进展后便积极推进铲除藩镇的计划，各地都人心惶惶，淄青节度使李正己率兵万余人屯驻曹州，然后派人说服田悦一同反叛，田悦因此和梁崇义联兵。没多久成德节度使李宝臣死了，他的儿子李惟岳希望能继任节度使，并获得中央的认可，但德宗拒绝了他的请求。于是李惟岳联合魏博节度使田悦、淄青节度使李正己、山南东道节度使梁崇义共同举兵，此即建中二年（781）的四镇之乱。德宗命幽州留守朱滔、淮西节度使李希烈等前去平乱，唐军一直占据上风。没过多久李正己病死，其子李纳擅自继承父亲职务，却始终没有等到朝廷的正式任命，田悦替他求情也没有结果，便也起兵反叛，但很快就被唐军围困。另外两位——梁崇义被李希烈击败，最后自杀；李惟岳被部下王武俊杀害，随后王武俊直接率成德军向中央请降。但在德宗的急政下，原先站在中央这方的王武俊、朱滔又倒戈去找田悦了。

兴元元年（784），朱滔想南下支援哥哥朱泚，向田悦求助，田悦这时已被德宗赦免了罪行，又恢复了官爵，私心并不想出兵，但又怕明着拒绝会得罪朱滔，便先假装答应，再用魏博因战事频繁资源匮乏、人心不稳为由拒绝出兵。这时朝廷授予田悦检校尚书右仆射，封济阳郡王，派给事中孔巢父持节宣劳，田悦向孔巢父表达了自己想投靠中央的心情，但几天后田承嗣第六子田绪就发动兵变。田悦为人吝啬，在穿衣吃饭上非常节俭，田绪内心对此积怨已久，趁其酒醉将其砍死取而代之。贞元元年（785），德宗为拉拢魏博镇将嘉诚公主嫁给田绪，但是田绪很快因突发疾病死了，节度使一职由他的小儿子、十五岁的田季安继任。田季安因母亲出身低微改由嘉诚公主抚养。一开始田季安年龄比较小，害怕公主的威严，还比较守规矩，公主去世后就开始飞扬跋扈，也不过问军中之事，整天打马球、打猎，纵情声色。

元和七年（812）八月，三十二岁的田季安也突然去世，按照传统，他的儿子田怀谏被立为副大使，知军务。可是田怀谏才十一岁，不能主军，军政皆由家僮蒋士则等人决断，因数易大将，军情不安。这个局面无疑为宪宗解决藩镇问题提供了一个抓手。

宪宗即位后，最先下手的是蜀、吴两地。一方面，四川和江浙是唐朝中央政府的战略后方和财库，另一方面，这两个地方的军阀势力相对较弱。805 年，剑南西川节度使韦皋暴死，行军司马刘辟掌握权力。元和元年（806），宪宗刚刚即位，刘辟就要求统管三川，宪宗命神策行营节度使高崇文、神策兵马使李元奕率帅神策军入川，高崇文之师走斜谷路，李元奕之师走骆谷路，两师会于梓潼。经过多次激战，唐军攻破成都，擒获刘辟送至长安。宪宗下令将刘辟及其子刘超郎等九人斩于独柳树下。

四川平定后，镇海节度使（今浙江北部、江苏南部）李锜提出要入朝，因为李锜的实力并不强，所管辖的地区又是富庶之地，宪宗很快就答应了，还派宦官去京口抚慰。但李锜只是做做样子，没想到朝廷真的要召他入京，一直拖延期限，最后谋反。他命令苏州、常州、湖州、杭州、睦州的镇将夺取当地的控制权，但是在常州和湖州遭到挫败，只有对苏州的占领比较顺利。李锜又派遣军队先进攻比较富饶的宣城，让手下兵马使张子良、李奉仙、田少卿带兵三千偷袭。但是这些将领临阵倒戈，逮捕了李锜，将其押送到长安。宪宗特意来到兴安门，当面质问他谋反的原因。李锜还想推脱："我一开始并不想反，都是张子良这些人教唆我的！"宪宗怒斥："你既身为元帅，见部下有反心为什么不斩了他们，再入京朝见呢？"随后下令斩李锜于独柳树下。

四川和江南的平定并不足以改变藩镇割据的大局，真正威胁中央权威的还要是河北三镇：魏博、成德、卢龙。这三镇的地盘分布有点像战国七雄中的魏、赵、燕。此外平卢淄青节度使和淮西节度使的势力也不容小觑。平卢节度使是安禄山麾下的三大节度使之一，安禄山造反后平卢军没有跟随他起兵，甚至反戈一击，安史之乱后，朝廷将平卢节度使从东北改置于山东地区，遂改称平卢淄青节度使，势力也很大。

魏博镇是河朔三镇中势力最强者，自田承嗣至田怀谏，传递四世，已经独立了四十九年。但此时的魏博明显已难以支撑。田怀谏这个十一岁的孩子无论如何也镇不住魏博的骄兵悍卒，于是三军推选衙将田兴掌管军州事。藩镇节度使的权威需要中央的认可，如果节度使无法获得中央的正式任命，则会遭到内部骄兵悍将的质疑。由于朝廷的任命长时间没有送到，魏博军中将士依然不能安心。有一天田兴入衙署办公，众兵将围过来了，希望他担任节度留后。田兴说："欲听吾命，勿犯副大使。"[1]将士们答应了，但还把蒋士则等十几个人杀

① 《旧唐书》卷15《宪宗本纪》，第443页。

了，等到大事已定，就把田怀谏打发到长安去了。

知悉魏博的情况后，朝臣李绛建议讨伐魏博镇，毕竟魏博割据已有五十多年，如魏、博、贝、卫、澶、相六州现在归顺朝廷，将从根本上颠覆河北藩镇格局的基础。他恳请宪宗从内库拨发钱一百五十万缗赐给魏博，用以招安。宪宗担心万一以后再有这样的事，会无钱赏赐。李绛认为，不能因小失大，魏博肯投向朝廷是千载难逢的良机。钱财花掉了可以再赚，但是时机一旦失去就再也追不回来。假设动用大军攻取魏博六州，需要旷日持久的战争才行，到时候花费的可就不止一百五十万缗了。宪宗最后采纳了李绛的策略，先不封节度使、静待其变，等着魏博军主动归顺朝廷，并派遣知制诰裴度带着钱一百五十万缗前去安抚魏博，奖赏军中将士，对六州百姓免除一年的赋税徭役。将士们得到赏赐，发出了雷鸣般的欢呼声。之后朝廷下旨，任命魏博都知兵马使兼御史中丞、沂国公田兴为银青光禄大夫、检校工部尚书兼魏州大都督府长史，充魏博节度使，改名田弘正。就这样，在元和七年（812），魏博军倒向了中央。而大唐朝廷在半个多世纪之后，终于接管了魏博镇。第二年，宪宗再次赐魏博田弘正钱二十万贯，收市军粮。元和十一年（816），以内库绢四万匹赏幽州、魏州将士。

军力强盛的魏博归顺，等于在河北藩镇割据的地区撕开了一个巨大的缺口，让宪宗看到了统一的曙光。

元和九年（814）九月，淮西节度使（是唐朝为了防止安禄山叛军南下设置的方镇，宪宗时包括申州、光州、蔡州）吴少阳死，其子吴元济匿丧不报，自掌兵权。淮西节度使驻于蔡州汝阳（今河南汝南），地处中原，战略地位重要，又是南方最为强大的一个藩镇，唐朝每年花费巨额军费防备它。如今朝廷既已得到魏博的支持，对吴元济不再容忍。宰相李吉甫认为："淮西不像河北，四周没有同党和外援，错失眼下这个机会，后面就再难遇到了。"宰相武元衡及御史中丞裴度等也都主张出兵，于是宪宗下定决心讨伐。正好朝廷遣使吊祭，吴元济拒而不纳，且举兵叛乱，威胁东都，给中央政府出兵制造了借口。平卢淄青节度使李师道认为唇亡齿寒，一旦淮西被灭，自己就是下一个目标，于是千方百计阻挡。李师道养了刺客数十人，还招募了一些洛阳的恶少，袭击河阴仓——那里保存了大量的物资和粮食，共烧掉钱帛三十余万缗匹、谷二万余斛，但这并没有阻止宪宗对淮西用兵的决心。群臣多请罢兵，宪宗也坚决不同意。

就在这个时候，发生了震惊朝野的刺杀事件——主战派大臣武元衡、裴度当街被刺，一死一伤。

武元衡是中央政府主战派的领袖。其曾祖武载德是武后的堂叔，官至湖州刺史；祖武平一，善属文，终考功员外郎、修文馆学士。武元衡进士登第，累辟使府，官至监察御史，后为华原县令。当时京畿有镇军督将恃功而骄，欺负吏民，武元衡对这样的政局失望，便称病辞官。德宗很赏识他，又将他召回，授比部员外郎，一年后迁左司郎中，贞元二十年（804）迁御史中丞。一次武元衡在延英殿奏对完后，德宗目送他离开，对左右感叹道："武元衡真宰相器也。"[1]之后顺宗即位，武元衡非常讨厌王叔文等人，被罢为右庶子。但这个职位作为东宫的属官，反而让他和太子搭上了线。所以宪宗即位后，武元衡复拜御史中丞，后迁户部侍郎。元和二年（807）正月，武元衡拜门下侍郎、平章事，赐金紫，兼判户部事，被正式任命为宰相。

武元衡对藩镇持强硬态度，还充任剑南西川节度使，于元和八年（813）又被宪宗征还，重拜门下侍郎、平章事。宪宗准备对淮西用兵，就让武元衡来主持。地方节度使中，除了李师道，成德节度使王承宗也反对中央政府讨伐淮西。王承宗遣使奏事，写给武元衡的信言辞傲慢无礼，被武元衡呵斥。之后王承宗便上奏诋毁武元衡，两方结

---

① 《旧唐书》卷 158《武元衡传》，第 4159 页。

怨。所以后来武元衡被刺杀，首先被怀疑的就是王承宗。

元和九年（814）六月三日天没亮，武元衡从家所在的静安里出发，骑马上朝。刚出静安里东门，就遭遇了一群刺客的刺杀。导骑大声呵斥，被射中肩部。随后藏在树丛后的刺客突然窜出，用大棒击中了武元衡的左腿。武元衡的随从被刺客袭击，四处奔逃。刺客劫持了武元衡的马，又往东南走了十几步，然后砍下武元衡的头带走。等到众人赶到时，武元衡已经倒在血泊之中——就在他家东北角的墙外。当时天还没亮，街上多是去上朝的人，守夜的铺卒跑了十几里，一路高呼"宰相被杀了！"消息传到朝堂之上，百官皆惊恐不安。天亮后，宪宗的仪仗队一到紫宸门，官员们便上报武元衡被刺杀之事。宪宗大为震惊，立刻下令罢朝，回到延英殿召见其他宰相。

其实当天的刺杀并不是只针对武元衡。刺客们也在通化坊伏击了另一位主战派大臣裴度。裴度的随从王义从后面抱住袭击裴度的刺客，被砍断手臂；而裴度被击中头部，滚入路边的深沟，因为当天戴的毡帽比较厚而幸免于难。

主战派大臣一死一伤，而且就发生在皇帝的眼皮底下，京城为之震动，各个城门都增加了守卫，凡是操河北、北京这些地方口音的人多被审问。宰相的前导与后卫中增加了金吾骑士。公卿大臣们也非常不安，纷纷带着家僮兵仗上朝，不到天亮不敢出门。有时候皇帝已经在朝堂上等了很久，大臣们还没到齐。

武元衡死后数日，还是没有抓到刺客。刺客甚至写了信警告官府："不要急着抓我，逼急了我会先杀了你。"兵部侍郎许孟容上奏说："岂有国相横尸路隅，不能擒贼！"[1] 宪宗皇帝下令京城诸道，只要抓到刺客就赏钱万贯，给五品官；窝藏凶手则诛全家。为了表示决心，赏金就直接放在东西市展示。之后整个长安城展开了大规模的搜

---

[1] 《旧唐书》卷 45《宪宗本纪》，第 453 页。

图 28　蜀丞相诸葛武侯祠堂碑。宪宗元和四年（809），剑南西川节度使武元衡率其僚
　　　属 27 人，来武侯祠祭拜诸葛亮后刻建的。裴度撰文、柳公绰书、鲁建镌刻。

查，不管是贵族大臣还是将帅，只要家里有暗室、地窖就会被搜。

　　这时搜查的人发现成德军进奏院有几个人举止奇怪。神策将军王士则等告发王承宗派张晏等人刺杀武元衡，张晏等被捕。宪宗下令让京兆尹裴武、监察御史陈中师审问。审问异常顺利，张晏等都很爽快地承认杀死了宰相武元衡。大臣张弘靖认为此事多有蹊跷，但宪宗不听，杀了直接参与刺杀的张晏等五人，还有同党十四人，并下诏谴责成德军节度使王承宗：

　　　成德军节度使王承宗，……乃敢轻肆指斥，妄陈表章，潜遣奸人，内怀兵刃，贼杀元辅，毒伤宪臣，纵其凶残，无所顾望。推穷事迹，罪状昭明，周览谳词，良用惊叹。宜令绝其朝贡，其所部博野、乐寿两县本属范阳，宜却隶刘总。①

除了指控王承宗是杀人凶手外，宪宗还顺带挑拨幽州卢龙节度使和成德节度使的关系，将成德两县划归幽州。

　　但是根据《资治通鉴》等记载，成德节度使是被冤枉的，实际上是淄青节度使李师道策划了对武元衡和裴度的刺杀。

　　八月，淄青节度使李师道暗地里与嵩山僧圆净策划袭击东都洛阳。圆净本是安禄山的部将，勇悍过人。他们计划焚烧宫阙制造混乱，以拖住中央进军淮西的步伐。东都留守吕元膺得到消息，出兵围剿叛军，圆净被捕。根据《资治通鉴》的记载，吕元膺在审查中发现刺杀武元衡一案的幕后主使是李师道，于是将情况密报宪宗。然而既已对外公布"凶手"是王承宗，此事无法再纠正。吕元膺便上奏说李师道胆大妄为，不能放过他，宪宗深以为然。

---

① 《旧唐书》卷45《宪宗本纪》，第453—454页。

裴度受伤后休养了一段时间，宪宗派兵去他的家中守卫，不断派宦官去问候，很快就让他接替武元衡担任宰相。裴度上言："淮西，腹心之疾，不得不除。且朝廷业已讨之，两河藩镇跋扈者，将视此为高下，不可中止。"[①] 宪宗便把平淮西一事交到了裴度手上。德宗在位时经常猜忌大臣，朝中大臣跟谁来往，常有金吾卫暗中观察汇报，宰相都不敢在家中见客。裴度就上奏宪宗，认为藩镇未平，宰相需要四方延揽贤能之士，希望以后能在家中见客，宪宗也答应了他的这一请求。

　　不过谁也没有想到，与淮西节度使吴元济的这一仗旷日持久，打了将近四年。唐军对淮西作战前线久战无功、不断失利的背景，给李愬提供了建功立业的机会。

---

① 《资治通鉴》卷 239《唐纪五十五》，第 7714 页。

五、平藩之战：李愬雪夜入蔡州

李愬（773—821），中唐名将李晟的庶子。因为父亲的关系，李愬做过一些低级的小官，从太常寺协律郎逐渐升迁为卫尉少卿。李愬是庶子出身，从小就懂得察言观色，揣度人心。李晟去世之后，李愬和弟弟李宪在父亲的坟旁搭建了一间草屋住下，德宗不允许他们这样做，下令让他们回李宅。李愬在家睡了一晚，第二天又光着脚跑去了墓地，德宗知道他很有孝心，便准许他在那儿守孝三年。丧期一满，李愬就被授予右庶子，后转少府监、左庶子，又被派到外地，做坊、晋二州刺史。很快李愬又因政绩优异再次回到中央，担任太子詹事、宫苑闲廊使。

元和十一年（816），唐军仍在讨伐蔡州吴元济。唐邓节度使高霞寓败于铁城，退到新兴栅，统帅换成袁滋后也并无任何突破。消息传到长安，人情悚骇，宰相们大多建议皇帝罢兵。但宪宗认为方针已定，需要讨论的是如何解决问题，说："胜负兵家常势，不可以一将失利，便沮成计。今但议用兵方略，朝廷庶务，制置可否耳。"[①] 于是从内库拿出五十万贯钱用作军费。次年宪宗又两次从内库调拨出罗绮、犀玉、金带之类的奢侈品，折算成钱后也用于支持军队。

这时李愬挺身而出，抗表自陈，主动请缨。宰相李逢吉认为李愬

---

① 《旧唐书》卷15《宪宗本纪》，第456页。

将才可用，而且李愬算是宪宗的表姐夫——李愬是德宗的外孙女婿，于是宪宗便让他直接接管了随、唐、邓节度使的指挥权。

元和十二年（817）正月，李愬赶到唐州。因为屡战屡败，军中上下士气消沉，充斥着畏战情绪。李愬安抚众人道："皇上知道我性子软，怕事儿，能忍受耻辱，才派我来安抚大家。至于进攻撤退，都不是我的事。"大家都信了他的话，安下心来。李愬又亲自去看望那些受伤生病的士兵，一点也不摆官架子。有人质疑他不整肃军队，李愬解释说："我并非不知道要整顿全军。只是先前袁尚书的怀柔战术让敌人轻视他。眼下敌人若知道我来了，肯定会加强防备。所以我故意让他们看到我方军容不整，让他们以为我懦弱又懈怠，这样后面才好想办法对付他们。"

确如李愬所料，淮西军正沉浸在打败高霞寓和袁滋两任主帅的喜悦中，又见李愬名望与官位卑微，便并未多加防备。李愬就趁敌军不备，制定了偷袭蔡州的计划。蔡州是淮西节度使的驻地。李愬请求增兵，宪宗马上就同意了他的方案，并把昭义、河中、鄜坊两千精锐步骑直接划给他指挥。二月七日，李愬派士兵出去巡逻，抓到了吴元济手下将领丁士良。因为丁士良是一员骁将，曾给唐军造成巨大损失，将士们都非常恨他，请求剖出他的心脏。李愬本来答应了下来，但在随后的审问中，他发现丁士良没有一点恐惧的神色，就赞叹道："丁士良真乃大丈夫！"于是改变主意劝降了丁士良，让他担任捉生将。丁士良随即献策："吴秀琳拥有三千兵马，又占据着文城栅，宛如敌军的左臂。他还有一位勇敢善战的主谋陈光洽，但他不够稳重，喜欢亲自上阵，我可以先去捉拿陈光洽，吴秀琳自然就会来降。"几天后，丁士良果然生擒陈光洽。

这时的淮西因为连年战火，早已弹尽粮绝，粮仓里的储备也都优先用来供给战士。百姓就去搜寻菱角、芡实、鱼鳖、鸟兽来果腹，竟然把这些也都吃光了。吴元济也担心百姓会消耗原本就不够的粮食，就不再禁止他们归降唐军，就这样先后有五千多户淮西人前来投奔。宪宗便下令设置行县来安顿他们，还专门设置军队前来保卫。

三月，吴秀琳决定以文城栅（今河南文城乡）降于李愬。文城栅当时又被称为"铁城"，以极其难攻而得名。之前的唐邓节度使高霞寓就在此处吃了败仗，战况惨烈，高霞寓仅勉强脱身。李愬闻此消息立刻带兵来到文城西五里处，派唐州刺史李进诚带八千甲士赶到文城栅下。但出人意料的是，城中突然矢石如雨，唐军根本没法儿靠近。李进诚回来就说："他们肯定是诈降，不能相信。"李愬却认为这是因为吴秀琳想见他，便亲自带兵到城下。吴秀琳果然令手下收起兵器，主动来到李愬面前，李愬拍了拍他的背表示慰劳，就这样收降了文城栅。对于前来投降的叛军，不管是高级军官还是普通士兵，李愬都会单独接见，详细过问他们的情况，听说家中还有父母的，便给他们粮食路费让他们回去，说："你们都是大唐的子民，并不是我的敌人。"此举深得人心。

四月，唐军的另一员猛将李光颜于郾城大破三万淮西军。淮西军的主力遭到了重创，损失了二三成军士，又丧失战马千匹、器甲三万。淮西军郾城守将邓怀金与县令董昌举城来降，郾城随即成为了唐军与淮西军对阵的前线。

五月，李愬派遣手下的将领去攻取蔡州周围的各个据点，每每有前来投降的敌军，都会亲自审问，因此李愬对淮西的地形和敌方的兵力分布都一清二楚。李愬对吴秀琳好，跟他共谋夺取蔡州之事。吴秀琳说："如果您想拿下蔡州，一定要争取到李祐，否则我也无能为力。"李祐是淮西军的骑将，有勇有谋，驻守兴桥栅。几天后，李祐率领士卒在张柴村割麦子，被李愬趁机生擒。李愬当时已在秘密准备夜袭蔡州，经常屏退外人，单独和李祐、李忠义开小会，三人有时谈话能持续到半夜。由于李祐之前的身份以及霸凌下属的行为，唐军士兵都不愿接纳他，担心他会叛变，而李愬对他极其优待，这更激起了将士们的不满，一时间军中关于李祐是奸细的传言甚嚣尘上。李愬担心谣言传到朝廷上，李祐会被斩首。就抢先给李祐套上枷锁，装出要把他押送京城的样子，私下赶紧向宪宗说明李祐对攻下蔡州的作用，成功化解了信任危机。事后，李愬任命李祐为散兵马使，允许他佩刀巡警，出入帐中，有时还与之同宿，两人可密语达旦。有人躲在帐外偷听，只能听到李祐感动的啜泣声。

李愬身边有唐、随二州牙军三千人，号六院兵马，都是山南东道的精锐部队。李愬让李祐担任六院兵马使，另外又招募了三千人组成敢死队，号称"突将"，每天亲自负责操练，让他们随时做好作战准备。李愬本打算用这支队伍攻打蔡州，可惜遇上连绵大雨，到处都是积水，计划流产。唐军本有规定，凡留宿敌方奸细，须屠其全家。李愬废除了这条规定，还鼓励百姓们优待奸细，以此获取敌军的实情，这让李愬更深入全面地掌握敌方的情报。

七月，洪涝爆发，有的地区平地积水可深达两丈。此时距离讨伐淮西已过去了四年，前线仍未分出明显的胜负，百姓和士兵们都疲惫不堪，物资转运也出现了很多问题，有些百姓甚至只能用驴来耕地。宪宗忧心忡忡，询问众宰相的意见，李逢吉等人以士气低落、财物匮乏为由，积极建议停战。裴度则不发一言，宪宗问到他，他才答道："臣请求亲自去前线督战。"宪宗任命裴度为门下侍郎、彰义军节度使，仍充淮西宣慰处置使，户部侍郎崔群为中书侍郎。制书下达后，裴度认为韩弘既已为都统，自己不适合再顶着"招讨"的头衔，便请求只称"宣慰处置使"（元帅、都统、招讨使都执掌征伐之事，裴度应是担心一军二帅不好指挥，故提出此要求），又奏请让刑部侍郎马总任宣慰副使，右庶子韩愈任彰义行军司马，宪宗都依从了他的请求。太子右庶子韩愈兼御史中丞，充彰义军行军司马，几人一同奔赴行营。临行前，裴度对宪宗说："若歼灭贼人，我定会前来朝见陛下；若贼人不灭，我绝不会回来。"宪宗闻言潸然泪下。宪宗又敕神策军三百人作为卫队，亲自到通化门去慰劳。裴度走了一段时间后，还回望城门，再次下马磕头，含泪而去。

裴度到郾城后，发现了一个非常重要的问题：唐军各路将领指挥毫无章法。这是因为每一支军队里都有一名太监做监军，而太监很多不懂军事，使得将领的战略不能够连贯实施。于是裴度跟宪宗建议把太监全部召回，把指挥权全部委托给将领。从此以后那些将军们得以专注于军事，战多有功。

元和十二年（817）十月，李祐对李愬说："蔡州的精锐全都集中在洄曲及周边地区严防死守。真正留守蔡州城的都是些老弱残兵，我们可以趁此机会直击蔡州。等敌方知道的时候，吴元济肯定已经被我们擒住了。"十月八日，李愬派遣掌书记郑澥到郾城，将此计密报宰相裴度。裴度听后非常赞同，赞叹道："兵非出奇不胜，李常侍谋划得很好啊。"

几天后，裴度带领自己的部下去方城沱口视察当地的防御工事，结果叛军大将董重质率骑兵突然杀出来，剑拔弩张，眼见着就要伤到裴度，唐将李光颜立刻上前对阵。李光颜是李光进的弟弟，原名为阿跌光颜，祖上为"步落稽"，南匈奴中的一支，从小就学习骑射，后跟随郭子仪南征北战，作战经验丰富。他早预料到敌军可能会趁今天偷袭，早早就派部下田布带领两百骑兵埋伏起来，杀了敌军一个出其不意，裴度这才幸免于难。

十月十五日，李愬命马步都虞候、随州刺史史旻等留镇文城，命李祐、李忠义率领三千人的敢死队为前驱，自己与监军带领三千人为中军，田进诚率三千人殿后。大军出发后都不知道往哪走，李愬果断下命令："只需东进。"大军行进六十里，夜里到达张柴村，尽杀张柴村的戍卒和守卫烽火台的士兵。李愬只留下五百人镇守此据点，又命丁士良带五百人去破坏洄曲和桥梁，以便阻断援兵，他自己则带着剩下的八千余人继续往东走。这时他手下的将军们按捺不住了，问到底要去哪里。李愬说："入蔡州取吴元济!"诸将皆大惊失色，监军甚至哭着喊道："果然中了李祐的奸计!"当天下着鹅毛大雪，连旌旗都被冻裂，不断有冻死的士兵和马倒在路上。天色愈发阴沉，唐军从来没有走过自张柴村往东去的路，大家都觉得这次肯定要有去无回了，但是又畏惧李愬，不敢公然反抗。半夜，雪下得越来越大，走了七十里，大军终于到达蔡州城下。附近有养鹅和鸭的人家，李愬命令士兵去惊动它们以掩盖大军行动的声音。

自吴少诚担任淮西节度使后，唐朝的军队已经三十年没到过蔡州城，叛军根本就没做任何防御准备。十六日凌晨两点，李愬潜至城下，没有一人发觉。李祐和李忠义率先登城，两人在城墙上凿出许多小坑，一些强壮的士兵紧随其后。守城的敌军都在沉睡，李祐和李忠义带人把他们全杀了，只留下了打更人，命他如往常一样敲梆子，随后打开城门，唐军冲进了蔡州城。等到鸡叫，天亮雪停，李愬带着人已经赶到了吴元济的外宅。有人急报吴元济："唐军来啦!"吴元济还躺在床上，笑着说："不过是被俘的囚徒做些偷鸡摸狗的事罢了!等天亮了，我就把他们都杀了。"又有人禀报："蔡州城陷落啦!"吴元济说："这肯定是洄曲的士兵们来跟我求冬衣了。"等他终于起床走到办公地听到李愬军中号令声时，才意识到大事不妙，随即率领将士登上牙城做最后的抵抗。

唐军围住牙城之后，也没有立刻攻陷。叛军的重要将领董重质带着精兵万余人，还在前线跟唐军作战。李愬就派人到董重质家，对他的家属好言相劝，然后派董重质的儿子拿着李愬的信去劝降。董重质收到了信，单枪匹马赶到李愬面前投降。

李愬派李进诚攻牙城，先破坏了外门，打开叛军的军械库，拿走了武器。十七日，李进诚再度进攻牙城，把南门给烧毁了。蔡州的百姓纷纷背着柴火过来助攻，李愬将射击手聚在一起，集中向牙城上射箭，一时间城墙上的箭羽多如刺猬的毛，城门在下午时终于被攻破了。吴元济见大势已去，在城上请罪，向李愬投降。十八日，李愬用囚车急送吴元济到京师，并派人报告裴度。当天，申州、光州及诸镇兵二万余人相继来降。吴元济束手就擒后，李愬不杀一人，凡是吴元济手下的官吏、部将、厨厩长等，全都官复原职，然后李愬命全军驻扎在马球场，等待裴度的到来。

二十五日，裴度入城。李愬带着自己的手下跪在路边等待，非常隆重地迎接裴度。裴度刚开始不愿意接受，李愬便说："蔡州的人愚妄悖逆，这几十年来都不清楚上下之分，希望您能借此机会给他们示范一下，让他们感受到朝廷的威严。"裴度这才接受了他的行礼。另一方面，宪宗紧接着做了一些安抚动作：取消淮西镇，免除淮西州县百姓两年赋税；淮西周边地区也免除了来年夏天的赋税。

十一月一日，吴元济已经押送到了长安。宪宗登上兴安门接受淮西的战俘，把吴元济拉到两市游街示众，将其献祭宗庙社稷后，斩于独柳树。李愬因功被任命为山南东道节度使，封凉国公。

吴元济败死，其他藩镇望风瓦解。淄青节度使李师道非常恐惧，一开始想要献地归顺于朝廷，并以长子入侍为质，进献沂、密、海三州。李师道昏庸懦弱，军中大事只和自己亲近的人，如妻子魏氏、家奴胡惟堪、杨自温、婢女蒲氏和袁氏等人商议，手下的将领和幕僚都没有话语权。魏氏不想把儿子送去长安，就劝说李师道改变主意。没过多久，李师道就上表改口称麾下将士不愿意让他送人质、割土地。宪宗非常生气，于元和十三年（818）五月正式任命忠武节度使李光颜为义成节度使，主持讨伐李师道；七月又调遣宣武、魏博、义成、武宁、横海诸镇共同讨伐叛军。在大兵压境的情况下，李师道内部矛盾激化，其都知兵马使刘悟杀死李师道，向魏博节度使田弘正投降，淄青十二州遂为朝廷平定。

元和十四年（819）七月，宣武节度使韩弘入朝，并两次贡献大量绢帛、金银、马匹，要求留在京师。宪宗任命韩弘代理司徒一职，

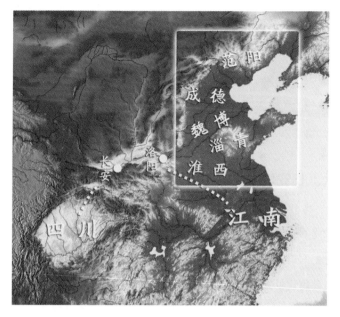

图 29　宪宗时期藩镇形势图。

兼中书令，另以吏部尚书张弘靖充宣武节度使。为了向宪宗表忠心，田弘正把他的兄弟子侄全都送到朝廷做官。幽州节度使刘总赶紧上表辞官，把幽州交给朝廷，自己出家当了和尚，后被朝廷赐号大觉法师。

在唐朝历史上，大家认为资质最高的皇帝有三个：太宗李世民、玄宗李隆基以及宪宗李纯。但很可惜的是李纯活的时间太短了，43岁就死了。他死了之后，平定藩镇的那些建树全都灰飞烟灭。

蔡州之战后，郑澥专门撰写了《凉国公平蔡录》一卷。宪宗又特命韩愈作文歌颂这次大捷，并在蔡州汝南城北门外刻石立碑。另有不少诗人为之创作，以期大唐能自此重现往日辉煌。如王建有《赠李愬仆射二首》曰："和雪翻营一夜行，神旗冻定马无声。遥看火号连营赤，知是先锋已上城。"刘禹锡《平蔡行》："汝南晨鸡喔喔鸣，城头鼓角音和平。路旁老人忆旧事，相与感激皆涕零。老人收泣前致辞，官军入城人不知。忽惊元和十二载，重见天宝承平时。"但很可惜，李愬雪夜入蔡州只是回光返照，唐朝并没能迎来下一个盛世。

六、长安城在哪里处决犯人

长安城里处决犯人主要在两个地方：一处叫独柳树，在西市东北角外十字街口；一处叫狗脊岭，在东市西北角外十字路口。两处都是地名，是唐代处决犯人，尤其是重要政治犯的主要场所。史书中关于这两处地点的记载很丰富，仅两《唐书》记载的条目就很多，比如关于独柳树：

至德二年（757），肃宗斩达奚珣等十一人于独柳树，同时让百官去参观。因为达奚珣被判投靠安禄山，让百官前往是为了达到杀鸡儆猴的目的。

贞元十五年（799），德宗斩栗锽于独柳树。

元和元年（806），宪宗斩刘闢及其子超郎等九人于独柳树下。

元和二年（807），宪宗斩李锜于独柳树。

元和十二年（817），宪宗御兴安门受淮西之俘，以吴元济徇两市，斩于独柳树。

元和十四年（818），宪宗斩前沧州刺史李宗奭于独柳树。

甘露事变（835）中，北衙宦官押宰相王涯等徇两市，腰斩于独柳树下。在徇两市过程中，百姓诟骂之，投瓦砾以击之。

会昌四年（844），武宗斩郭谊、刘稹等于独柳。

龙纪元年（889），昭宗御延喜门受俘，以逆贼秦宗权徇市，斩于独柳。

景福元年（892），昭宗御延喜门，斩杨守亮于独柳。

关于狗脊岭的条目稍少，而且唐前期的记录更少：

会昌四年（844），杀杨弁等五十四人于狗脊岭。
乾符四年（877），斩尚君长等于狗脊岭。

狗脊岭有时以"东市"名之，如韦后和安乐公主在政变失败后就被枭首于东市。这样的记载还有很多，如太宗杀张蕴古于东市，高宗杀阿史那伏念于东市。同样的，独柳树有时也以西市名之，如太宗杀张亮于西市。这两个刑场基本上从初唐一直用到中晚唐，在长安城市生活中是两个重要的符号。

唐代在长安处死囚犯有很多种形式和地点，比如大理寺狱赐自尽、京兆府门决重杖死等，其中狗脊岭和独柳树作为刑场，最具有宣示色彩。囚犯在处死之前，通常要经过两个程序：第一步是诣太庙，告慰祖先；第二步是所谓"徇市"或者"徇两市"，即到东西市游街，放任百姓辱骂攻击。也有极少的囚犯被带到独柳树刑场后又被免死流放，如在安史之乱中被视为贰臣的张均，被"引至独柳树下刑人外，免死配流合浦郡"。

长安东市和西市除有刑场外，还有经营殡葬业的"凶肆"，《李娃传》提到男主人公曾在这里以唱挽歌为生。似乎在唐代前期坊市制度严格的时候，殡葬这类特殊商业活动的地理空间也不仅限于市内，如西肆在丰邑坊，东肆也不在东市内。很显然，凶肆是一个极佳的表现场所，提供的是生人去往彼岸世界的服务，某种意义上也是沟通冥界的管道的一部分，政治人物、普通长安居民和宗教僧侣都不会放过这么好的表演舞台。东西市的刑场外还分别设有放生池。除了皇城正南开化坊的大荐福寺有放生池之外，就是这两处放生池最有影响力。唐人韦述《两京新记》卷三"西市"条下载："市西北有海池，以为放生之所。池侧有佛堂，皆沙门法成所造。"《太平御览》卷一九一有条目云："池侧有佛堂，皆沙门法成所造。市署前有市令载敏碑，蒲州司兵徐彦伯为其文也。"[1] 法成在赞宁《宋高僧传》有传，原先是武后朝的监察御史，名叫王守慎，后来请求出家，建立了此处放生池，太平公主等达官贵人都积极参与其中。王守慎在《旧唐书》中有传，当与《宋高僧传》所载为同一人。东市也有类似的放生池，池边也有配套的佛堂。据《东城老父传》，"贾昌大历元年，依资圣寺僧运平，居东市海池，立陀罗尼石幢，建僧房佛舍，植美草甘木"[2]。这里的佛堂并不是正规的寺院庙宇，而是摆有佛像的小屋，有时边上还会有僧人居住，方便管理放生的事情。

　　杀人与放生本是一对悖论，放在一起则凸显出更加强烈的佛教的救赎使命。因为人们对于死亡的恐惧，自然容易倾向寻求宗教的帮助，而宗教的援手就在旁边。杀人和放生，同时在东西两市发生，而且在数百年的时间中成为常态，自然深刻地印在长安居民的脑海中，具有相当强的暗示作用。这也不难理解为何围绕这两地的神鬼故事特别多。

　　以独柳树（西市）和狗脊岭（东市）两处刑场为中心的周边市坊，发生了相对多数的入冥、转生、见鬼和凶宅的"故事"。戴郛《广异记》记河间刘别驾在长安的遭遇：

　　　　河间刘别驾者，常云："世间无妇人，何以适意。"后至

---

① （唐）韦述、杜宝撰，辛德勇辑校：《两京新记辑校 大业杂记辑校》，西安：三秦出版社，2006 年，第 49 页。

② （清）徐松撰，（清）张穆校补，方严点校：《唐两京城坊考·校补记》，北京：中华书局，1985 年，第 200 页。

西京通化门，见车中妇人有美色，心喜爱悦。因随至其舍，在资圣寺后曲。妇人留连数宵，彼此兼畅。刘侯不觉有异，但中宵寒甚，茵衾累重，然犹肉不煖，心窃怪之。后一日将曙，忽失妇人并屋宇所在，其身卧荒园中数重乱叶下，因此遇痼病。[1]

戴郛讲述中提到的地名非常重要，刘别驾在通化门遇见美人，之后随其回到资圣寺后曲的住宅，之后发现自己其实身处一片荒园之中。资圣寺在崇仁坊东南隅，紧贴狗脊岭，刘别驾遇到的女鬼即居住在资圣寺。

除了上述刘别驾之事外，《博异志》载：

唐元和四年，宪宗伐王承宗，中尉吐突承璀获恒阳生口马奉忠等三十人，驰诣阙，宪宗令斩之于东市西坡资圣寺侧。斩毕，胜业坊王忠宪者，属羽林军，弟忠弁，行营为恒阳所杀。忠宪含弟之雠，闻恒阳生口至，乃佩刃往视之。敕斩毕，忠宪乃剖其心，兼两髀肉，归而食之。至夜，有紫衣人扣门，忠宪出见，自云马奉忠。忠宪与坐，问所须，答："何以吾剖我心，割我肉？"忠宪曰."汝非鬼耶？"对曰："是。"忠宪云："我弟为汝逆贼所杀，我乃不反兵之仇。以直报怨，汝何怪也？"奉忠曰："我恒阳寇是国贼，我以死谢国矣。汝弟为恒阳所杀，则罪在恒阳帅，我不杀汝弟，汝何妄报吾？子不闻父子之罪，尚不相及，而汝妄报众雠，则汝雠极多矣！须还吾心，还吾髀，则怨可释矣。"忠宪如失，

① （宋）李昉等编：《太平广记》卷第三百三十四，北京：中华书局，1961 年，第 2652 页。

理云："与汝万钱可乎？"答曰："还我无冤，然亦赉公岁月可矣。"言毕遂灭，忠宪乃设酒馔纸钱万贯于资圣寺前送之。经年，忠宪两髀渐瘦，又言语倒错惑乱，如失心人，更三岁而卒。则知志于报仇者，亦须详而后报之。[1]

狗脊岭或者资圣寺，就在胜业坊之西南，仅仅一墙之隔。这里可以论断，宪宗斩杀这些叛军于东市西坡资圣寺侧，即是狗脊岭之所在。而处斩之后，一墙之隔的王忠宪立刻去报私仇，结果马奉忠鬼魂又来索命，王忠宪亦卒。这里本是长孙无忌的宅邸，龙朔三年（663）立为尼寺，咸亨四年（673）改为僧寺。

---

[1] （宋）李昉等编：《太平广记》卷第一百二十二，第861—862页。

多说一点

惹争议的平淮西碑

元和十二年（817），宰相裴度抵达前线，韩愈作为裴度的行军司马，亲自参与了对淮西吴元济用兵。所以淮西平定后，宪宗让韩愈撰文立碑。这块平淮西碑高三丈，立在汝南城北门外，但立碑不久就引发了事端。从如今保留的碑文来看，韩愈只将李愬一笔带过，忽略了在李愬偷袭之前，唐军数年苦战无法突破的事实：

> 颜、胤、武合攻其北，大战十六，得栅城县二十三，降人卒四万。道古攻其东南，八战，降万三千。再入申，破其外城。文通战其东，十余遇，降万二千。愬入其西，得贼将，辄释不杀；用其策，战比有功。十一年八月，丞相度至师，都统弘责战益急，颜、胤、武合战亦用命。元济尽并其众洄曲以备。十月壬申，愬用所得贼将，自文城，因天大雪，疾驰百二十里，用夜半到蔡，破其门，取元济以献。尽得其属人卒。辛巳，丞相度入蔡，以皇帝命赦其人，淮西平，大缭赉功。

论平淮西的功劳最大者，李愬认为自然应该是自己，但碑文甚少提到李愬的功绩，甚至突出了裴度，似乎暗示胜利是大家共同努力的结果。李愬因此心中不平，其妻韦氏（德宗皇帝的外孙女）也频频为此申诉。有文献记载李愬的部下石孝忠为其鸣不平，挥锤将此碑砸毁，官兵来抓人时，石孝忠还把人打死了。事情闹到了宪宗那里，宪宗只好又命翰林学士段文昌重新撰写平淮西战争的经历。

第七章

——藩镇、宦官、党争
中晚唐的政治生态

"元和中兴"稍纵即逝，随着宪宗的离世，河北藩镇重新叛乱，中兴成果尽失。唐朝政治生态陷入藩镇、宦官、党争之中。此后的几任皇帝——穆宗、敬宗、文宗、武宗，都是宪宗与郭贵妃的后代，从820年至846年，郭贵妃作为皇太后、太皇太后，身居高位长达二十七年。武宗去世后，五子虽然均封王开府，但都不成气候，皇位又转移到宪宗少子李忱（即宣宗）之手。宣宗朝虽然在对外战争方面一度取得较大成功，但唐朝中央权威的瓦解已不可逆转。

一、宪宗晚年的权力格局及暴死

宪宗如果要册立皇后，只能是郭贵妃。

《旧唐书》记载："帝后庭多私爱，以后门族华盛，虑正位之后，不容嬖幸，以是册拜后时。"[1]宪宗对郭贵妃极为偏爱，而郭氏家族势力太大，宪宗为保持权力平衡，一直拖延着不册封皇后。甚至在即位时，不顾群臣的多次请求，用两人生年相冲（一个生于子年，一个生于午年，传统认为子午相冲）为借口加以拒绝。这位郭贵妃论辈分，其实算宪宗的长辈。宪宗出生于乱世，母亲王氏曾做过代宗（宪宗的曾祖父）的才人，后来与顺宗（代宗的孙子）生了宪宗。贞元九年（793），德宗做主，为当时还是广陵王的宪宗迎娶了郭子仪孙女郭氏为妻。郭贵妃的父亲是驸马都尉郭暧，母亲是代宗的女儿升平公主，所以郭贵妃真要论资排辈当为宪宗的表姑。顺宗也因此对郭妃格外礼遇，"以其家有大功烈，而母素贵，故礼之异诸妇"[2]。

郭妃在和宪宗结婚两年后，生下儿子李恒，即后来的穆宗。虽然宪宗生前百般压制郭氏，但在他死后，穆宗、敬宗（穆宗长子）、文宗（穆宗第二子）、武宗（穆宗第九子）都是郭氏的嫡亲儿孙。在这些皇帝在位期间，郭氏地位崇高，备受尊荣。直到宣宗上台，情况才

① 《旧唐书》卷 52《后妃（下）》，第 2196 页。

② 《新唐书》卷 77《后妃（下）》，第 3504 页。

发生变化。宣宗本来没机会当皇帝，因为他只是侍女生的庶子。生母郑宫人（785—865），丹阳人，本来是镇海节度使李锜之妾。当时李锜正举兵造反，听看相的人说这位郑氏会生下天子，就把她纳为侍人。其后李锜兵败被杀，郑氏没入掖廷，做了郭贵妃的侍女，被宪宗宠幸后生下宣宗。

宪宗还有一个女人也与李锜有关，就是杜秋娘。相传著名的《金缕衣》"劝君莫惜金缕衣，劝君惜取少年时。花开堪折直须折，莫待无花空折枝"就是杜秋娘所作。与郑氏一样，杜秋娘原先也是李锜的侍妾，后被纳入宫中，受到宪宗宠幸。元和十五年（820），穆宗即位，命杜秋娘为儿子李凑的傅姆（负责照顾贵族后代的老年妇人）。后来李凑被废去漳王之位，杜秋娘赐归故乡润州。大和八年（834），李德裕改任润州刺史，镇海军节度使，奉诏安排杜秋娘进入道观养老，并保障她生活必需的财物。杜牧经过金陵时，"感其穷且老，为之赋诗"，作《杜秋娘诗》。诗中说：

> 归来四邻改，茂苑草菲菲。
> 清血洒不尽，仰天知问谁？
> 寒衣一匹素，夜借邻人机。

宪宗最信任的人是太监吐突承璀。吐突承璀从小就跟着宪宗，聪明有才干。德宗时期，年轻的吐突承璀就作为大宦官俱文珍的副手出使南诏。宪宗即位后，委以重任，吐突承璀担任神策军左军中尉、功德使。元和四年（809），成德军节度使王承宗反叛，吐突承璀揣摩出宪宗的心意，主动请缨出战。宪宗诏命吐突承璀为河中、河南、浙西、宣歙等道赴镇州行营兵马招讨等使，同时一批宦官如宋惟澄被任命为河南、陕州、河阳等馆驿使，曹进玉、刘国珍、马江朝分别担任河北行营、粮料、馆驿等使。如此大规模的启用宦官担任军中要职，遭到了群臣的激烈反对。宪宗无奈，只好改任吐突承璀为镇州等处招抚处置使，并亲临通化门送行。吐突承璀迟迟平不了王承宗，没有任何功绩，因此等他从淮南回来后，就遭到了宰相李绛等人的弹劾，被贬为军器库使。

元和六年（811），弓箭库使刘希光（为军器库使的下属）接受了羽林大将军孙璹二万贯铜钱的贿赂，帮他升任节度使，结果事发被赐死，还牵连到了吐突承璀。宪宗问李绛："我把吐突承璀外调怎么样？"李绛答道："别人恐怕想不到您会突然这么做。"宪宗说："他不过就是一个家奴罢了。之前因为他跟在身边久了使唤惯了，所以徇私情宽恕了他。他如果违法犯纪，我抛弃他就像掸去一根羽毛一样轻易！"吐突承璀便被调到淮南担任监军。宪宗其实还是偏心吐突承璀，将他外调其实是提拔李绛任宰相的权宜之计，毕竟在此之前李绛曾多次指责吐突承璀专横。元和八年（813），宪宗又想把吐突承璀召回中央，事先免除了李绛的宰相职务，任命吐突承璀继续担任神策左军中尉。吐突承璀曾经专门装修了一个房间用来存放宪宗赐给他的东西和各种诏敕，结果时间久了地上竟然长出了两尺高的毛，吐突承璀虽然心里觉得厌恶，还是亲自打扫除掉了这些毛，并将其掩埋。

吐突承璀是福建人。当时诸道每年都要进贡阉割过后的小孩，号"私白"，福建、广东最多。后来这些宦官当权，时人就称福建为"中官区薮"。顾况曾写过一首诗《囝》描述这一现象，在诗名下题曰"哀闽也"，言辞间痛斥当地官员为了升官发财，贩卖男童去高官府中做阉奴的残忍行径。诗云：

> 囝生闽方，闽吏得之，乃绝其阳。
> 为臧为获，致金满屋。
> 为髡为钳，如视草木。

天道无知，我罹其毒。

神道无知，彼受其福。

郎罢别囝，吾悔生汝。

及汝既生，人劝不举。

不从人言，果获是苦。

囝别郎罢，心摧血下。

隔地绝天，及至黄泉，

不得在郎罢前。①

唐人冯贽所撰的《云仙散录》记载，吐突承璀特别喜欢吃蛤蜊，"炙以铁丝床，数浇鹿角浆，然后食"②，喜欢放铁丝网上烤熟后，配上石花菜做的浆一起吃。

这位深受宠信的大太监一直陪伴着宪宗走到生命的尽头，并在宪宗朝后期卷入了令人瞩目的继承人之争。宪宗的暴毙无疑给这场政治风波蒙上了一层阴影。

元和十五年（820）春正月，甲戌朔，宪宗服食丹药，身体不适，取消了元月的朝会。过了四天，义成节度使刘悟入朝，宪宗亲自召见，这是向外传达自己身体没有大碍的政治信号。刘悟从皇宫出来后，向大家说起见面情形，京城人心稍稍安定。没想到仅过了两天，宪宗就驾崩于大明宫中和殿，享年 43 岁。

官方公布的死因是服食丹药，毒性发作而亡。因为死得突然，在当时就流传出各种版本的阴谋论，比如宪宗其实是被宦官陈弘志所杀。《旧唐书·王守澄传》明言："宪宗疾大渐，内官陈弘庆等弑

---

① 《全唐诗》卷 264《顾况》，北京：中华书局，1960 年，第 2930 页。

② （后唐）冯贽编，张力伟点校：《云仙散录》"鹿角浆"条，北京：中华书局，2008 年，第 147 页。《四库全书总目提要》认为此书当为宋人所作，假托唐人之名而已。

逆。宪宗英武，威德在人，内官秘之，不敢除讨，但云药发暴崩。"①
《新唐书》更直接："守澄与内常侍陈弘志弑帝于中和殿。"②但两《唐书》又都补充说，宪宗服食丹药后性情暴躁，经常殴打身边的随从、宫女和宦官，有的人甚至被活活打死，以至于人人自危。这似乎是在暗示陈弘志等宦官为了自保才被迫杀死了暴躁的宪宗。《旧唐书》和《新唐书》在评论宪宗之死时，态度也不一样。《旧唐书》强调服食丹药过量，"惜乎服食过当，阉竖窃发，苟天假之年，庶几于理矣"③。而《新唐书》则强调他任用宦官导致身死，"及其晚节，信用非人，不终其业，而身罹不测之祸，则尤甚于德宗。呜呼！小人之能败国也，不必愚君暗主，虽聪明圣智，苟有惑焉，未有不为患者也。"④

传闻中杀死宪宗的宦官陈弘志，在事后并没有受到惩罚，还受到穆宗的重用，出任襄州监军。此后经历穆宗、敬宗、文宗三朝，又活了十五年。直到大和九年（835）九月，文宗令人将其杖杀于青泥驿，罪名是"弑逆"。

让宪宗之死的阴谋论甚嚣尘上的另一个原因是，其继承人一直并不明朗。自长子惠昭太子去世后，立谁为太子就成了朝廷瞩目的大事。宪宗不想立郭贵妃的儿子李恒，而想立生母不明的第二子——澧王李恽。此时围绕着皇位继承人的问题，朝廷业已分裂为两派：一派是以吐突承璀为代表的宪宗心腹，他们希望拥戴李恽为帝；一派以郭贵妃为首，希望郭贵妃的亲子李恒能继承皇位。宪宗最终还是因李恽生母身份低微，舆论阻力难当，选择了背景强大的李恒。

---

① 《旧唐书》卷 184《宦官》，第 4768 页。

② 《新唐书》卷 208《宦官（下）》，第 5883 页。

③ 《旧唐书》卷 15《宪宗（下）》，第 472 页。

④ 《新唐书》卷 7《本纪第七》，第 219 页。

虽然被迫立李恒为太子，宪宗还是坚决拒绝了郭派立郭贵妃为皇后的进一步要求。宪宗非常不情愿地册拜了新太子，诏翰林学士崔群代替澧王李恽作让表一章。群奏曰："凡事己合当之而不为，则有退让焉。"[①]

此时宦官内部也并不是铁板一块。吐突承璀和梁守谦都是当时的大太监，但两个人各为其主：左神策军中尉吐突承璀支持李恽；右神策军中尉梁守谦和大宦官王守澄支持李恒。宪宗健康的时候，吐突承璀有皇帝撑腰，处处占据上风，打压梁守谦等人。宪宗的暴毙导致吐突承璀一派瞬间崩盘。

宪宗去世当晚，郭贵妃一派就立刻行动起来。右神策军中尉梁守谦联合宦官马进潭、王守澄等，立刻杀死了左神策军中尉吐突承璀及澧王李恽，并赐左、右神策军士每人五十贯钱，六军（即左右羽林、左右龙武、左右神武）、威远营军士每人三十贯钱，左、右金吾军士每人十五贯钱。

穆宗的儿子敬宗即位时，此事已过去多年。宦官马存亮突然站出来为吐突承璀辩护，要求敬宗为他昭雪。敬宗即下诏，为吐突承璀平反，并令其养子吐突士晔为其收葬。宣宗继位后，提拔吐突士晔为右军中尉。在宣宗看来，吐突承璀才是自己父亲宪宗的忠臣，郭贵妃一党都是乱臣贼子了。

《东观奏记》上卷记载：

> 宪宗皇帝晏驾之夕，上虽幼，颇记其事，追恨光陵（穆宗）商臣之酷。即位后，诛除恶党无漏网者。时郭太后无恙，以上英察孝果，且怀惭惧。时居兴庆宫，一日，与二侍儿同升勤政楼，依衡而望，便欲殒于楼下，欲成上过。左右

---

① 《旧唐书》卷175《宪宗二十子》，第4534页。

急持之，即闻于上，上大怒。其夕，太后暴崩，上志也。^①

所谓"商臣之酷"指的是楚穆王商臣杀父的典故，似乎在暗示穆宗也有参与对宪宗的谋杀。郭太后死后，大臣请让郭太后与宪宗皇帝合葬景陵，宣宗不但拒绝，还派宰相白敏中去谴责那些官员。宣宗这么操作，就是模糊地否认郭贵妃的儿子和孙子穆宗、敬宗、文宗、武宗的合法性，而强化自己才是宪宗的继承人。

---

① （唐）裴庭裕撰，田廷柱点校：《东观奏记》上卷"郭太后暴卒"条，北京：中华书局，1994 年，第 85—86 页。

二、穆宗销兵与河北复叛——唐朝开启藩镇常态化模式

穆宗是个典型的昏君。他钟爱打猎、打马球和各种盛宴。元和十五年（820）二月，服丧期刚满，穆宗亲临丹凤门，大赦天下，随后在城楼上大摆宴席，邀请各种乐师、舞姬、杂耍前来表演。几天后，穆宗又前去神策左军观看士兵们手搏（两个人对打，招式自由，获胜需以手击倒对方），随后又迫不及待地带着亲信随从狩猎取乐去了。六月，皇太后郭氏移居南内兴庆宫，穆宗又率领六宫侍从在兴庆宫大摆宴筵。酒宴结束后，他又跑去神策右军，对亲信中尉和将领大加颁赐。此后每月的初一和十五，穆宗都会带领百官到兴庆宫向郭太后敬酒，祝愿她能够长寿，场面极为铺张奢靡；每三日还要去神策左右军一次，并登上宸晖门、九仙门的城楼观赏角抵、杂戏等表演。七月八日是穆宗的生日，他还特地制订了一套隆重的庆祝仪式——想要接受百官、命妇的朝贺，最终因遭到群臣反对而作罢。

穆宗在宫里大兴土木，修建了永安殿、宝庆殿等，还征发两千神策军去疏通宪宗时期就已淤堵的鱼藻池。宫殿修缮完成，穆宗就会和公主嫔妃们举办宴会庆祝。有一次在宫苑内修假山时还发生了事故，倒塌的石块一次压死了七位工人。这并没能让穆宗有所收敛。他又花重金整修装饰京城内寺院，包括安国、慈恩、千福、开业、章敬等，还允许吐蕃人随意参观。重阳节时，穆宗大宴群臣，还把他的舅舅们

（即郭钊兄弟俩）、朝廷贵戚、公主驸马等都召集到宣和殿饮酒作乐。年底正值吐蕃入侵，穆宗不顾大臣们的劝阻执意前往华清宫，一直到天色很晚才回宫。大臣们一直劝他，不该把资源赏赐给那些倡优戏子，但在穆宗看来，举办宴会正说明国家富强、天下太平，是值得高兴的事。

或许正是认为自己所处的时代已是太平盛世，穆宗竟然提出了销兵之策："天下军镇，每年限百人内破八人逃死。"此举便是要求天下的藩镇每年在百人之中削减八个人的名额，无疑触动了藩镇兵的根本利益，很快河朔三镇复叛。宪宗费尽朝廷资源和力气，平定诸藩镇，似乎让人看到了大唐中兴的希望，而穆宗仅用几年，就将元和中兴的成果毁于一旦。

河朔三镇——卢龙、成德、魏博的割据时间为诸藩镇中最长者，其原因归根结底并不在节度使而在牙兵，甚至有一种观点认为，唐代无叛将而有乱兵。元和十五年（820）年底，成德节度使王承宗病死，由于他的两个儿子都被送去长安做了人质，众将士就推举王承宗的弟弟王承元继承节度使一职。但王承元的任职请求并没有被批准，很快穆宗就下旨任原魏博节度使田弘正为新任成德节度使，王承元则被调往滑州任义成节度使，李愬为魏博节度使。

本来卢龙节度使刘总因为杀父弑兄而心有不安，决心出家为僧并归顺朝廷。刘总心知自己的部下桀骜，不好管理，曾建议穆宗将下辖区域一分为三：幽州、涿州、营州为一道，张弘靖曾做过河东节度使，据说深受下属爱戴，且河东邻近幽州，因此由张弘靖接管这三个主要地区最能安抚旧部；平州、蓟州、妫州、檀州为一道，由平卢节度使薛平接管，薛平是代宗时相卫节度使薛嵩的儿子，对河朔地区极为熟悉；瀛州、莫州为一道，由代理京兆尹卢士玫负责，卢士玫与刘总有亲戚关系，算自己人。刘总还将手下不服管的代表性人物朱克融等送到京师，希望中央政府能给他们一些高官厚禄，增加他们对朝廷的向心力。

可惜这么周密的安排并没有被采纳。此时的穆宗整日声色犬马，政务多由崔植、杜元颖等人处理，可这几位宰相并不熟悉河朔地区的运作模式，昧于形势，颟顸无礼，只知道重视张弘靖，任其为新的卢龙节度使，仅把瀛州、莫州从原管辖区中分出交由卢士玫管理，也不管朱克融等幽州将士。这些牙兵迟迟得不到任命，穷困潦倒，甚至连吃饭穿衣都成问题。后来朝廷又勒令他们返回幽州，接受张弘靖的指挥——放这群满肚怨怼的骄兵悍将回去由新上任的节度使领导，无疑是放虎归山，这也为后来的叛乱埋下了祸根。长安和幽州的心理距离越来越远，终于无法弥合。

原先的河朔地区的节度使往往会亲冒寒暑，与将士们同甘共苦。张弘靖担任卢龙节度使后却雍容娇贵，出入都乘坐轿子，燕地之人看到了颇为讶异。张弘靖每十天才去一次办公室跟大家见一面，还经常把事情委托给幕僚。他的幕僚韦雍等举止轻薄，生活奢侈，喜欢喝酒。按照幽州地方的习惯，大家晚上很早就回家睡觉了，但这帮人出入官府都要大声通报，有时很晚才回家，还举着火把，整条街都被照得通明。最初朝廷答应赏赐一百万贯钱给幽州的将士，张弘靖私自扣留了二十万充作军府杂用。韦雍等人还擅自裁减下发的军饷，不仅动辄以反贼呵叱小吏小卒，甚至跟那些将士们说："如今天下太平，就算你们能拉开两石弓，还不如识得一个字！"与幽州地区的军士关系跌至冰点。

长庆元年（821）秋七月甲辰，韦雍在街上被一个骑马的小将冲撞了前导（仪仗队前的领路人），要当街杖责之。河朔将士并不习惯受杖刑，拒绝服从。韦雍告到张弘靖那里，事情最终以军虞候将人逮捕治罪落幕。但此时幽州军士心中的怒火只需一个火星即可点燃。当天晚上，军营里的士兵们喧喧嚷嚷，发动叛乱，几个军官都制止不住，很快就有士兵闯进了张弘靖的官舍，将其囚禁于蓟门馆，杀了幕僚韦雍、张宗元、崔仲卿、郑垍，都虞候刘操以及押牙张抱元。第二天一早，幽州将士向张弘靖道歉，希望能取得谅解，但张弘靖并未理睬，最后幽州将士拥护朱克融作为新的卢龙节度使。

在卢龙发生军乱之后，成德、魏博两镇的骄兵悍将也相继发难，杀死了自己的节度使，再次背叛朝廷实行割据。之前中央派遣忠于朝廷的魏博节度使田弘正接任成德节度使，但田弘正和成德的镇兵本就有夙怨。田弘正从魏博带去了两千亲兵，勉强控制局面，随后向朝廷奏请军饷以供给这些士兵驻守成德。户部侍郎崔倰刚愎自用，担心此举会养虎为患，因而田弘正前后四次上表请求，崔倰都未加以理会，最后田弘正只好让他们返回魏博。田弘正的子侄在长安生活奢靡，据说每天要消费二十万贯钱，本就引人不满，结果现在军费也没发下来，将士们心中更加怨恨。成德都知兵马使王庭凑素来会利用小事煽动士兵们的情绪，等到那两千魏博士兵返回后，他就发动叛乱，杀死了田弘正及其亲信。这样的举动立刻引发了连锁反应，卢士玫在瀛州被作乱的士兵们抓住押送去了幽州；新任魏博节度使田布忠于朝廷，而他手下的骄兵悍将拒绝听其指挥，左右为难的田布最终选择了自杀，其继任者史宪诚阳奉阴违，私下与幽州、镇州勾结在一起。就这样，宪宗的苦心经营全部付诸东流。

此后朝廷对河朔藩镇的军事行动以失败而告终，被迫接受现实，再也没有出兵征讨三镇。中央政府内部也逐渐形成一种反对对河朔用兵的政治观点。甚至有学者认为牛李党争中的牛党，偏向于纵容河朔的割据。宰相牛僧孺在831年提出的论点典型地表达了这种看法："范阳（幽州）自安、史以来，非国所有，刘总虽献其地，朝廷费钱八十万缗而无丝毫所获。今日志诚得之，犹前日载义得之也；因而抚之，使捍北狄，不必计其逆顺。"[1]

---

① 《资治通鉴》卷244《唐纪六十》，第7874页。

河朔三镇此后处于一种矛盾的状态——虽然实际上处于割据的地位，但并没有断绝与长安的正式联系，并且孜孜以求皇上的合法任命。正如李德裕所说："河朔兵力虽强，不能自立，须借朝廷官爵威命以安军情。"[①] 日本僧人圆仁曾于开成五年（840）经过河北，他既认为河北仍是唐朝的一部分，又明明白白地看到：对佛教的迫害全国盛行，却在河北行不通——河北诸节度使政治独立，反对中央的灭佛政策[②]。

穆宗之后，唐朝中央政府的力量无可避免地走向衰弱，武宗、宣宗虽然试图奋发，但已无可奈何。宣宗以后，唐朝局势一塌糊涂，各地根本不听中央号令，中央也没有能力讨伐制裁，一路走向灭亡。

唐朝在安史之乱后严重军事化，军人成为国家政治社会经济生活中的重要力量——武将们手握大权，支配地方行政，占据大部分战略要地。《元和国计簿》记载，元和二年（807），唐朝军队共有83万人，十几年后就增加到了99万[③]。考虑到唐朝的总人口也就几千万，这个数字无疑是惊人的。通过取得的战功或在准军事政府中效劳，许多人借军人身份作为跳板在官僚体制中升至高位，或者取得了以前没有机会取得的财富和社会威望。全国形成一个个自我认同的镇兵集团，盘根错节，腐蚀着大唐的身躯。藩镇割据带来的另一个后果是军人成为社会上为人不齿的职业。这些"士兵"既不抵御外敌，又不保护百姓，毫无忠义可言，因此在宋代，"好男不当兵"竟成为一种价值观。

---

① 《资治通鉴》卷248《唐纪六十四》，第8010页。

② ［英］崔瑞德主编，中国社会科学院历史研究所译：《剑桥中国隋唐史：589—906年》，第502页。

③ ［英］崔瑞德主编，中国社会科学院历史研究所译：《剑桥中国隋唐史：589—906年》，第493页。

三、骄横跋扈的牙兵——藩镇的权力结构

虽然唐朝后期藩镇割据成为常态，但没有一个藩镇想着取代唐朝建立新王朝。这跟当时的权力结构有关系。清朝史学家赵翼在《廿二史札记》中论道："秦、汉、六朝以来，有叛将无叛兵。至唐中叶以后，则方镇兵变，比比而是。"[1] 根据张国刚统计，在763—874年间涉及藩镇的171起动乱中，真正与唐中央冲突的只有22起，占13%，内部兵变（99起）和将校作乱（37起）合占80%[2]。《新唐书·兵志》说：

> 大盗既灭，而武夫战卒以功起行阵，列为侯王者，皆除节度使。由是方镇相望于内地，大者连州十余，小者犹兼三四。故兵骄则逐帅，帅强则叛上。或父死子握其兵而不肯代，或取舍由于士卒，往往自择将吏，号为"留后"，以邀命于朝。天子顾力不能制，则忍耻含垢，因而抚之，谓之姑息之政。盖姑息起于兵骄，兵骄由于方镇，姑息愈甚，而兵将愈俱骄。[3]

---

① （清）赵翼撰，王树民点校：《廿二史札记》卷二十"方镇骄兵"条，北京：中华书局，1984年，第431页。

② 张国刚：《唐代藩镇研究》，长沙：湖南教育出版社，1982年，第106页。

③ 《新唐书》卷50《兵志》，第1329—1330页。

牙兵最早乃为魏博节度使田承嗣所设，田承嗣在魏博拥兵十万，"至德中，田承嗣盗据相、魏、澶、博、卫、贝等六州，召募军中子弟，置之部下，号曰'牙军'，皆丰给厚赐，不胜骄宠。年代浸远，父子相袭，亲党胶固"[1]。这就是历史上有名的魏府牙军，时云"长安天子，魏府牙军"。安史之乱后，各方镇节度使大多都建立起了自己的"牙兵"。牙兵作为节度使的亲卫军，是藩镇割据的核心军事力量，驻守于节度使所在的治州。同时牙兵骄纵难制，盘根错节，形成有强烈自我认同的地方专业军事阶级，甚至连节度使都受到他们的操纵和威胁。直到两百多年后宋太祖赵匡胤的出现，才为藩镇割据画上了句号。

为了巩固牙兵对自己的忠诚，节度使往往会给予他们超高的待遇。以魏博牙兵为例。大多数魏博牙兵都是本地人，他们依靠血缘和姻亲形成了以丰厚军饷赏赐为主要诉求的地方职业军人利益集团。田氏家族统治魏博时期（763—822），节度使家族威信较高，权力掌握

图30　魏博节度使何进滔德政碑。柳公权撰并书丹，梁王司马元度篆额。该碑形体庞大，由基石、龟趺、碑身、碑额四个部分累叠而成，通高 11.95 米，重 140 余吨。宋代宋徽宗修编《五礼新仪》，诏谕大名府尹梁子美为《五礼新仪》立碑刻记，梁子美毁何进滔德政碑，以其石改刻《五礼新仪》。

① 《旧唐书》卷 181《罗威列传》，第 4692 页。

图31 何弘敬墓志。该墓志铭为我国现今出土墓志铭中最大的唐代墓志铭。墓志有盖，呈顶式。顶面正中篆刻 25 字"唐故魏博节度使检校太尉兼中书令赠太师庐江何公墓志铭"。何弘敬是何进滔之子，继承魏博节度使的职务。

在藩帅家族手里。后期节度使地位下降，往往由骄悍的牙兵决定废立，不断有野心勃勃的牙兵将校谋夺节度使位置。任何节度使如果威胁到牙兵利益，比如削减军饷赏赐、长期在魏博境外打仗、得不到朝廷的任命、试图削弱牙兵等，都可能被牙兵杀死或者驱逐，换一个维护牙军利益的将校继续担任节度使。唐朝中央政府往往在事后才确认牙军拥戴者为新的节度使。太和三年（829），中央政府调任魏博节度使史宪诚为河中节度使，史宪诚欲将府库中的钱粮全部带走，激怒了牙兵。牙内都知兵马使何进滔趁机杀掉史宪诚，并一举击败朝廷派来的新任节度使，成为新任藩帅。何进滔之孙、继任魏博节度使的何全皞暴虐成性，后因传言他要削减军队粮食和衣物补贴，士兵哗变，怒而杀之。从史宪诚开始，十任魏博节度使中就有四任死于兵变。

魏博只是缩影，在当时的大唐范围内，很多的藩镇都有同样的权力结构。武宁节度使驻徐州，连续发生牙兵驱逐节度使的事件。从

832 到 862 年的三十年间，就发生了三起牙兵武力驱逐节度使的事件。王智兴担任武宁军节度使时，招募凶恶强悍的士兵两千人，轮番宿值牙城，厚给待遇，号称银刀军。后来新任的节度使田牟镇守徐州，为了讨好这些银刀军，每每与骄卒杂坐笑闹饮酒，"日费万计。每有宾宴，必先厌食饫酒，祁寒暑雨，厄酒盈前，然犹喧噪邀求，动谋逐帅"①。咸通元年（860），温璋为武宁节度使，新到治地就对牙兵们开诚布公抚慰以示信任，但骄卒们仍心存猜疑，对赏赐的酒食也都弃而不食。不到一个月时间，温璋就被驱逐出境。此时正好王式率领义成军和忠武军攻破浙东仇甫归来，朝廷就让王式来镇守徐州，徐州的士兵都非常恐惧。王式初到徐州，擐甲执兵，一日之间诛杀了徐州牙兵三千余人。皮日休当时正在徐州，他在《白门表》中说道："银刀族无老幼，强者斩之，弱者幽之。"②银刀军中幸免于难者在山林中重新集结，放火焚烧里舍，掠夺财货，诛杀官吏，徐州守将没人敢出战。

唐朝的政治军事制度逐渐成为一种自上而下的嵌套对立结构：为对付外部的游牧部落侵袭，唐朝建立起北方藩镇；安史之乱以后，为防备河北三镇，又以中原藩镇制约抗衡；在各藩镇内部，为对抗朝廷维持割据，藩帅建立牙兵部队；牙兵废立驱逐藩帅，迫使后者不得不组建私人兵力来克制牙兵。中央朝廷、藩镇节度使与藩镇的牙兵之间达成了一种恐怖的平衡：这些节度使虽然从未给中央交过税，但也不能表现得要跟中央为敌，如果他们从政治上宣布独立，那么就会被藩镇的牙兵干掉；他们也不能特别偏向中央，这样做也会被藩镇的牙兵干掉；朝廷的任命对节度使来说至关重要，没有正式的任命，他们就没有权威来统率牙兵，很有可能被牙兵干掉。这是一种危如累卵的权力结构，稍有不慎便是土崩瓦解。

---

① 《旧唐书》卷 19《懿宗本纪》，第 653 页。

② 《全唐文》卷 796《皮日休一》，第 8347 页。

四、作为皇权延伸的宦官

宦官在唐朝政治生活中的角色并不是从一开始就是飞扬跋扈的。在贵族政治体制下，宦官出身低微，皇权又受到贵族权的制约，宦官擅权缺乏必要的制度基础。玄宗以前的宦官只不过是皇室的家奴，并不能在政治上起到较大的作用。但是随着玄宗加强皇帝权力，裁抑太子、亲王的政治影响力，贵族君主制逐渐向专制君主制演变，在社会性质上表现为贵族社会向平民化社会的演进，在政治权力结构上表现为从家族统治到个人统治的转化。亲王势力衰落，在没有皇族成员作为屏藩的情况下，宦官作为皇帝个人权力的延伸开始兴起，这导致了唐朝中后期的宦官专权。

玄宗时就已经从制度上打破内侍省不置三品官的旧制。例如，宦官杨思勖被拔擢为从一品的骠骑大将军；高力士、袁思艺任内侍监时，皆为正三品。但玄宗朝的宦官仅仅是皇帝直接干预政治、军事、经济的补充手段，皇帝主要还是依仗大臣系统维持中央政府的正常运作。玄宗朝最重要的转变是，宦官从皇室的奴仆变成了皇室子弟的监管者，这是唐朝中后期宦官能够操纵政局的重要原因；同时皇权开始与宦官形成了紧密的共生关系——宦官离开皇权就彻底失去了权力的根源。所以唐朝后期，在中央政府运作失效、地方藩镇飞扬跋扈的情况下，宦官实际上起到了巩固皇权的作用。唐朝的彻底灭亡，也从宦官被诛杀开始。

安史之乱几乎摧毁了唐朝中央政府，很多的政治惯例开始动摇。皇帝对大将、朝臣的不信任让他们更加热衷于使用宦官。肃宗在灵武即位，宦官李辅国扈从有功，被拔擢为判元帅府行军司马，"宣传诏命，四方文奏，宝印符契，晨夕军号，一以委之"[①]，回到长安后，肃宗又让其专掌禁军，一切制敕都需经他押署，赋予了其巨大的军政权力。

代宗即位，以李辅国有定策之功，尊为"尚父"，加司空、中书令。但是代宗上台后需要自己信任的宦官掌握权力，李辅国作为肃宗旧人就成了障碍。代宗利用宦官内部矛盾杀掉了李辅国，任用另一个宦官程元振典掌禁军。广德元年（763）年底，吐蕃入犯京畿，宦官鱼朝恩带领禁军救驾，深受宠异，改为天下观军容宣慰处置使，专典神策军。大历五年（770），代宗又杀了鱼朝恩，不再让宦官典兵。

德宗即位后任命李光弼属吏白志贞为神策军使，但在泾原之变中，德宗急召禁军，白志贞却无兵保驾，唯有两名早年在东宫时就跟随德宗左右的宦官窦文场、霍仙鸣站了出来，两人带领大小宦官百余人从行。贞元二年（786）九月，德宗便改神策左右厢为左右神策军，交由窦文场、霍仙鸣掌管。贞元十二年（796）六月，德宗特立护军中尉两员、中护军两员，以率领禁军，宦官窦文场、霍仙鸣为左右神策护军中尉。京畿以西多用神策军出镇。神策军待遇优厚，北边诸镇也多请遥隶神策军，神策军很快就增加到十五万人。宦官专掌禁军，自德宗一朝成为常制，终唐之世不变。在各道和出征军中，又使宦官监军，监军的权力甚至超过节度使。可以说，唐朝的宦官专权不但集中于中央，而且普遍见于地方。

除了统领禁军，宦官也逐渐掌握枢密大权。永泰年间至大历十二年（777），始终以宦官董秀宣传诏旨于中书门下。董秀被诛后，乔献

[①] 《资治通鉴》卷 221《唐纪三十七》，第 7073 页。

德接任。宪宗时，将这一职位正式定名为枢密使。自此两枢密使掌出纳帝命，逐渐与宰相共执朝政。两枢密与两中尉合称四贵，宦官既参朝政，又典禁军，对原先的政治结构造成巨大的冲击。此后，穆宗、文宗、武宗、宣宗、懿宗、僖宗、昭宗都由宦官拥立。

穆宗仅在位四年就去世了，敬宗李湛（809—827）是其长子，即位时才十五岁。敬宗喜欢打马球、摔跤，还喜欢深夜出去捕狐狸，史书说他"游戏无度，狎昵群小"①。禁军和各军镇争相献上力士陪玩，但敬宗并不满足，又花费上万贯钱招募力士，让他们昼夜不离陪在身边。敬宗急躁刻薄，力士有小过就会被杖责，宦官许遂振、李少端、鱼弘志等还因为与他"打夜狐"配合不好而被削职。敬宗天天四处游乐，每月处理朝政的次数一只手都数得过来，大臣们都很难见到他，朝政便全都落入王守澄的手中。

王守澄在穆宗还是太子时就侍奉左右，他的身影也出现在宪宗暴毙事件中，据两《唐书》的记载，他应该也参与了陈志庆的毒杀计划。王守澄在元和年间曾任徐州监军，通过节度使李愬认识了精通医术的郑注，郑注还曾炼金丹让李愬和王守澄服下，称能治疗一些疾病，还能返老还童。待穆宗登基后，王守澄很快被封为枢密使，他还将郑注引荐给穆宗，很得穆宗优待。当时的宰相李逢吉花重金贿赂王守澄，两人便结为盟友势倾朝野。

著名唐诗《悯农》的作者李绅，因与李逢吉水火不容，此时被卷入党争中。李逢吉担心新上位的小皇帝会信任李绅，便让王守澄欺骗敬宗，声称敬宗能够顺利被立为太子都是李逢吉的功劳，李绅等人本想立深王李悰为帝。敬宗年纪尚小，几位大臣连番上奏后，就信了这番说辞，将李绅贬为端州司马。

宝历元年（825）八月，昭义节度使刘悟突患重病去世，他在遗

---

① 《资治通鉴》卷 243《唐纪五十九》，第 7851 页。

书中恳请朝廷任命他的儿子刘从谏继任节度使。昭义军辖区大约在今山西东南部与河北西南部之间，是对抗河北三镇的重要防线。消息传到长安，朝中分为两派：多数大臣认为昭义与其他长期割据的藩镇不同，是朝廷内镇，绝对不能同意刘从谏继任节度使；李逢吉、王守澄等一直对藩镇采取姑息政策，此前二人都收取了刘悟的贿赂，因此都对刘悟的请求表示默许。年底，敬宗便正式下诏任命刘从谏继任昭义节度使。

此时的唐朝中央秩序已经涣散，人浮于事，总有一种山雨欲来风满楼的压抑感，大家都静静地等待着事情的发生。

当初敬宗即位没多久，就发生了一件匪夷所思的事情——宫中的工人竟然发动了叛乱。起因是一个叫苏玄明的算命师。他有个叫张韶的朋友在皇宫的染坊工作，有一天苏玄明跟张韶说："我为你算了一卦，你将来有机会进入大殿，与我坐在一起吃饭。现在皇上天天打球、打猎，不经常在宫中，正是图谋大事的好时机！"于是他们勾结了染坊的工人，计划把兵器藏在染料紫草里运往银台门，等天黑时再行事。结果在路上有人怀疑他们的车辆超载而前来盘问。张韶一冲动就杀了盘问者，随后顺势和同党们拿出兵器冲进宫中。

敬宗当时正在清思殿打球。他很喜欢右神策中尉梁守谦，每每左、右神策军举行摔跤、打马球等比赛，敬宗总是站在右神策军那一方。在生死关头，敬宗还是想投奔右神策军，但身边的人说："去右军的路远，路上可能会碰到作乱者，不如去更近一些的左军。"左神策中尉马存亮听闻皇帝赶来，背着皇帝入军营，派手下大将康艺全带着骑兵去宫里讨贼。

张韶跟苏玄明杀到了清思殿。张韶就坐到敬宗的位置上，跟苏玄明一起吃皇帝留下的东西。张韶说："就像你说的一样！"苏玄明一听非常震惊，表示"你不会以为事情就到此为止了吧！"张韶心生畏惧正想逃走，康艺全与右军兵马使尚国忠带兵赶到，杀死了张韶、苏玄明及其党羽。当时宫门紧闭，皇帝躲在左神策军内，百官们都不知道皇帝是死是活，长安城一片惊恐。又过了两天，敬宗才回到宫内。按照惯例，宰相们要带着百官到延英门庆贺，但来者不过数十人。叛军所经过的宫门的监门宦官依法都应被处死，但敬宗只是杖责了这些宦官，甚至未撤销他们的职位。

宝历二年（826）冬天的一个晚上，敬宗与宦官刘克明、田务澄、许文端及击球军将苏佐明、王嘉宪、石从宽、阎惟直等二十八人一起喝酒。敬宗醉了之后入室更衣，结果蜡烛突然灭了，苏佐明等人就在室内杀死了皇帝。随后刘克明等假传圣旨，让绛王李悟掌管军国大事。刘克明还想换掉内侍省掌权的宦官，王守澄一得到消息，就和另一位枢密使杨承和以及两位神策中尉魏从简、梁守谦计划另立继承人，他们派禁军去十六王宅迎江王李涵（即文宗）入宫，同时发动左右神策军、飞龙兵打着讨伐谋害敬宗贼党的名义，将刘克明等人全部斩尽，绛王也死于乱刀之下。

很快，宦官的飞扬跋扈和对朝臣权力的挤压引发了反弹，反对宦官的斗争成为唐朝中后期政治的重要内容。文宗时发生的甘露之变正是这种斗争发展到极端的反映。

五、牛李党争和朝廷分裂

长庆二年（822）年底，穆宗在打马球时因为一位宦官突然坠马而受到了惊吓，随后便中风卧病在床，朝政由他的亲信太监王守澄与宰相李逢吉主持。穆宗平时还会服用各种丹药，健康每况愈下，一年多后就死在长安宫清思殿，年仅三十岁。此时宦官专权、藩镇割据已成为常态，而中央政府内部也出现了持续不断的分裂。

牛李党争，通常是指唐代统治后期的九世纪前半期以牛僧孺、李宗闵等为领袖的牛党与李德裕等为领袖的李党之间的争斗。一般认为党争的起源是穆宗长庆元年（821）的科考案。当时礼部侍郎钱徽主持进士科考试，右补阙杨汝士为考官。考前，前宰相段文昌、翰林学士李绅都给钱徽写信，希望他能"照顾"一下与自己关系好的考生。放榜后，段文昌和李绅傻了眼，他们推荐的人都落选了，而登第的分别是中书舍人李宗闵之婿苏巢、杨汝士之弟殷士及宰相裴度之子裴撰。段文昌立刻向穆宗举报礼部贡举不公："这次录取的考生都是没什么才能的公卿子弟，录取都是通过'关节'。"穆宗询问翰林学士李德裕、元稹、李绅，他们也都说段文昌所揭发的是实情。于是穆宗重新举行考试，结果原榜人中仅三人勉强及第，钱徽、李宗闵、杨汝士都因此被贬官。事后有人劝钱徽揭发段文昌、李绅也曾有写信托人情的举动，说不定皇帝会酌情从轻发落。钱徽是个正直的人，认为举报别人的私人信件非君子所为，还烧掉了段文昌和李绅的信，但李、杨等人就没这么大度了。从此"德裕、宗闵各分朋党，更相倾轧，垂四十年"①，整个朝廷变成了朋党斗争的竞技场。

牛党在穆宗时得势。元稹为了做到宰相去巴结枢密使魏弘简，并因此获得了穆宗的宠信，各种政事都会向元稹咨询。元稹虽然和裴度没有旧怨，但非常忌惮裴度的威望，担心他在讨伐魏博、成德时立战功再被重用，会成为自己升官路上的阻碍。所以元稹经常和魏弘简破坏裴度奏报的军事计划，甚至影响了对藩镇的用兵。久而久之，裴度也忍不了了，多次上表抨击元稹和宦官狼狈为奸，挠败国政。穆宗顾及裴度的声名，不得已贬了魏、元两人的官，但仍对元稹宠信有加。此后两人结怨愈深，元稹劝说穆宗赦免王庭凑，停止对魏博、成德的进攻，借机削弱裴度的军事职权。没多久就爆发了元稹买凶刺杀裴度一事。当初王庭凑围攻深州时，和王李绮的师傅于方为了升官，主动向元稹献策。结果这事被一个叫李赏的人知道了，他找到裴度称元稹想要让于方做刺客暗杀他。裴度知道后并没有声张，李赏耐不住性子，跑去左神策军举报。没想到最后让兵部尚书李逢吉钻了空子，裴元二人被免职，由李逢吉继任宰相。《新唐书》称，李赏是李逢吉的人，突然跑去神策军上告也是受了李逢吉的指使。李逢吉想要提拔牛僧孺，获得了穆宗和权宦王守澄的支持。此后

图 32 韩休墓西壁树下高士图。陕西历史博物馆藏。

---

① 《资治通鉴》卷 241《唐纪五十七》，第 7791 页。

牛党大权在握，李党的重要人物李德裕在长庆三年（823）被调离中央，出任浙西节度使，此后滞留京师以外约七年之久。

牛僧孺（780—848），据说是隋朝大臣牛弘的后代。他凭科举入仕，在穆宗朝做到了御史中丞。他在御史台干得非常认真，逐条梳理积压的案件，审查、弹劾交替进行，为很多人鸣冤，朝廷内外都对他肃然起敬。从文献来看，牛僧孺是一个正直的人。穆宗朝行贿之风盛行，韩弘的儿子韩公武花费大量家财贿赂权贵，几乎所有朝臣都收过他的礼。待他去世后，穆宗担心他的孤孙幼小，家财会被仆人盗窃，就派宦官前去查阅账簿，交由管家保管。没想到账簿上居然记满了受贿人的名字。其中只有牛僧孺的名字边上用红笔做了备注："某月某日，送牛侍郎礼物若干，没接收，悉数退还。"穆宗得知后非常高兴，因此在后来商议宰相名单时，最先定下了牛僧孺。据说，牛僧孺和白居易是特别好的朋友，两人都喜欢鉴赏石头，《太湖石记》就是白居易为纪念二人的友情而作。

敬宗即位后，加封牛僧孺为中书侍郎、银青光禄大夫，封奇章子。但牛僧孺很不喜欢朝廷上邪佞揽权、奸臣朋比为党，于宝历元年间多次辞相，最终敬宗同意了他的请求，命其出任武昌节度使。文宗太和三年（829），李宗闵挫败李德裕入京担任宰相的企图，排挤其出任义成节度使，次年引荐牛僧孺再度入相，裴度出为山南东道节度使。文宗太和五年（831），吐蕃式微，其维州守将悉怛谋请降，时任西川节度使的李德裕派兵入据其城。但当时的朝廷在牛党的控制之下，牛僧孺认为吐蕃失去一个维州，无损其势，此时唐与吐蕃正会盟不久，因以守信为上，贸然出兵，只会给吐蕃进攻的借口。文宗听从了牛僧孺的建议，并未接受吐蕃降将。当时舆论认为牛李二人矛盾颇深，牛僧孺是公报私仇，防止李德裕立功。文宗也逐渐认为此事处理得有失偏颇，牛僧孺于年底主动告退，出为淮南节度使。

文宗太和六年（832），李德裕入朝任兵部尚书。见李宗闵多次阻拦李德裕任相失败，京兆尹杜悰建议李宗闵干脆与李德裕修好，推荐他担任御史大夫。得到李宗闵的同意后，杜悰造访李德裕，李德裕非常高兴。但李宗闵在与杨虞卿商议后，终止了上述方案。七年（833），李德裕升任宰相。当时杨虞卿、张仲方、张元夫、萧浣等牛党人物私交甚密，积极攀附朝中权贵，既干预宰相执政，又干扰下层部门执行，还扰乱科举制度，举贤为亲。文宗恨之入骨，因此主动与李德裕谈论起党争的问题，李德裕也直言不讳："如今朝廷中至少有三分之一的人都结为了朋党。"此后李德裕便开始明面上排挤所有他不喜欢的人。李德裕父亲李吉甫去世时，朝廷为其拟定谥号太优，张仲方上疏表示不满，因此在李德裕任相后，他立刻声称身体抱恙，不再上朝，很快就被降职。杨虞卿、张元夫很快也被调离中央。李宗闵对此提出异议，认为李德裕这是在搞朋比为党，故意给杨虞卿等人不好的职位。李德裕直接讽刺道："以前他们担任的都是给事中、中书舍人，这些职务还不够好吗？"李宗闵被反将一军，悻悻退场。很快李宗闵被降职为山南西节度使。太和八年（834），当权的李训、郑注为了排挤李德裕，再次引荐李宗闵入相，李德裕出为镇海节度使。此后在穆宗、敬宗、文宗三朝，除去大和九年（835）甘露之变前夕，牛李两党都被当时掌权的李训、郑注排斥在朝外。

开成五年（840），武宗即位，牛党失势。李德裕自淮南节度使入为宰相，开始了李党独掌朝政的时期。牛党被排斥出朝廷之外，其领袖牛僧孺、李宗闵虽然早已身在外地，仍被贬职流放。会昌六年（846），宣宗即位，为了夺回朝政大权，多次贬黜李德裕。长达四十多年的"牛李党争"，以牛党元气大伤，李党被贬谪为地方官，宦官、藩镇的势力大增，而宣告结束。

陈寅恪认为牛党代表进士出身的官僚，李党代表北朝以来山东士族出身的官僚。他们之间的分歧不仅是政见不同，也包括对礼法、门风等文化传统的态度之异。也有人认为牛党是新兴的庶族地主，而李党则是没落的门阀世族。有的人认为，两党对待藩镇的态度不一样，以李德裕为首的"李党"主张遏制弹压藩镇，而牛僧孺、李宗闵则希望对藩镇采取姑息的策略。也有人认为，以李德裕为首一派偏重实际行政才干，而牛僧孺一派汇聚纯文人较多。

其实唐代的朋党没有很强的核心结构，成员的属性也不固定。其中的原因包含着家族关系、共同的出身、科举或宦途中的师生关系、同僚关系以及单纯的恩仇问题。如果检讨党争发生的原因，除了士大夫内讧争权夺利之外，还有两个原因，也都跟唐朝后期的权力结构有关。藩镇的存在为党争提供了条件：失势的宰相得不到应有的处理，只是让他们出任一方节度使；而得势的节度使反而又入朝为相。这不但不利于矛盾的解决，反而助长了中央与藩镇、中央官员与中央官员之间的斗争。升为宰相者为保相位极力勾结部分官僚、宦官，甚至与一些地方节度使互为表里，竭力抑制出为节度使的政敌再度入朝为相；出为节度使者，则利用在地方上的权势肆意聚敛财富，买通中央一些官僚、宦官，联合某些节度使互为声势，处心积虑地想恢复失去的相位。牛李党争的两派官僚集团，背后都跟宦官勾结，皇帝大权旁落，无力控制局面，致使整个官场成为官僚、宦官、藩镇将领的争权夺利的竞技场。

多说一点

牛李党争的性质是什么？

如何划分牛党、李党，非常复杂。完全没办法用一种标准来分析。比如对藩镇的态度、对宦官的态度，是不是牛党和李党成员不同呢？看不出来。是不是代表着不同的阶层呢？比如是不是贵族和寒门的斗争？是不是一个代表进士阶层，一个代表世家大族？也看不出来。到目前为止，用简单的出身或者政策态度，无法将他们泾渭分明地分开。其实这才是古代政治的实态。将政治人物划分到各个阵营，进行非黑即白地分析，很多时候是无效的。对权力的渴望和争夺，反而更加真实。

第八章 从甘露之变到武宗灭佛

穆宗之后，历经敬宗、文宗、武宗三代，唐朝中央朝廷经历了多次政局动荡，尤其是甘露之变极大动摇了中央政治秩序。武宗施行的大规模灭佛运动，引发了政治、经济、思想、文化全方位的变革。在中国传播数百年的佛教遭到沉重打击，逐渐失去在政治和正统文化中的核心地位。

一、甘露之变前夜

见识过自己的哥哥被宦官杀死，文宗对手握大权的宦官始终抱有警惕之心。但是当时朋党斗争正盛，文宗既不喜欢牛党也不喜欢李党，甚至抱怨道："去河北贼易，去朝廷朋党难。"他希望能找到第三种力量，把朋党和宦官一举铲除，建立政治新秩序和新势力。很可惜，建立第三种势力的举动不仅得不到宦官的支持，也会被朋党挤压。更糟糕的是，文宗依靠的官员是郑注和翰林学士李训。这群人，在后世被描述为没有道德修养、擅长阴谋和投机的"小人"。

郑注早年间游走江湖，于元和末年投靠了李愬。郑注因为会炼金丹而受到李愬的亲近，跟随他前往徐州，并开始参与处理军政。当时李愬的监军正是王守澄。郑注很会揣测人心，又很阴险狡猾，因为几次建议未被采纳就心怀怨恨，想要夺权，全军上下都认为他会招惹祸端，王守澄也因此对他不喜。李愬认为郑注有奇才，坚持让王守澄和他聊聊。没想到郑注妙语横生，竟然能道破王守澄心中所想，两人热聊了一整晚，都有相见恨晚的感觉。此后郑注就被提拔为巡官。

王守澄任枢密使后，郑注一直为他出谋划策，还在暗中四处行贿勾结官员。当时文宗不断拔擢没有党派属性的翰林学士宋申锡，让他官至宰辅，希望依靠他抑制宦官，并下密诏令宋申锡和御史中丞宇文鼎谋划诛杀郑注。宋申锡提拔自己的亲信、吏部侍郎王璠为京兆尹，派他去逮捕郑注。宋申锡没想到的是，王璠早已倒戈，暗中把计划透露给王守澄。郑注逃过一劫，对王璠十分感激，而王璠又与李训十分亲密，于是事后王璠得到了郑注和李训的举荐，被任命为尚书左丞。

经此一事王守澄和郑注知道了宋申锡等人的意图，打算反将一军，于是诬告宋申锡想废黜文宗改立漳王。漳王颇为贤能，很有声望，可以说是文宗心中的一道刺，因此关键时刻文宗动摇了立场。王守澄想派两百骑兵屠了宋申锡全家。飞龙使马存亮极力劝阻，说："这样做的话，京城必有大乱！还是和其他宰相商议一下吧"王守澄这才作罢。当天正值宰相休假日，文宗派宦官将所有宰相召集到中书省东门。待人都到齐后，宦官说："所召之人中未提及宋公之名。"宋申锡立刻反应过来发生了什么事，向着文宗所在的延英殿叩首后退下。文宗拿出王守澄的奏疏宣读宋申锡的罪行，宰相们都十分震惊，面面相觑。很快宋申锡就被罢免了宰相一职，降为右庶子。百官无人敢上书为其申冤，只有新任京兆尹崔琯、大理卿王正雅多次上疏要求复审，宦官才稍稍放松审理。最终宋申锡被贬为右庶子，再贬为开州司马，死在了流放地。漳王李凑被贬为巢县公。马存亮很快也主动请求致仕。

宋申锡事件后，文武百官都对郑注心怀畏惧。金吾将军孟文亮奉命镇守邠宁，郑注担任邠宁行军司马，结果走到奉天时，御史大夫王从亮因为看不起郑注，处处针对他。郑注向王守澄说了很多王从亮的坏话，王守澄竟想办法编了个罪名，将王从亮杖责后流放。没多久，孟文亮去世，郑注就偷跑回长安，王守澄当时为神策右军中尉，就悄悄将他塞进了神策军。正好这时有御史弹劾郑注肆意受贿，结交甚广，图谋不轨，要求治其罪。这几十余条奏疏都被宰相王涯拦下。王涯因得郑注相助才得到这个职位，又很忌惮王守澄，故而有意帮郑注压下此事。当时左神策中尉韦元素和枢密使杨承和、王践言也都很厌恶郑注。有人劝韦元素趁机除掉郑注这个心腹大患，计划在召他谈话时将其杀害。结果两人一见面，韦元素就被郑注的言辞蛊惑。郑注口若悬河，夸夸其谈，韦元素听得入了迷，不知不觉间竟拉住郑注的手不放，最后甚至主动取出大量金帛送给他。另一边王守澄积极在文宗面前为郑注辩护，顺利解除了舆论危机，还奏请改任郑注为通王府司马、右神策判官。此项调任震惊朝野，一时间议论纷纷。

郑注的运气也实在是好。他本就会一些医术，而李唐王室祖传风疾，文宗突然之间发病，两眼昏花，不能说话，经郑注医治后，身体又逐渐恢复，因此开始宠信郑注。郑注逐渐取得了文宗的信任。文宗苦于持续的旱灾，四处搜寻求雨的方法。司门员外郎李中敏上表说，连年的大旱是因为郑注奸邪，宋申锡被贬太冤枉了，因此如今想要求雨，就应该处死郑注，为宋申锡昭雪。这份奏疏犹如石沉大海，并没能收到任何答复，很快李中敏也以身体抱恙为由辞官回家了。郑注上奏说关中将有灾难发生，为避灾应大兴土木，征发劳役。文宗便征发左、右神策军一千五百人去疏浚曲江和昆明池。

李训本名叫李仲言，是李逢吉的堂侄子。敬宗宝历元年（825），李训因牵连进武昭刺杀李逢吉一案，而被流放象州，后遇大赦天下而得以返回洛阳。在那里他遇见了正打算东山再起的李逢吉。李训看出了李逢吉的心思，积极给他出谋划策，声称自己和郑注交好，可以帮他打点关系。李逢吉就给了他很多金银珠宝，让他带去长安贿赂郑注。李训因此被郑注引荐给了王守澄。王守澄又以李训懂《易》，向文宗举荐。当时李训正在为母亲服丧，文宗准许他换上便服面圣。李训自号王山人，文宗见他仪表堂堂，文辞口才俱佳，又懂权谋，认为他是一个奇才，对他极为宠信。

时间久了，李训、郑注摸清楚了文宗的心思。李训在给文宗讲经时偷加"佐料"，多次暗示文宗打压宦官势力。文宗认为这二人各有才能，又都由王守澄推荐，让他们密谋诛杀宦官，不会打草惊蛇，能增加成功的概率。李训、郑注便以诛宦官为己任，不分日夜地商议对策。他们为文宗设计复兴唐朝的计划：首先应当铲除宦官势力，其次铲除藩镇，收复河西、陇右，最后打倒河北藩镇。文宗很是赞同，恩宠更盛。两人背后有皇上，声势烜赫。郑注给文宗医病，多在宫中，偶尔休沐回家，门前都站满了想见他的人，家中礼物也堆积如山。

李训、郑注的计划一开始非常顺利。第一步是控制首都。当时首都突然起谣言，说郑注为文宗制金丹，需要小儿心肝，京城人心惶惶。郑注一直很不喜欢京兆尹杨虞卿，就和李训做局构陷他，说是杨虞卿的家人散播谣言。文宗大怒，将杨虞卿下狱。牛党宰相李宗闵站出来为杨虞卿说话，不巧此前郑注想在两省都谋求职位，被李宗闵拒绝，记仇的郑注就在文宗面前添油加醋诋毁李宗闵。文宗一气之下将李宗闵呵斥出宫，不久将其贬为明州刺史。借助这件事，郑李二人将平日不对付的牛党和李党大臣全都赶到外地去。根据史料记载，当时每天都有大臣被流放，以至于很多办公室都空了，很多机构都停摆。

第二步是瓦解宦官集团。四大宦官中的左神策中尉韦元素及枢密使杨承和、王践言都与王守澄不谐。李训、郑注先联合王守澄对付其他三人，很快便将这三人赶到地方上做监军，紧接着又找借口说杨承和庇护宋申锡，韦元素、王践言与宰相李宗闵、李德裕勾结受贿，进一步将他们三

图33 杨承和碑局部。2021年出土于西安枣园北路。宰相王起撰文，柳公权书丹。835年发生了甘露之变，为杨承和平反，故于次年立碑。

个赶到边鄙之地，又追加圣旨将三人赐死。四大宦官只剩下王守澄一人。右领军将军仇士良曾在拥戴文宗为帝时有功，因长期受制于王守澄而心生怨怼。李训、郑注便为文宗出主意，让他提拔仇士良担任左神策中尉以分王守澄之权。紧接着，二人又让文宗任命已是右神策中尉、行右卫上将军、知内侍省事的王守澄为左、右神策观军容使，兼十二卫统军。这些都是徒有虚名的高级军职，表面上是对王守澄的尊敬，实际上却已架空了他的实权。李训、郑注仍觉得不够，为了不留后患，暗中请求文宗除掉王守澄。文宗便秘密派人送去了毒酒，迫使王守澄饮鸩自杀。

至此，一切进展得很顺利。新上任的中尉、枢密、禁卫诸将，见到郑注、李训都很惊恐，迎拜叩首，两人的计划似乎将要成功，但内部的分裂让他们所有的努力都化为了泡影。郑李最初筹谋甘露之变时有严密的分工：由郑注担任凤翔节度，掌握长安周边的军队，而李训担任宰相，严控朝局。待郑注到达凤翔后，召集百名壮士，每人手持白色棍棒、怀握利斧，作为亲兵标志。行动将于王守澄的葬礼上展开。王守澄葬于浐水（白鹿原西南，近长安），两人事先奏请文宗命神策军护军中尉以下的所有宦官必须到场送葬，郑注再以护卫葬礼为由，将亲兵带入现场。届时，郑注一下令关闭墓门，这些亲兵就能把葬礼上的宦官们全部铲除。

这个计划看起来几乎没有漏洞，顺利实行的话宦官们似乎必死无疑。但人心不足蛇吞象，李训担心事成之后功劳会全被郑注抢走，不如和邠宁、河东两地节度使及金吾卫合作，在京城动手，先杀宦官，再杀郑注。这个新计划很快就发生了意外。

二、以祥瑞之名：甘露之变

汉唐时期，中国的政治学说主要是天命学说，祥瑞灾异非常重要。皇帝是天子，他代表天统治人民，如果统治得好，就会出现祥瑞，证明君主干得不错；如果统治得不好，就会出现灾异，这是上天对天子的警示。祥瑞不仅是申明君主天命的政治武器，也常常作为地方官员治理有方、乡里百姓德行优异的证明。

在唐代，祥瑞思想反映在皇权、地方官员、百姓三方的互动中，至少呈现出三个层次。第一，祥瑞象征着皇权的合法性，或者说是皇帝本人受命于天的证据；第二，祥瑞是对地方官员治理有方的认可；第三，祥瑞是百姓忠孝节义的感应。对应的，在唐朝的行政运作中也存在着这样三个层次。《新唐书》记：

> 凡景云、庆云为大瑞，其名物六十有四；白狼、赤兔为
> 上瑞，其名物三十有八；苍乌、朱雁为中瑞，其名物三十有
> 二；嘉禾、芝草、木连理为下瑞，其名物十四。[1]

在唐朝，祥瑞是非常严密的学问，也有着非常严密的管理制度。关于祥瑞的上报，唐朝有非常具体的规定：

---

[1] 《新唐书》卷 46《百官志》，第 1194 页。

诸祥瑞，若麟、凤、龟、龙之类，依图书，大瑞者即随表奏，其表惟言瑞物色目及出处，不得苟陈虚饰，告庙颁下后，百官表贺。其诸瑞并申所司，元日以闻。其鸟兽之类有生获者，放之山野，余送太常。若不可获及木连理之类，有生即具图书上进。诈为瑞应者徒二年。①

我们可以通过例子具体看看唐代处理祥瑞的行政程序。载初元年（690），西京万年县出现了山涌，同年武则天称帝。西京留守武攸望接到属县万年县令郑国忠进状，随后派遣户曹参军孙履直勘验确认，然后上报朝廷并将其描述为"大瑞"之一的庆山，并且派遣属官绘图奏进。上报仅仅是事情的开始，之后朝廷要做出裁决，重要的祥瑞要宣付史馆、颁示朝廷，中央各官署、地方各州长官还要上表祝贺。整个宣传是自下而上、再自上而下，达到全体参与的效果。在上面的例子中，武则天就颁示中外，于是"四方毕贺"。《全唐文》还收录有当时崔融为泾州刺史时所撰写的贺庆山表。

上报祥瑞自然属于地方官员的职责。比如地方留守、都督、刺史发现"符瑞尤异，亦以上闻。……若孝子顺孙、义夫节妇，精诚感通，志行闻于乡者，亦具以申奏，表其门闾"②。百姓上报祥瑞后，地方长官刺史、观察使等要派属官前往验实，以防伪诈。唐代确实有百姓故意制造祥瑞的案例。比如东海孝子郭纯丧母，每哭则群鸟大集，地方官员勘验属实，朝廷旌表其门闾。后来发现该孝子每次痛哭，都散饼于地，所以群鸟才会纷纷汇集于此。河东孝子王燧家猫犬互相喂养对方的孩子，州县上报后王燧也获得了朝廷旌表。后来发现其实是

---

① 《唐会要》卷 28《祥瑞上》引《仪制令》，上海：上海古籍出版社，1991 年，第 618 页。

② 《旧唐书》卷 44《职官志三》，第 1919 页。

猫犬同时产子，王燧取猫儿放在狗窝内，狗子置于猫窝内，猫狗都习惯了喂对方的孩子。林攒的例子也很有趣：

> 林攒，泉州莆田人。贞元初，仕为福唐尉。母羸老，未及迎而病。攒闻，弃官还。及母亡，水浆不入口五日。自延覽作冡，庐其右，有白乌来，甘露降。观察使李若初遣官属验实，会露晞，里人失色，攒哭曰："天所降露，祸我邪？"俄而露复集，乌亦回翔。[①]

祥瑞的出现，也让官民之间开始"争利"，比如《全唐文》收录的阙名《对芝草白兔由刺史善政判》就提到了这样的情况。此判的判目云：

> 岳州人王怀俊，幼丧二亲，庐于墓侧，负土成坟。至孝潜通，屡呈祥瑞，其地内生芝草兼白兔。刺史元利济仁明训俗，善绩著闻。廉察使以为由刺史录奏，怀俊不伏。

岳州百姓王怀俊在父母的墓地发现了芝草和白兔的祥瑞，廉察使认为这是因为岳州刺史元利济"仁明训俗，善绩著闻"而致。但是王怀俊不服，认为是自己孝感所致。《全唐文》中就保存着刘宪（655—711）和李希言两人关于同义判目所作的判词。这一判目是："楚州申殷贤丧亲，负土成坟。甘露降树，芝草生庐，青鸾镇集，白鹤翱翔。县令张德以为孝感，刺史欲旌表。乡人梁静告：国家祥瑞。"

朝廷、地方官、百姓围绕祥瑞展开的互动，是皇权通过行政手段干预乡村风俗，巩固政教秩序的过程。但是有关制度也会被恶劣的地

---

① 《新唐书》卷 195《孝友传》，第 5590—5591 页。

方官所滥用。比如《旧唐书》记载的酷吏王弘义:"弘义常于乡里傍舍求瓜,主吝之,弘义乃状言瓜园中有白兔,县官命人捕逐,斯须园苗尽矣。内史李昭德曰:'昔闻苍鹰狱吏,今见白兔御史。'"因为按照唐礼部式规定,白兔是中瑞,地方官员有上报的责任。王弘义向瓜园主人求瓜不成,就说瓜园中有祥瑞白兔,于是县官派人捕捉,把瓜园破坏殆尽。

在唐朝的祥瑞中,上瑞里有一种叫"甘露",天降甘露一般寓意着君主有贤德。大和九年(835)十一月二十一日早朝,左金吾卫大将军韩约按照惯例需报告长安城的情况,不过这次他带来了一个好消息:"左金吾卫官署后面的石榴树昨天晚上出现了甘露。"宰相们立刻率领百官道贺,李训和宰相舒元舆顺势劝文宗亲自前去观看,以承天贶,文宗答应了。等到皇帝坐着软轿出了紫宸门,行至含元殿时,李训汇报说:"臣和其他人已经检验过了,这不是真的甘露,现在还不能着急宣布,万一天下人都来称贺就尴尬了。"李训早已与韩约商定好,这么说只是为了将众宦官引诱出宫一网打尽,毕竟宫内的禁军掌握在宦官手中。文宗果然派左右中尉仇士良、鱼志弘带领宦官们前去查验,李训马上召集亲信河东节度使郭行馀、邠宁节度使王璠前去诛杀宦官。这二人是即将上任的节度使,赴任前先在首都召集了一两百人的武装小队。

仇士良等来到左仗院内要求查看甘露,韩约因为心中有鬼而神色慌张、汗流浃背。正当他不知如何应对时,突然刮来一阵风,仇士良隐约听到有兵器声,觉察到暗藏在幕后的士兵,立刻夺门而走。守门的人正准备关门展开屠杀,被仇士良大声呵斥,吓得门也没关上。仇士良等人出逃后立马回含光殿找到文宗,说宰相要造反。李训这边人手也不少,由韩约统领的金吾卫这时已经赶到殿内,京兆少尹罗立言带领三百京兆逻卒(长安城的巡逻兵)从东边杀来,御史中丞李孝本也从御史台带来两百多人。李训见宦官要带皇帝进内廷,赶紧对金吾卫说："保护皇上者，赏百万贯钱！"这就是在暗示金吾卫前去斩杀宦官，争夺皇帝作为人质。宦官抬着文宗想躲去内廷避难，李训追上去抓住轿子不让走，说："臣还有事要奏报，陛下还不能离开！"李训被宦官打倒在地。这时金吾卫已杀伤不少宦官，但仇士良等人还是伺机将文宗劫持到了内廷。

李训知道大势已去，便跟手下换了衣服，骑上马跑了，还扬言说："我有什么罪要被贬谪！"仇士良马上命令左、右神策副使刘泰伦、魏仲卿等率禁军五百人，去讨伐南衙。宰相王涯等人刚结束办公，正在一起吃饭。下面的人突然报告："宫里跑出来好多兵，逢人就杀！"宰相们狼狈奔逃，中书、门下两省包括金吾军在内的一千人都争相从大门逃窜，没来得及逃走的六百人全都被杀。仇士良又分兵关闭宫门，到诸司搜人，吏卒以及做生意的百姓一千余人也全被杀。宫内尸横遍野，一片狼藉，政府的很多办公文件、图籍、帷幕、器皿

图 34　唐含光殿"毬场"石志。唐大明宫遗址出土，国家博物馆藏。

都损失殆尽。神策军杀出皇城，去追杀各处逃难的官员，并且派兵在整个长安城展开搜查。宰相舒元舆化了妆，换了衣服，还是被禁军搜查出来。七十多岁的王涯被痛打一顿，最后没办法写了自白书，称自己与李训谋逆，要立郑注为帝。王璠、罗立言等人全被抓到神策军。长安城一片混乱，恶徒浑水摸鱼，杀人掠货，尘埃蔽天。

李训逃到终南山，准备投靠关系好的和尚宗密，宗密准备给他剃度，但他的徒弟不愿意。李训只好出山，准备去凤翔投靠郑注，被抓住送回京师。走到昆明池的时候，李训担心到神策军中会受凌辱，便对押送他的人说："抓住我的人必得重赏！据说禁军正在全城搜捕，他们一定会想办法把我夺走，你们不如现在就把我杀了，拿我的首级去长安换封赏。"押送的人觉得有道理，就砍下他的头送去了京城。

二十四日，左神策军出兵三百人，带着李训的脑袋，押着王涯、王璠、罗立言、郭行馀，右神策军出兵三百人，押着贾餗、舒元舆、李孝本，去东市、西市游街示众。文宗令百官到现场去观看，这些人全部被腰斩于独柳之下，脑袋挂在兴安门外，亲属不论远近全被诛杀。宰相王涯、贾餗其实并未参与郑李二人的政变计划，但此时以宰相为代表的南衙和宦官掌握的北司已经水火不容，因此宦官们借机将宰相全都诛杀，可在一段时间内全面压制南衙势力。

仇士良等派人带了一封密信去找凤翔监军张仲清，让他杀掉郑注。张仲清摆下鸿门宴，郑注自恃有亲兵，欣然赴约。张仲清的押牙（管理仪章的侍卫）李叔和把郑注的亲兵都引到院门外加以款待，只放郑注和几个随从进入内院。郑注才喝了口茶，就被李叔和一刀砍死。因为提前关闭了外门，郑注的亲兵全被困住绞杀殆尽。李训、郑注都死了之后，首都人心才稍微安静下来。

甘露之变以宦官大获全胜而落下帷幕。皇帝、南衙都不敢再轻举妄动，部分藩镇对宦官的举动非常不满，甚至要进行军事干预，这才让宦官有所顾忌，不敢轻易废黜文宗。比如昭义节度使刘从谏上表，认为王涯这些人都是忠于国家的学士，指责仇士良等宦官扰乱国家秩序。文宗把刘从谏提拔为检校司徒，刘从谏又派了自己手下到中央上表，揭发仇士良等人罪大恶极，得到文宗的亲自召见。

此后朝廷权威受到了很大打击。开成三年（838）正月，辅政宰相李石在上朝途中遇刺。一开始箭只将他射伤，李石准备骑马回家，在归途中竟然又被砍断马尾。文宗得知后大惊，下令内外抓捕凶手，竟一无所获。第二天上朝的官员只有九人。宰相李石经这一遭，坚决请求辞职，文宗只好让他担任荆南节度使。

文宗也逐渐厌于廷议对问，甚至都没有兴味谈诗了，他饮醇酒求醉，并且悔恨过去的错误，开始盘算自己在历史上的地位，担心被写成历史上遗臭万年的皇帝。他曾要求观看《起居注》，以了解大臣们对他的看法，但被编纂的官员谢绝。文宗还曾在喝醉时给一位翰林学士赐酒，并呜咽地说："古代最不堪的君主只受制于诸侯，而我竟会受制于家奴。"

文宗对继承人的指定也被宦官控制。文宗只有一个儿子，就是太子李永，可惜开成三年（838）十月突然暴毙。这是宫中秘辛，没人知道具体死因。文宗对此非常伤心，在一年后的一次宴会上，一个小杂耍演员在台上表演爬杆，杆下一直有一个人来回跑动。文宗好奇地问问左右，侍从回答道："那是这个小孩儿的父亲。"文宗顿感悲伤，流着泪说道："我贵为天子，却不能保全自己的儿子！"文宗由此旧病复发，次年年初就去世了，时年30岁。文宗的弟弟颍王得到了神策军中尉仇士良的支持，即位为帝，是为武宗。

三、唐武宗与会昌中兴

武宗（814—846）本名李瀍，是敬宗和文宗的弟弟，元和九年（814）出生，长庆元年（821）封颍王。文宗本来立自己哥哥、敬宗的儿子李成美做太子。但是等文宗得病进入弥留之际，大臣和宦官分裂：枢密使刘弘逸、薛季棱及宰相杨嗣复、李珏受文宗嘱托，扶持太子即位；神策军两军中尉仇士良、鱼弘志担心这样新帝登基后自己没有拥戴之功会地位不保，就借口太子年幼多病，无法处理军国大事，准备更换人选。李珏很生气："太子之位已定，怎么还能随意改变！"仇士良、鱼弘志便矫诏立有贤名且成年的李瀍做皇太弟，随后亲自率禁军去十六王宅迎李瀍入宫。四天后，文宗病逝，二十七岁的李瀍顺利即位，并马上封右军中尉仇士良为楚国公，左军中尉鱼弘志为韩国公。刘弘逸、薛季棱被杀，杨嗣复、李珏被贬官外地。

关于武宗即位，《唐阙史》还记载了一个很有意思的小故事。据说宦官们在前往十六王宅前数次高呼："迎年纪大的！迎年纪大的！"当时十六王宅中除颍王李瀍外，还住着安王李溶。李溶是穆宗第八子，比李瀍稍长一些。仪仗队因为不知道两王谁更年长，在王府前犯了难。李瀍的姜室王氏偷听到他们说话，走出来说："年长的是颍王。大家因为颍王高大魁梧，都喊他大王呢！而且颍王与中尉有生死之约，你们如果搞错了，可是要被诛灭全族的！"李瀍因此顺利入宫，宦官们发现接错了人也没吭声。不过立嗣这么大的事，很难相信会闹出这样的乌龙，因而各正史中并无相关文字记录。

武宗上台，以淮南节度使、检校尚书左仆射李德裕为吏部尚书、同中书门下平章事，开始了两人合作执政的时期。这段时期，大唐似乎又看到了复兴的曙光，被称为会昌中兴。

首先，武宗在控制宦官方面展现了高超的才能。当时武宗正要接受尊号，准备大赦天下。有流言称宰相要削减神策军的衣粮马草，仇士良便撺掇神策军人在武宗受尊号当天闹事。武宗得知后大怒，派人带话给仇士良："政策皆由我定，不是宰相，而且还没有实行，你们闹什么？"仇士良非常惶恐，连连道歉。会昌三年（843），仇士良以年老病弱为由向武宗请求调任闲职，武宗便任命他为左卫大将军兼内侍监。两个月后，仇士良就申请退休。在他死后，唐武宗下令追削其之前授官及赠官，其家财并籍没。

武宗和李德裕都尝试从宦官中夺回禁军的指挥权，可惜未能成功。按规定，新任神策中尉上任时，都需要派一队人马负责军印交接。仇士良退休后，由杨钦义继任左神策护军中尉。武宗多次下敕，希望左右神策军将军印交给宰相，杨钦义正准备上交，右军中尉表示反对，威胁皇帝说："以前赐印，我们派军马迎接。那么现在交印，我们也要派军马送印。"武宗也担心引起兵变，遂作罢。

其次，武宗彻底击败了回鹘，赢得了一场对外战争的胜利。武宗会昌元年（841），回鹘因内部长期分裂，又遇上疫情和雪灾，国势衰微，被其西北方崛起的黠戛斯部落击败。武宗采纳李德裕的意见，一边运送粮食接济、抚慰回鹘，一边时刻警惕回鹘深入边境。三年（843），麟州刺史石雄击退回鹘两万大军，将其赶出塞上，并迎回了和亲的太和公主。在长庆元年（821），穆宗初立，将自己的亲妹妹、宪宗之女太和公主嫁给了回鹘可汗，此后太和公主在回鹘生活了二十二年。会昌六年（846），回鹘亡国，众部族离散。唐回两国的百年恩怨，终于了断。

回鹘的亡国对摩尼教是沉重的打击。随着回鹘衰落，唐廷对回鹘和摩尼教的态度发生改变。摩尼教是回鹘的国教，借回鹘的支持得以在唐朝传教。大历三年（768）六月，代宗敕准回鹘摩尼教徒在长安建大云光明寺。其后又应回鹘之请，于荆州、扬州、越州等州，各设置"大云光明寺"一所。德宗贞元十五年（799），天久旱无雨，朝廷曾请摩尼师施法祈雨。元和三年（807）正月，宪宗应回鹘使节的请求，在河南府和太原府设立三座摩尼寺。摩尼教徒经常由回鹘至唐，并得唐皇室礼待。

与进攻回纥相配合，武宗在会昌三年（843）下令对唐朝境内的摩尼教徒和寺院实行抄检，没收摩尼教资产与书像等物。"四月中旬，敕下，令杀天下（摩尼师）。剃发，令着袈裟，作沙门形而杀之"[①]，行刑前还要让他们剃发，穿上袈裟。据说长安女摩尼教徒死者达七十二人。会昌五年（845）灭佛时，摩尼教再次遭到重创，在中国一蹶不振，再不能在社会公开传教，转而在民间秘密流传，并渐与其他宗教结合。

最后，武宗还击败了造反的昭义节度使刘稹，恢复了中央对地方藩镇的部分权威。甘露之变后，刘从谏就已多次上奏表达对宦官的不满，武宗即位后双方矛盾更被激化。刘从谏想把自己的良马献给武宗，武宗没有接受，刘从谏误以为是仇士良从中作梗，怒之下把马杀了，并开始怨恨朝廷，渐生反心。刘从谏病重后，担心朝廷会另派人来接管昭义军，就和幕僚商议，效仿河北三镇实行割据。因此在刘从谏死后，三军隐瞒丧事，让他的侄子刘稹一边请求朝廷派名医来为刘从谏治病，一边逼迫监军上奏武宗任命自己为兵马留后。昭义军地位重要，担负着警戒河朔三镇的重要使命，武宗自然不会愿意让这个

---

① [日] 圆仁著，白化文等校注：《入唐求法巡礼行记校注》，北京：中华书局，2019年，第405页。

藩镇落入家族私人手中。当时很多大臣认为北部边境还有回鹘的威胁，需要用兵，不宜在中原生事，纷纷上疏请武宗答应刘稹的要求。武宗和李德裕知道双方矛盾激化，宦官必然不会反对出兵镇压昭义军，便拒绝了刘稹的要求，派人传话称担心刘从谏病情，命他去洛阳养病，并让他劝刘稹入朝，保证一定会赐予他高官厚禄。很快出使昭义的宦官带回了刘从谏已病逝的消息，武宗便采用李德裕的建议，督促成德军节度使王元逵、魏博节度使何弘敬一起进攻刘稹，既对昭义军造成军事压力，也断绝了他们与河北三镇联合造反的可能。很快昭义军内部也出现裂痕，刘稹被牙将杀害。这些牙将本以为能等来武宗的任命，最后被河中镇兵马包围，全被押往京城斩首。捷报传来后，武宗任命李德裕为太尉，进封卫国公，加食邑一千户，表示奖励。

《旧唐书》评价武宗"雄谋勇断，振已去之威权；运策励精，拔非常之俊杰"[1]。他性情沉毅，知人善任，却又如流星划过长空，迅速湮灭。武宗是个坚定的道教徒，即位之初就下令，以二月十五日玄元皇帝降生日为降圣节，休假一日。武宗在做亲王的时候，就"颇好道术修摄之事"，做了皇帝之后，召道士赵归真等八十一人到宫内，修建道场，服食丹药。吃丹药会让人变得喜怒无常。会昌六年（846）

图 35　阿斯塔纳出土的唐代"糕点"。右图中的点心直径为 6.5 厘米，正面压制有萨珊波斯风格的联珠纹图案、印度佛教莲花纹图案以及中国的宝相花图案。（左图动脉影　摄）

---

[1] 《旧唐书》卷 18《武宗本纪》，第 610 页。

三月的一天，他的病情恶化，为了冲喜给自己改了个名字叫"李炎"，很快他便无法再说话，十几天之后就去世了。宦官拥戴他的叔叔光王李忱即位。

武宗宠爱的女人是王才人，邯郸人，正史中对王才人的记载过少，已无法考证她的家世，只知道她在十三岁时因善歌舞入宫，穆宗将她赐给时为颍王的李瀍。《新唐书》称她因暗中出谋划策，助武宗顺利登基而获封才人。这应该是根据《唐阙史》记载的那位姜室王氏而来，未必可信。据说这位王才人的个头体态都有点像武宗，每次出门穿着长袍，骑着马，大家都分不清哪个才是皇帝。武宗希望能立她为皇后，但李德裕反对，因为王才人无子，而且家中也不是有势力的家族，恐怕招致非议，最后此事作罢。武宗服食丹药后，身体越来越差，王才人看在眼里，非常担心。他病重的时候，王才人侍奉左右，武宗说："吾气奄奄，情虑耗尽，顾与汝辞。"王才人道："陛下万岁后，妾得以殉。"[1]武宗去世后，王才人果然分掉了自己所有财物，上吊自杀了。宣宗即位后，追赠王才人为贤妃，将她埋葬在武宗的陵墓旁。

---

① 《新唐书》卷77《后妃》，第3509—3510页。

四、最后的名相——李德裕

李德裕（787—850），出身赵郡李氏，门第颇高，祖父叫李栖筠，做过御史大夫。他的父亲则更有名，是元和初的宰相李吉甫，《元和郡县图志》就是李吉甫所编。

李德裕幼年时便姿质不凡，宪宗对他非常赞赏，常把他抱在膝上，李吉甫也常在同僚面前称赞儿子的反应快，口才好。有一次宰相武元衡召见李德裕，问道："你在家都看些什么书？"想借此试探他的志向，李德裕却缄默不言。次日，武元衡将此事告诉李吉甫，嘲笑道："你要多留心啊，这孩子别是个痴儿。"李吉甫回家后责问李德裕，李德裕答道："武公身为宰相，不问治国之道，却问我喜欢读什么书，这是成均、礼部该管的事。武公所问不当，我因而不答。"武元衡得知后十分惭愧[1]。

李德裕少有大志，精通《汉书》《左氏春秋》，但非常讨厌科举所考的诗赋，不愿意跟同辈一起参加科举。李德裕在早年并没有因为他父亲是宰相而得到任何的好处，反而因此度过了非常艰难的青年时期。贞元中，李吉甫因为政治斗争遭贬，李德裕也跟着一起到流放地照顾父亲，不求仕进。元和初年，宪宗即位，李吉甫被再度召回长安

---

[1] 参看（五代）孙光宪撰，贾二强点校：《北梦琐言》卷一，北京：中华书局，2002年，第18页。

做宰相，因为避嫌先在地方的节度衙门开始历练。元和六年（811），李吉甫从淮南节度使升任为相。同年，宪宗知道李吉甫与部分朝臣有旧怨，因而将户部侍郎李绛也提拔为宰相。李吉甫与李绛的性格完全不同，一个善于逢迎，一个刚正耿直，因此经常争吵，两人逐渐产生了嫌隙。元和九年（814），李绛被罢免职位，几个月后李吉甫于任上病逝。张延赏之子张弘靖自河中节度使被提拔为宰相。

李德裕在元和时期很长时间都没有晋升的机会。一个原因是他避嫌，另一个原因是因为牛李党争。李吉甫在相位时，牛僧孺、李宗闵应制举直言极谏科，苛刻地指出了很多时政的弊病。在李吉甫影响下，牛僧孺、李宗闵的仕途当然受到了影响。元和初年，宪宗准备出兵藩镇，李吉甫经营筹划，欲定两河，但还未出师就死了。李吉甫死后，武元衡、裴度继续李吉甫的强硬平藩政策，但韦贯之、李逢吉则主张怀柔政策。韦贯之、李逢吉遭到罢相，便把这些怨气算在了李吉甫、裴度身上。李吉甫不在了，就算在了李德裕头上。

元和十一年（816），成德节度使王承宗意欲谋反，张弘靖多次劝谏宪宗不要讨伐而被罢相，出任河东节度使。张弘靖跟李吉甫友善，看到故人之子也不得志，辟李德裕为节度掌书记。此后李德裕历大理评事、殿中侍御史，元和十四年（819）时又随张弘靖回朝任职，担任监察御史。穆宗继位后，李德裕和李绅、元稹同在翰林院供职，三人学识才名都相当，结下了深厚的情谊，也因此遭到了李逢吉一党的嫌恶，当月李德裕就被罢免翰林学士，出为御史中丞。两个月后，裴度、李逢吉同时任相。李逢吉抓住和王李绮的师傅于方与元稹私交过密一事大做文章，构陷于方计划帮助元稹刺杀裴度，元稹和裴度因此被罢相。李逢吉得势后就开始实施报复，当时李德裕与牛僧孺都属于青壮派官员中的佼佼者，李德裕被归为李党，牛僧孺被归为牛党，李逢吉就把李德裕贬为浙西观察使，引牛僧孺做宰相。

浙西的财政情况此时一塌糊涂。前任节度使窦易直经常大开库门，将里面的财物赏赐给手下，军中的将士们也日渐骄纵。就在李德裕赴任前不久，浙西还发生了暴乱。当时窦易直听说宣武军叛乱，非常担心被战火席卷，又想从库房拿出大批金银来激励将士，有手下劝他说："这赏赐没有合理的由头，反而会让将士生疑。"遂作罢。但消息已被泄露，大将王国清趁机煽动两百多人与他一起造反，后全被窦易直诛杀。等李德裕到浙西之后，迎接他的就是被掏空的库房。他决定从根本上解决这一问题。李德裕先从自己身上下手，节省自己的一切开支，留够州里需要使用的预算，剩下的都拿去赡军，虽然下发的物资不算丰富，但士兵们都没有怨言。在经营了一年之后，浙西开始向中央政府交税了。李德裕还改革当地民俗，所有害民的风俗，比如江岭一带信奉巫祝，每当家中有人染病就会被全家抛弃，都被他想办法纠正。数年之间，弊风顿革。李德裕在任上时，还拆除了千座不合礼制的祠庙；又废掉上千所私人在山中搭建的房舍，让山贼无所遁形。人乐其政，朝廷下诏褒奖。

元和以来，朝廷多次向天下州府下发敕令，不得私度僧尼。徐州节度使王智兴在敬宗过生日的那个月，特意奏请朝廷允许他在泗州设僧坛，为人剃度祈福，借此敛财。李德裕下辖地区的百姓也纷纷跑去剃度，如果一家有三个成年男丁，一定会有一个选择出家为僧，就是为了躲避徭役。李德裕详细了解了泗州的情况，发现前去剃度的人只需要缴纳两贯钱，不用举行任何仪式，就能拿到出家凭证回家了，越发担心这样下去会有越来越多的人借出家逃税，便上奏建议敬宗下诏让徐州禁止剃度。因此后来武宗灭佛时，李德裕对佛教的态度非常严苛。当时很多僧人逃往幽州，李德裕警告幽州节度使张仲武不能掉以轻心，张仲武便解下佩刀交给居庸关守吏说："有僧人敢入关就斩了他。"

敬宗不务朝政，整日游玩，李德裕遣使献《丹扆箴》六首，希望借箴言来委婉劝谏。敬宗虽然没有听劝，但还是嘉许了他的用心。敬宗崇信道教，听说浙西有隐士周息元已经活了上百年，便让李德裕寻人。李德裕把周息元送到首都，没想到这人只是一个山野村夫，根本不懂什么道学，敬宗被宦官刺杀后，文宗又把周息元放回浙西。

文宗即位，召李德裕为兵部侍郎，裴度举荐他任宰相。宦官担心李德裕当上宰相对己方不利，就暗中帮助牛党代表李宗闵，同月李宗闵拜授平章事，开始排挤李德裕。结果李德裕八月刚到长安，九月就再次被赶到地方当节度使。李宗闵又引荐牛僧孺一同处理政务，两人联手将李德裕的好友全都调离了中央。但文宗听说过李德裕的贤名，心中一直想对他予以重用。太和四年（830）十月，经裴度推荐，李德裕担任检校兵部尚书、成都尹、剑南西川节度副大使、知节度事、管内观察处置、西山八国云南招抚等使。裴度曾对李宗闵有知遇之恩，但李宗闵见裴度有意提拔李德裕，不禁心生怨怼，很快用手段将裴度拉下相位。西川屡遭蛮夷穷寇侵扰，民不聊生。李德裕到任后修建关防，整军备战，派人到南诏和谈，成功带回被俘虏的四千余名僧人、道士和工匠。他还积极展开与吐蕃的作战。太和五年（831）九月，吐蕃维州守将悉怛谋举城来降。维州背靠孤峰，三面临江，是四川控制吐蕃的军事战略要地。贞元中，韦皋镇蜀时都没能把维州攻打下来。李德裕当即要求趁机彻底抢占维州，但当时的宰相牛僧孺主和，强迫李德裕把维州的降众送回。悉怛谋等人被送回后，立刻被吐蕃官吏尽杀于维州城下。监军王践言被调回中央任枢密使后，将此事汇报给皇帝，文宗对牛僧孺不满，召李德裕为兵部尚书，牛僧孺罢相，出为淮南节度使。武宗会昌三年（843）时，李德裕向武宗往事重提，表示维州一事是遭到牛僧孺等人的阻碍，并请求追封因此惨死的悉怛谋。在奏疏内，李德裕还详细描述了将悉怛谋送回时，吐蕃使者在大唐境内虐杀这些人的悲惨情形。武宗最终下旨追封悉怛谋为右卫将军。

太和七年（833）二月，李德裕终于当上了宰相。但同年十二月，文宗得了风疾，病愈后开始宠信郑注、李训。李德裕认为李训为小人，直言上奏，得罪了郑、李二人。他们把李德裕的对头李宗闵召回代替李德裕做宰相。八年，李德裕被贬为兴元节度使，又改为检校尚书左仆射、润州刺史、镇海军节度、苏常杭润观察等使。漳王李凑的乳母杜秋娘因漳王之事受到牵连，被迫告老还乡回到润州，李德裕负责接待。结果王璠等人诬告他贿赂杜秋娘，想结交漳王，心怀不轨。李德裕因此被贬为袁州长史。

甘露之变后，王璠被处死，文宗很后悔当时没听李德裕的建议，大和十年（836）三月，授李德裕银青光禄大夫、滁州刺史。七月，迁太子宾客。十一月，检校户部尚书，复任浙西观察使。李德裕凡三镇浙西，前后十余年。开成二年（837）五月，李德裕终于离开了浙江，任扬州大都督府长史、淮南节度副大使、知节度使事。

武宗即位后立刻把李德裕从淮南召回长安，九月份就让他担任宰相。李德裕的父亲李吉甫出镇淮南时年五十一，自淮南复相时年五十四，巧合的是，李德裕镇淮南、复入相的岁数跟他父亲一模一样。李德裕的传记和诔词异乎寻常地谈到了他的抱负、克制和干劲。他是一位非常精明的政治家：善于找出和利用每一个可能推进他的事业的关节。比如李德裕很会跟宦官打交道。张固的《幽闲鼓吹》记载：

> 朱崖（李德裕）在维扬，监军使杨钦义追入，必为枢近，而朱崖致礼皆不越寻常，钦义心衔之。一日邀中堂饮，更无余宾，而陈设宝器图画数床，皆殊绝。一席祗奉，亦竭情礼，起后皆以赠之，钦义大喜过望。旬日，行至汴州，有诏令监淮南军，钦义至，即具前时所获归之。朱崖笑曰："此无所直，奈何相拒！"一时却与，钦义感悦数倍。后竟作

枢密使，武皇一朝之柄用，皆自钦义也。①

杨钦义祖父官拜内常侍，养父杨志廉任左神策军中尉，权倾朝野。后来杨钦义的三位养子也先后身居神策军中尉和枢密使。李德裕的两次入相，第一次由西川监军宦官王践言所荐，而第二次入相则仰赖于淮南监军宦官杨钦义的举荐。

李德裕进入中央担任宰相后功绩卓著。比如他积极献策助唐军彻底击败回鹘，迎太和公主还宫，取得了少有的胜利，极大振奋了唐朝军民士气；击败了妄图割据的刘稹。其间筹度机宜、选用将帅、军中书诏等事，全都由李德裕一人之力承担，扭转了整个局势。另外在改革财政制度、政府机构改革、抑制宦官方面他也取得了非常大的成就，武宗授其太尉，进封卫国公——整个唐朝总共也只有七位太尉。

宪宗励精图治，宰相忙得不可开交，常常工作到晚上。但李德裕当上宰相之后，虽然经常有很急的文件要处理，但从来都是从容裁决，正常上下班，中午吃完午饭就回家，照常休假。唐朝其他几位名相也都颇有个性，比如姚崇经常旷工，李林甫中午不到就回家，但他们在处理国家政务的时候，都展现出了极高的才能，李德裕也是如此。当时李德裕住在长安城的安邑里，他家有个院子叫起草院，院子中有个亭子叫精思亭。每逢大事，李德裕就在亭子里思考问题，周围人都不能打搅他。他一旦想好便立即决定实施，也不跟其他宰相商量，一言而断。武宗十分相信李德裕，每遇急事，皇帝便让李德裕草诏，说："学士不能尽吾意。"②李德裕曾在某个深夜收到武宗召见后写下一首诗：

---

① （唐）张固撰，罗宁点校：《幽闲鼓吹》，北京：中华书局，2019年，第68—69页。

② 《新唐书》卷180《李德裕传》，第5342页。

> 内宫传诏问戎机，载笔金銮夜始归。
>
> 万户千门皆寂寂，月中清露点朝衣。

诗中我们能读到李德裕那种自信满满指点江山的心情。

李德裕写得一手好文章，却不乐意参加科举考试。青年时期他的父亲劝勉他应试，他却说："好骡马不入行。"武宗曾与宰相议论选举，武宗认为抑制公卿子弟不宜过分，李德裕也表示赞同："臣无名第，不合言进士之非。然臣祖天宝末以仕进无他伎，勉强随计，一举登第。自后不于私家置《文选》，盖恶其祖尚浮华，不根艺实。"[1] 他主张朝廷显官须是公卿子弟，因为他们从小熟悉朝廷仪范、班行准则，而寒士就算有出人之才，也要考上后才能获得一官半职，开始学着慢慢熟悉这些事务，很费时间，因此不能忽视公卿子弟在科举中的问题。李德裕批评科举，认为进士科考试，只考诗赋，而轻实务；请托之风盛行，造成朋党、腐败等流弊滋生。他力推科举改革，要求停止诗赋，注重文章论议；禁止宰相提前探看榜文；限制座主与门生之间、同年与同年之间的私人交往。

信任他的武宗驾崩后，宣宗即位，用人行事上都颇有点改朝换代的意味。李德裕此后一路被贬谪，先被降为东都留守、东畿汝都防御使；大中元年（047）再贬为潮州司马、潮州司户；次年又贬为崖州（今海南三亚）司户；大中三年（849）年底于崖州去世，时年六十三。李德裕作有一首《登崖州城作》曰：

> 独上高楼望帝京，鸟飞犹是半年程。
>
> 青山似欲留人住，百匝千遭绕郡城。

---

[1] 《旧唐书》卷18《武宗本纪》，第602—603页。

图36 《李德裕见客图》。张大千绘。

文辞间满是遗憾，想必在前往那偏僻之地时，李德裕应已有预感此行怕是有去无回了。

后人对李德裕的评价非常高。史臣（后晋监修国史赵莹）曰：

> 臣总角时，亟闻耆德言卫公故事。是时天子神武，明于听断；公亦以身犯难，酬特达之遇。言行计从，功成事遂，君臣之分，千载一时。观其禁掖弥纶，岩廊启奏，料敌制胜，襟灵独断，如由基命中，固有虚发，实奇才也。语文章，则严、马扶轮；论政事，则萧、曹避席。
>
> 赞曰：公之智决，利若青萍。破房诛叛，摧枯建瓴。功成北阙，骨葬南溟。呜呼烟阁，谁上丹青？[①]

李商隐为《会昌一品集》作序时，则誉之为"万古良相"。

---

① 《旧唐书》卷174《李德裕传》，第4530页。

五、武宗灭佛与中国文明的收缩

思想和信仰环境的变迁会以很极端的方式反映在政治领域。唐朝的宗教宽容政策不断受到挑战，终于在武宗时代演变为大规模的灭佛运动——包括镇压佛教、摩尼教、景教等多种宗教。武宗灭佛对唐朝世界帝国的定位是一个巨大的破坏。此时，亚欧大陆的东段，最为系统、最为有影响的信仰体系就是佛教。经过数百年的演进，佛教文明已经跟中国文明融合在一起。长安是佛教的中心，各国的僧人、使者往返于本国和长安之间，把相对先进的思想和教义带回本国。后来日本出现的佛教诸宗，其祖庭大多都在长安。但经历武宗灭佛，中国在思想上转向古典主义，放弃了作为佛教世界领导者的地位，也放弃了作为世界帝国的身份。这只是历史的一个侧面，唐朝的衰落，几乎跟佛教的衰落同时；中国文明从中亚的大踏步后退，事实上将佛教文明的故地放弃。

在武宗之前，佛教受到刻意抑制已有端倪。穆宗、敬宗、文宗皇帝虽然仍循例作佛事，白居易等唐朝士人也多与僧人交往，但唐代中后期的思想形势已发生了微妙的变化。敬宗已酷信道教，文宗时代开始有毁法之议，认为"古者三人共食一农人，今加兵、佛……其间吾民尤困于佛"。武宗会昌五年（845）开始的毁法运动将打击佛教推到极致。武宗的灭佛动机比较复杂，除了思想背景和政治考虑之外，学界也往往提到财政困难说，认为佛教寺院在武宗时代成为国家财政的重要负担，给经济造成了严重的破坏。其时，全国的大中型寺院将近五千座，僧尼三十多万，而寺院靠出租土地收取地租和发放高利贷作为经济来源。随着寺院经济的膨胀，逐渐形成了宗教僧团同世俗权力冲突的局面。从事实上说，武宗灭佛确实在经济上获得了巨大的好处。当时日本僧人圆仁恰好到唐朝求法，目睹了灭佛的种种情形，记载于他的《入唐求法巡礼行记》中。

会昌元年（841），闻到空气中弥漫的不祥气氛，外国僧人纷纷请求离开唐朝回国。南天竺僧人宝月入朝，不经事前报告，直接拿出奏表给武宗，请求回国，结果被收押。他的弟子和翻译也被诛连，挨了板子。这一年的八月七日，圆仁也上表请求回日本，照样未获准许。此时执政的李德裕也支持武宗的灭佛政策。会昌二年（842）三月，李德裕上奏，发遣保外无名僧，又不许置童子沙弥，至此，武宗灭佛已显露端倪。五月二十五日，武宗使人发牒勘问外国僧艺业。五月二十九日，敕停供奉大德、两街各二十员。到了秋天，武宗再次下敕，凡是会烧炼、咒术的僧尼，和混入僧人中的逃兵、逃犯，以及不

图 37　唐鎏金如来说法盝顶银宝函。法门寺地宫出土，法门寺博物馆藏。此为八重宝函中的第四层。（动脉影　摄）

修戒行的僧人，都被勒令还俗。若僧尼有钱谷田地，都要没收。愿意还俗的僧人，允许他们还俗，但要正常缴纳赋税。有数千名僧人因为该政策而还俗。此外，僧人只许保留奴仆一名，尼姑只许保留婢女二名。多余的奴婢都要回归世俗社会。

会昌三年（843）五月二十五日，勘问诸寺外国僧来由。六月，武宗又下敕斥佛本西戎人，佛经典籍为胡书。但是圆仁前后求归国百余次，均不获准。武宗的灭佛相当全面，会昌四年，他下敕不准供养佛舍利，违者严厉惩处。种种抑制佛教的行为伴随着谣言纷起，据传道士奏云，孔子言黑衣继十八子为天子。黑衣者，僧人；十八子者，李氏。而武宗为唐第十八代。凡此种种说法，更加坚定了武宗灭佛的决心。到了这一年的七八月份，法难发生了。武宗下令拆毁全国的山房、兰若、普通佛堂、义井、村邑斋堂等，未满二百间、不入寺额者，其僧尼等尽勒还俗。据圆仁记载，长安城坊佛堂被毁三百余所，全国范围内拆毁的更多。同时天下的石经幢、僧人墓塔等也被下敕拆毁。十月，又下敕拆毁天下小寺，经书、佛像移入大寺，钟送道观。其被拆寺僧尼，不依戒行者，不论老少尽敕还俗，长安城中于是又拆毁小寺三十三所。会昌五年（845）三月，武宗下敕不许天下寺院置庄园，又令勘检天下寺院奴婢数量和财产情况。令都中诸寺由神策军中尉勘检，诸州府寺院由中书门下检勘。并分城中寺舍奴婢为三等，分别收遣。差不多在同时，又敕令天下诸寺僧年四十以下者都强制还俗，遣送回原籍，后又扩大到五十岁以下的僧尼都强制还俗。到了五月末，长安已经没有僧尼了，寺院只留下几名僧官检理财物，结束后也要还俗。外国僧人没有祠部牒的，也必须还俗，送归本国。秋七月"敕上都、东都两街各留二寺，每寺留僧三十人；天下节度、观察使治所及同、华、商、汝州各留一寺，分为三等：上等留僧二十一人，中等留十人，下等五人。余僧及尼并大秦穆护、祆僧皆敕还俗。寺非应留者，立期令所在毁撤，仍遣御史分道督之。财货田产并没官，寺

图 38　敦煌佛传绢画中描绘的"雷雨"。大英博物馆藏。

材惟葺公廨驿舍，铜像、钟磬以铸钱"。又将僧尼改隶鸿胪寺。

寺院原先有悲田院，救济贫困者，僧尼还俗后，这项社会慈善事业也归政府安置。李德裕建议将悲田坊改名养病坊，于乡间中选人主持。圆仁记载，唐国僧尼本来贫穷，尽令还俗后，无衣可穿，无食可吃，引起社会动荡。

武宗灭佛虽然得到了李德裕等大臣、儒家、道士的支持，但是在统治集团内部并未达成共识。比如代表宦官集团的仇士良就对这一政策颇不赞同。根据圆仁的记载，会昌三年（843）正月十八日，仇士良有帖，唤长安城中的外国僧人第二天见面，包括青龙寺南天竺三藏宝月等五人，兴善寺北天竺三藏难陀一人，慈恩寺狮子国僧一人，资圣寺日本僧圆仁及弟子惟正、惟晓等三人，诸寺新罗僧等，更有龟兹国僧共二十一人。仇士良本身信佛，所以对这些人多加抚慰。另外，唐朝中央推行的灭佛政策，在黄河以北镇、幽、魏、潞等藩镇并未得到认真推行，所以佛教得以部分保存。五代至宋朝以后，佛教正宗的传承地实际上在今天的幽州、河北地区。

尽管如此，在中国历史上的多次灭佛中，仍属武宗灭佛对佛教的打击最为酷烈。北魏太武帝拓跋焘和北周武帝宇文邕都曾采取暴力强硬手段灭佛，在当时的历史背景下，佛教仍蒸蒸日上。虽然佛教受到暂时的挫折，但是其作为中国人主要信仰的地位并未丧失，在当时仍有不少僧人挺身而出，舍身护法。遭到迫害的佛教也博得了更多人的同情和信仰。所以在灭佛的君主死后，佛教就卷土重来，出现更加蓬勃向上的势头。比如北周灭佛时，慧远曾与北周武帝激烈辩论，其后在隋文帝的支持下，成为佛教的重要精神领袖。武宗的灭佛则发生在中国人心灵结构产生重大变化的背景下。此时回到古典时代、排除佛教因素的思想运动愈演愈烈，中国主流的知识分子越来越认为，"三代已前，未尝言佛，汉魏之后，像教寝兴。是逢季时，传此异俗，因缘染习，蔓衍滋多。以至于耗蠹国风，而渐不觉"[1]。所以在武宗灭佛的时候，我们没有看到僧人的激烈抗议，也没有看到朝臣士人的反对声音。佛教作为一个庞大的思想、信仰体系，在此刻似乎已经失去了之前朝气蓬勃的气势，社会大众也似乎接受了佛教正不可避免地走向衰落。有的时候，庞然大物突然倒下，出乎大家的意料，但同时也有它的逻辑。

武宗灭佛，对中国佛教来说可谓是灭顶之灾，寺院经济遭到打击，寺庙被毁，经籍散佚，佛像被销毁，佛教失去了繁荣的客观条件。加上思想世界的变化，曾经处于知识、思想、文化、政治舞台中心位置的佛教从此走向衰落，一蹶不振，走向了世俗化道路。这一事件的影响是深远的，比如从最小的层面上说，由于拆毁佛教建筑，导

---

① 《唐会要》卷47《议释教上》，第840页。

致留存到今天的唐代建筑非常少。而如今日本京都等地，那些保存尚好、气势恢宏、令人赞叹的佛教古建筑，就是模仿唐朝而建造的。如果当时长安、洛阳的那些伟大的寺院能够保存的话，将是多么伟大的遗产！

武宗死后，宣宗即位后即复兴佛教。但是大势已去，咸通十四年（873）懿宗迎佛骨后不久便去世了，即位的僖宗下诏将佛指舍利送归法门寺，仪式非常简单，原所在香刹也被铲除。当时已知的世界文明，包括佛教世界、伊斯兰世界和基督教世界：基督教世界逐渐在欧洲站稳脚跟，在此后的一千年中都笼罩着欧洲大陆；伊斯兰世界则从阿拉伯拓展，往西进入非洲、土耳其、西班牙，往东侵入波斯、中亚，沿着丝绸之路一路到达中国的陕西、甘肃；佛教世界则在西北印度、中亚逐步萎缩，乃至在中国也失去根据。中国作为佛教世界主导者的角色，在武宗灭佛后已然放弃。虽然日本佛教诸宗仍认同长安的寺院是其祖庭，但是对中国来说，已经没有太大意义。此后儒家思想重新焕发活力，改头换面，成为主导的伦理和思想体系。

作为东亚文明核心的唐帝国走向封闭之后，产生的后果并不局限于中国自身，而是带来了整个东亚思想、信仰实际的变迁、重组和再造。重组和再造后的格局持续了很长的时间，对历史的走向产生了深远的影响。

图39 地藏菩萨立像幡。敦煌彩绘绢画，大英博物馆藏。

武宗灭佛之后，作为体系化的、官方意识形态化的佛教在中国一蹶不振，衰落了下去。但是有关教义传入新罗、日本。从六世纪开始，佛教即传入日本。经过长期与日本本土信仰的冲突与融合——其间伴随着激烈的政治对抗——到了七世纪，佛教已经基本成为日本主导性的宗教，并被官方认定为国家宗教。日本的佛教植根于从中国输入的佛教文献与教义。根据输入时间的顺序，形成了不同的教派，尤其是平安朝前期，最澄和空海传入的天台宗和真言宗最具生命力。这些教派跟日本本土文化相融合，进而变为日本文化传统的一部分。但是一直到唐朝中期，日本佛教仍视中国佛教为其母本。长安的著名大寺院被日本各宗派视为祖庭，而唐朝的一些大和尚被树立为其宗派的祖师，比如日本净土宗视曾经活跃在长安城的善导为祖师。随着唐朝宗教宽容政策消失，中国佛教的一些高僧也越来越感到佛教生存环境的恶化，希望能够开拓新的佛土，将佛法永远传播下去。正是在这种背景下，唐朝的高僧不断东渡日本，将佛法传到日本列岛。一方面，佛教东渡日本是中国文明对日本文明的感染与影响，另一方面，也是佛教保存法脉、拓展佛土的运动。

至今，佛教仍是日本最大的宗教，保存了七万多座寺院，三十万尊佛像。世界最古老的木造寺院法隆寺，最古老的佛典古文书都在日本。日本国民中的大多数也是佛教徒。与佛教一样，曾在儒家知识体系中占据重要地位的纬学，在唐宋之际也不断被排斥出儒家正统知识体系，反而在日本，与阴阳五行相关的知识得到了保存，跟日本文化融合后，在日本发展出阴阳道的传统。

有趣的是，在唐朝本土佛教去体系化、教会化、意识形态化的同时，佛教在吐蕃逐渐取得了主导地位。在与苯教等本地元素融合后，佛教在西藏发展出独特的风格，形成了藏传佛教。虽然有多次的波折和起伏，但在此后的一千多年中，藏传佛教逐渐成为西藏民众的主要信仰，也主导了西藏的政治生活。吐蕃王朝在隋末唐初兴起，与尼泊尔和唐朝联姻，佛教也由南北两路传入藏区，佛经以及有关天文、历算、医药等书籍也被介绍到西藏。八世纪后半期，藏人开始出家为僧。佛教译经事业的发展，也促进了藏文的改革，藏文词汇更加丰富，拼写规则更加规范，语法结构也更为完善。九世纪初，佛教上升为吐蕃王朝的国教，取得意识形态的主导地位。松赞干布、赤松德赞与赤祖德赞在藏文史籍中合称为"三大法王"。赤祖德赞大兴佛教，并在王朝中重用僧人，甚至把国家大权都交给僧人，引发了有关吐蕃贵族的反对，在其暴死后，朗达玛（838—842年在位）即位。朗达玛原名"达玛"，又叫"朗达日玛"，《新唐书》作"达磨"，是吐蕃末代赞普。当时吐蕃经常发生霜、雹、瘟疫等天灾人祸，朗达玛遂于840年声称是由于推行佛法而触怒了天神，下令禁止佛教，并强制推行苯教。佛教遭到大规模的镇压裁抑。842年，佛教僧侣贝吉多吉刺杀了朗达玛。随后吐蕃王朝陷入争夺王位的内战，地方军阀纷纷割据，臣服于吐蕃的各部族独立，吐蕃王朝终结。在朗达玛禁佛以后，一度被压下去的苯教，又开始复兴，直至十世纪后期，整个西藏地区社会逐渐稳定下来，佛教方得以复兴和发展，成为西藏地区占据绝对主导地位的宗教信仰。在中亚地区伊斯兰化、唐朝佛教走向世俗化的时候，藏传佛教的兴起可谓当时亚洲史上的重大事件。有的学者甚至把西藏到中南半岛的连线称为"佛教长城"，这座长城阻挡了伊斯兰教东来的步伐，保卫了古典文明。

多说一点

作为宗教信仰的佛教与作为意识形态的佛教有何不同?

佛法东传,不唯是信仰与宗教的输出输入,也是意识形态的融合与激荡。尽管佛教王权(Buddhist Monarchy)的传统并没有在中国历史上形成长期的、占据主导地位的影响,但是大乘佛教有关救世主弥勒(Maitreya)和理想君主转轮王(Cakravartin)的观念,从魏晋南北朝到唐代数百年间,曾经对当时中土政治的理论和实践都产生了重要的影响。这些影响包括政治术语、帝国仪式、君主头衔、礼仪革新、建筑空间等各个方面。

唐朝之后的佛教,逐渐从政治舞台退出。虽然有少数僧人在政治中扮演重要的角色,但是佛教作为系统的、对政治理论和实践产生影响的信仰体系,不再产生重要的影响。加上佛教　直被赋予跳脱现实世界、追求精神境界的形象,所以我们在研究佛教与中古政治起伏的关系时,仅仅强调了佛教作为宗教信仰的一面,而忽略了其作为意识形态的一面。在讨论佛教跟政治的关系时,君主的实用主义和在宗教信仰上投机,以及佛教在政治资助下的发展成为关注的焦点,也就是所谓的"不依国主,则法事不立"和"国家立寺,本欲安宁社稷"。这样的讨论,忽略了佛教自身的主动性。任何宗教信仰体系,都不可避免地跟世俗世界发生关联,也对世俗王权抱持自己的看法。正如基督教的理论家阿奎那们讨论什么样的君主才是一个合格的基督教君主那样，佛教也对什么是理想的社会、什么是理想的君主、什么是理想的政教关系有系统的观念和标准。推荐阅读陈寅恪《冯友兰中国哲学史审查报告》。其中论文化之融合云："窃疑中国自今日以后，即使能忠实输入北美或东欧之思想，其结局当亦等于玄奘唯识之学，在吾国思想史上，既不能居最高之地位，且亦终归于歇绝者。"[1] 这段论述，可能表明，陈寅恪潜意识里不但视佛教为一种宗教信仰，而且为一种政治思想或者意识形态。

---

[1] 陈寅恪：《金明馆丛稿二编》，上海：上海古籍出版社，1980 年，第 251 页。有关讨论参看桑兵：《"了解之同情"与陈寅恪的治史方法》，《社会科学战线》2008 年第 10 期。

第九章　西域形势变迁和归义军

唐朝晚期，虽然归义军使河西走廊摆脱吐蕃的统治，回到中原政权名义之下。但是世事变迁，中亚文明不再是中原文明主要的交流方向。同时欧亚商业贸易网络出现了巨大的动荡和变化。随着佛教在中国本土的体制性衰落，中国走向儒学复兴，走向回归先王之道，也就放弃了对四夷的责任。整个中亚在这种情况下因为中国作为权威力量的退出，经历了漫长的动荡。

一、宣宗上台的政治意义

会昌六年（846），33 岁的武宗病死。武宗的儿子年幼，无法登基，而他的同胞兄弟也早死。朝廷并没有更多的选择，他的叔叔光王是唯一合适的人选。武宗临死前"遗诏立为皇太叔，权勾当军国政事"。宦官们按照程序拥戴光王即位，是为宣宗。

宣宗李忱（810—859）比武宗大四岁，即位时已 37 岁了。他是宪宗的小儿子，穆宗的弟弟，敬宗、文宗、武宗的叔叔。自穆宗开始的这四任皇帝都是郭子仪家族的血脉，穆宗是郭贵妃的儿子，敬宗、文宗、武宗是郭贵妃的孙子；而宣宗的母亲一度只是郭贵妃的婢女。因此甫一即位，宣宗就开始了"大清洗"，他认为宪宗之死的罪魁祸首是穆宗和他的母亲郭贵妃，这等于是向大家暗示在他之前的四位皇帝合法性有问题——他降低了这四位皇帝在宗庙祭祀中的待遇。郭贵妃去世后，宣宗拒绝让她陪葬宪宗陵墓。武宗信任且倚重李德裕，宣宗在即位第二天就把李德裕贬去了海南；武宗灭佛，宣宗就扶持佛教，以蛊惑武宗、诋毁佛教为由，诛杀了道士刘玄靖等十二人。

此后有关宣宗韬光养晦的故事逐渐丰富起来，在这些故事里宣宗被塑造为一个韬光养晦、大智若愚的形象。据说宣宗小时候沉默寡言，神态怪异，宫人都以为他是痴儿。少年时，宣宗曾身患重病，在某晚身上突然发出光芒，然后跃然起身，做出一副接见大臣的姿态。

乳母以为他得了什么癔症，穆宗却拍着他的背夸道："这是我家的宝物呀！"还赏赐了不少玉如意、御马、金带。不出意外，在这些故事里，敬宗、文宗，尤其是武宗被描述为迫害他的人。据正史文献来看，武宗对他尤其无礼。宣宗曾经梦到自己乘着龙飞上了天，他的母亲嘱咐他不要跟外人提起此事，此后宣宗待人越发谨小慎微，甚至不轻易开口说话。文宗、武宗曾在十六王宅举办宴会，在席上强行引诱宣宗讲话，逗弄他，还喊他光叔。韦昭度的《续皇王宝运录》记载，武宗曾为了争夺皇位派人暗杀宣宗：

> 武皇虑有他谋，乃密令中常侍四人擒宣宗于永巷，幽之数日，沉于宫厕。宦者仇公武愍之，乃奏武宗曰："前者王子，不宜久于宫厕。诛之。"武宗曰："唯唯。"仇公武取出，于车中以粪土杂物覆之，将别路归家，密养之。三年后，武皇宫车晏驾，百官奉迎于玉宸殿立之。寻擢仇公武为军容使。[①]

武宗暗中派中常侍四人将李忱抓来，浸在宫内厕所里。有个叫仇公武的宦官有心搭救，便假意借口已杀死李忱，将其送出皇室。武宗去世后，百官才将李忱请出来当皇帝。

不过不少史家，如北宋的司马光，认为李忱曾被武宗迫害之说毫无根据，因正史中没有相关记载，而且当时李忱只是众多的庶出皇叔之一，对武宗的帝位根本没有威胁。

历史变成故事，故事变成传奇。宣宗潜龙时的经历随着时间的推移逐渐发展为宣宗遭武宗迫害后出家为僧，在江南游历多年的传奇故事。南唐尉迟偓的《中朝故事》中有相关记载：

---

① 《资治通鉴》卷248《唐纪六十四》引"考异"，第8021页。

> 敬宗、文宗、武宗相次即位，宣皇皆叔父也。武宗初登
> 极，深忌焉。一日，会鞠于禁苑间，武宗召上，遽睹瞬目于
> 中官仇士良。士良跃马向前曰："适有旨，王可下马！"士
> 良命中官舆出军中，奏云："落马，已不救矣！"寻请为僧，
> 游行江表间。会昌末，中人请迎京，遂即位。[①]

有人认为李忱因遭武宗迫害而出家的经历，是后世佛教徒为丑化灭佛
的武宗、美化支持佛教的宣宗而杜撰出来的。经过佛教徒的渲染，宣
宗出家的桥段甚至开始出现在一些佛教故事中，比如"黄檗礼佛"说
的就是宣宗曾与黄檗禅师辩论礼拜佛像是为何。

　　正史中的宣宗是一个勤于政事、孜孜求治的皇帝。在位期间，他
整顿吏治，对宗室和宦官的限制极为严苛。他在惩治与宪宗之死相关
人员时，诛杀了一大批宦官、外戚以及穆宗为太子时的东宫官员。此
外他还将除郑注、李训之外死于甘露之变的朝臣全部昭雪。宣宗即位
也是依靠了宦官的力量，但他一直对宦官保持警惕。左神策军护军中
尉马元贽有拥戴之功，是当时宦官中地位最高的。宣宗赐予他一条镶
嵌宝石的腰带，当时宰相马植想和马元贽攀亲戚，马元贽转手就把腰
带送给了马植。马植竟然穿上这条腰带上朝，宣宗自然认了出来，立
刻追查出两人的关系，马植因此罢相。这对当时的朝臣来说无疑是杀
鸡儆猴，此后官员们都不敢与宦官过于亲密。宣宗还曾密召韦澳，问
道："最近外面对宦官权势有什么说法？"韦澳回答："说陛下对宦官
的处置威严果断，前朝的皇帝都比不上。"宣宗闭着眼，摇了摇头，
叹息道："完全不是这样啊！完全不是这样啊！我对宦官尚存畏惧之
心。你有什么好的计策？"韦澳回答说："如果与宰相大臣筹谋，恐
怕又会重现甘露之变的惨剧，还不如选几位有才学的宦官合作。"宣

---

① 《资治通鉴》卷248《唐纪六十四》引"考异"，第8021页。

宗说："这是下策。赐他们三品以下官阶时，还都知感恩，一旦提拔至三品官时，他们就会去投靠那些权势滔天的宦官了！"宣宗还曾和令狐绹密谋将宦官全部诛杀干净，令狐绹担心此举会波及无辜，建议道："不要放过任何一个有罪的宦官，宦官的职位出现空缺后也不要补人，他们的势力自然就会慢慢衰弱。"令狐绹的计策其实有一定的可行性，若能施行，宣宗完全有机会扳倒宦官。可惜，有宦官偷看到了令狐绹的奏章，宣宗还没来得及有所动作，南衙朝臣与北司宦官的关系便再次紧张起来。

宣宗对宗室的管控首先体现在子女和外戚身上。宣宗本打算让于琼迎娶永福公主，但这桩婚事后来又不了了之。有宰相问其中缘由，宣宗回答说："我最近和这个女儿一起吃饭，她竟然当着我的面折断了筷子。这么恶劣的性情，怎么做士大夫的妻子！"后来宣宗将另一个亲生女儿广德公主许配给了于琼。广德公主是个极有品节的女子。黄巢将于琼杀害后，广德公主哭喊道："今日我绝不独活，你杀了我吧！"黄巢本想放过她，没想到广德公主选择了自缢。宣宗的另一个女儿万寿公主嫁给了起居郎郑颢。郑颢的弟弟病危时，宣宗特地遣人问候，结果发现万寿公主竟然跑去慈恩寺看戏了。宣宗大怒，立刻将公主召回宫大骂了一顿。宣宗的舅舅郑光手下有一个庄吏非常豪横，很多年都不向官府交税。当时的京兆尹韦澳将他逮捕，宣宗想到舅舅似乎非常偏爱这个小吏，有所犹豫。韦澳晓之以理，坚持要求依法惩处。宣宗同意了韦澳的做法，还为自己一时徇私情之举向韦澳道了歉。宣宗一朝，宗室贵戚始终小心谨慎，遵守礼法，不敢逾矩。武宗时，对宗室子弟为官的限制放宽，宰相李德裕不喜科举，甚至禁止放榜后进士在杏园集会。宣宗对科举则极为重视，他于大中元年（847）下敕，废除了李德裕时的禁令，允许进士们去杏园集会，公卿子弟如果确实文采过人，且按照规章制度考试，不私下贿赂走后门，也可以录取。宣宗还经常微服私访，探听舆论，来考察科举选人的得失。

客观地说，宣宗的运气特别好，即位后党争进入了尾声，宦官势力得到了抑制，归义军摆脱吐蕃统治回归唐朝，皇帝的个人权威再次树立起来。在对外方面，宣宗击败吐蕃、收复河湟，又安定塞北、平定安南。尤以收复河湟之举，为安史之乱后唐对吐蕃的重大军事胜利之一。但这个时期，唐朝的经济和社会也在发生重大变化——比如土地私有制和土地兼并，造成了整个社会的高度紧张和动荡。土地所有权虽然仍掌握在世家大族和部分高官手中，但随着后代不断分割土地以及从农民中陆续兼并土地，他们所拥有的地都比较分散，很可能在相邻的州县各拥有上千亩土地，且与他们所居之处相距甚远。在此背景下，发展出一个新的单位"庄"，即地主的土地经营点。地主将相邻的土地设为一庄，由庄吏全权负责下辖土地的征税、雇佣佃户等手续。寺院也可以像这样设置"庄"来维持经营。大中五年（851）开始，四川、湖南、陕西等地相继爆发小规模的农民起义，但因为很快就被镇压，在当时并没有得到重视。中央政府的权威也在不可避免地下降，各地断断续续地有军变发生，尽管唐后期官府将盐税牢牢抓在手中，宣宗甚至设置两盐池使，专门管理安邑、解县的盐税（安邑、解县靠近长安，是当时重要的产盐地），其带来的收益也不过是宪宗时期的一半。

宣宗即位后五个月，即会昌六年（846）八月，七十五岁高龄的白居易溘然长逝，宣宗不胜悲悼，写下《吊白居易》："缀玉联珠六十年，谁教冥路作诗仙。浮云不系名居易，造化无为字乐天。童子解吟《长恨》曲，胡儿能唱《琵琶》篇。文章已满行人耳，一度思卿一怆然。"

宣宗是一个对自我要求极高且极其细致之人。宣宗无论何时接见大臣，都会肃然作揖，很少会说轻慢之词。有时宣宗在阅读奏章前，还会焚香洗手，朝会后还会和群臣闲聊一会儿，问问他们的家事，谈谈宫中的游宴。据《唐语林》记载，宣宗记忆力极好，凡是见过面的

图 40　白居易造石经幢。1992 年洛阳唐代东都履道坊白居易宅院遗址出土，中国社
　　　会科学院考古研究所洛阳唐城工作队藏。大和三年（829），白居易于东都履道
　　　坊宅院中开始度过他的晚年生活。该经幢建造于大和九年（835），小楷文字由
　　　白居易亲书。

宫中杂役，他都能记住长相、名字甚至职务。宣宗还会派御医为这些宫人看病，有时甚至会亲自前去探视。宣宗还非常节俭，经常穿浆洗过多次的衣物，每天吃的饭菜只有几样。以前皇帝出巡，宦官都要用各类昂贵的香料铺满行宫的地面，宣宗取消了这一规定。因此他在位时，就有大臣称其有"贞观之风"，后人也把这一时期称为"大中之治"，唐朝灭亡后，仍有百姓称宣宗为"小太宗"。但也有一些史家对他颇有微词，认为他抓小放大，最后还让宦官决定继承人招致大乱。《新唐书》称："唐亡，诸盗皆生于大中之朝，太宗之遗德余泽去民也久矣，而贤臣斥死，庸懦在位，厚赋深刑，天下愁苦。"[1]北宋范祖禹评价宣宗不过是"县令之才"。王夫之直指宣宗朝被美化为"大中之治"，宣宗被吹捧为"小太宗"，其实"自知治者观之，则皆亡国之符也"[2]。

岑仲勉在《隋唐史》中对宣宗的评价是比较到位的。他认为宣宗贬谪李德裕是"徒快私愤，自坏长城，即此一端，已觇器小。所用宰相，如白敏中、令狐绹辈，皆阘茸无能，虽察察为明，遇事节俭，只合作盛世守成之主，迥非挽回危局之材"[3]。

---

① 《新唐书》卷 225《逆臣下》，第 6469 页。

② （清）王夫之撰，舒士彦点校：《读通鉴论》卷 26《宣宗》，北京：中华书局，1975 年，第 814—815 页。

③ 岑仲勉：《隋唐史》，上海：上海古籍出版社，2020 年，第 380—381 页。

二、唐中后期的周边局势——内政外交之连环性

唐朝除了面对国内纷繁复杂的政治形势之外，八世纪中期以后周边复杂的关系也让其疲于奔命。昔日强大的帝国在内部瓦解之后，周边的挑战就显现出来。而且外患往往和内忧联系在一起，让唐朝始终在攘外和安内之间徘徊，一直到政权瓦解。这种形势随着周边战略区域的丧失，一直延续到五代、北宋、南宋，汉人政权都无法恢复到唐朝世界帝国的地位，而且始终在周边强权的威慑之下，最为惨重的是到十三世纪汉人政权第一次彻底地亡于异族。

安史之乱时，陇右、剑南两节度使的精兵内调，吐蕃乘机扩充领地。唐朝突然丧失了对中亚的控制，虽然在当地的据点苦撑了很多年，但是随着与本土联系的切断也逐渐沦陷。更要命的是，河西、陇右战略缓冲区的丧失，让吐蕃军队可以直接威胁首都长安。广德元年（763），吐蕃长驱直入，直逼长安。代宗只好往东逃奔陕州。首都第二次沦陷，沉重打击了帝国的威信。吐蕃攻入长安后，立金城公主的兄弟、广武王李承宏为帝，改元，置百官，"吐蕃剽掠府库市里，焚闾舍，长安中萧然一空"[1]。虽然郭子仪设法吓退了吐蕃，收复了长安，但是从此之后，京畿时时受到威胁。永泰元年（765）九月，大将仆固怀恩因为功高不赏反遭疑忌，诱回纥、吐蕃、吐谷浑、党项、奴剌

---

[1] 《资治通鉴》卷 223《唐纪三十九》，第 7152 页。

图41 多宝塔感应碑拓片。

数十万众分道入犯关中，吐蕃趋奉天、党项趋同州、吐谷浑等趋鏊屋，回纥继吐蕃之后，仆固怀恩又以朔方兵继其后。如果不是仆固怀恩突然死去，后果不堪设想。唐朝也因此失去了裁抑河北、山东强藩的机会。为了拱卫京师，唐朝在凤翔、泾州、邠州、渭北等地均设节度使，驻扎重兵。

德宗即位后，力图先安内后攘外，"先内靖方镇，顾岁与虏确"，于建中元年（780）派遣使者出使吐蕃，希望缓和双方的紧张关系。四年后，唐朝正式承认吐蕃攻占的州县归属吐蕃，重新划定疆界。然而，德宗通过割地忍让换来的宽松外部环境，并没有带来对内削藩战争的胜利，反而引发了更大的军事混乱，甚至德宗本人都被迫再次逃离首都。在这种情况下，吐蕃背弃盟约，于贞元二年（786）大举进攻长安以西的地区，甚至攻陷盐、夏等州。唐朝只好再次放下削藩的计划，积聚力量，以待将来。为了解除吐蕃的威胁，李泌提出"结回纥、大食、云南，与共图吐蕃"的战略。在这一战略之下，在与吐蕃的斗争中，唐朝逐渐转为主动。

唐朝通过和亲等手段笼络回纥，使其与吐蕃断绝关系。在南边，唐朝结好南诏，离间其与吐蕃关系。吐蕃失去南诏的支持，兵势逐渐转弱。本来，安史之乱前夕，唐朝在与吐蕃的战争中占据主动，安史之乱给了吐蕃扩张的良机。但是其扩张的速度超出了其正常国力所能承受的极限。待唐朝喘息之后，便重拾战略主动地位。八、九世纪之交，佛教在吐蕃普遍流行，并与本地苯教发生冲突。代表不同宗教、社会势力的集团之间不断发生摩擦，乃至引发内讧。随着其内乱不止，吐蕃势力衰落。在外部，吐蕃对唐朝的小规模战争完全失去之前入侵的势头。在中亚，阿拉伯的强盛和东扩，逐渐成为吐蕃的头号大敌。吐蕃军队大部分调往西部防御大食，逐渐不再构成对唐朝的威胁。不过从某种意义上说，不是唐朝，而是吐蕃成为东扩的阿拉伯的对手，说明唐朝已完全退出了中亚的竞逐，再也没有之前高仙芝、封常清等人纵马中亚，主动进攻阿拉伯势力的气势了。随着吐蕃的彻底衰落并退回青藏高原，中亚地区再也没有强权能够阻挡伊斯兰教的东扩了，佛教势力逐渐被连根拔起，彻底在中亚消失了。之后甚至包括陕甘地区，都成了伊斯兰世界的外围地区。

吐蕃受到阿拉伯人的挤压，加上内乱，"日夜惧王师复河、湟，不安寝食"，迫切希望跟唐朝和好。在这种背景下，唐朝同意会盟，双方在穆宗长庆元年（821）会盟，约定"中夏见管，维唐是君；西裔一方，大蕃为主。自今而后，屏去兵革，宿忿旧恶，廓焉消除，追崇舅甥，曩昔结援"。从这次会盟以后，直到唐末，双方没有发生大的战争。在吐蕃衰落的同时，唐朝也呈现衰颓之势，再也没有雄心收复之前被吐蕃攻占的领土。但是武宗以后，吐蕃内乱，给原先被占领的唐朝州县提供了摆脱其统治的良机。宣宗大中三年（849），秦、原、安乐三州回归唐朝；随后张义潮率领沙州兵民起义，赶走了吐蕃统治者，宣布回归唐朝；五年（851）冬，张义潮发兵略定瓜、伊、西、甘、肃、兰、鄯、河、岷、廓十州，遣其兄义泽奉沙、瓜等十一州地图入朝，唐朝于沙州置归义军，以张义潮为节度使。十一年（857）冬，吐蕃酋长尚延心率河、渭两州降唐。曾经强盛一时的吐蕃帝国瓦解，彻底衰落下去，从此不复成为中原王朝的竞争对手。一直到唐朝灭亡，沙州归义军政权基本控制了陇右东道，形成了地域性的繁荣时代。

吐蕃占领陇右之后，唐朝和西域的联系多通过北亚草原的回鹘。回鹘在东西贸易中牟取了很大利益。回鹘也援助唐朝在北庭和安西的驻屯军，直到790年和791年吐蕃占领北庭和安西。随着阿拉伯在中亚的扩张，粟特昭武九姓人东迁到回鹘，经商传教，在其影响下，回鹘逐渐改信摩尼教，并且根据粟特字母创造了古回鹘文，著名的九姓回鹘可汗碑就是用古回鹘文、汉文和粟特文三种文字刻写而成的。开成五年（840），黠戛斯以十万之众攻破回鹘城，迫使回鹘往西迁移，其中一支以西州为中心建立了西州回鹘或称高昌回鹘政权，另外一支建立了甘州回鹘政权。回鹘人逐渐成为现在新疆地区的主要居民之一。

云南的南诏，取利于唐朝和吐蕃的战争，逐渐壮大。最初南诏臣服吐蕃，与唐朝作战。在安史之乱前，杨国忠发动对南诏的大规模战争，并未取胜。安史之乱发生后，南诏攻入四川南部。唐朝自顾不暇，南诏逐渐形成国家规模。德宗时，唐军大破吐蕃、南诏联军。之后吐蕃与南诏关系转坏，唐朝转变立场，联诏抗蕃。此后战略形势大变，南诏开始与唐朝合兵攻击吐蕃。贞元十八年（802），南诏大破吐蕃大相论莽热所帅军队，俘虏论莽热。在实力增强后，南诏走向了独立的扩张之路。除了侵扰西川外，还攻略骠国、安南等处。这种情形一直延续到唐朝灭亡。

真正成为中原政权威胁的势力将来自东北——九世纪时，契丹的生产获得很大的进展。唐天复元年（901），耶律阿保机被立为夷离堇，以后他代替遥辇氏为首领，并于后梁贞明二年（916）称帝，建立契丹国。这个政权将来会成为中原王朝此后两百年的主要威胁。

三、安西尚在

历史上有些时刻让人非常感动。安史之乱爆发后，大唐的安西军团主力在李嗣业带领下回援朝廷，只有万余军队留在西域。吐蕃隔绝河西走廊后，朝廷自动认为安西四镇已经沦陷。一直到建中三年（781），安西军将领郭昕的使者风尘仆仆赶到长安，告诉德宗，安西尚在！德宗君臣感动到痛哭一片。就靠着安西军的老兵，郭昕坚持到元和三年（808），整整坚守西域五十年，最终全军战死于龟兹。在这五十年中，其实塔里木盆地只不过是唐朝一块远离母体的飞地。郭昕之后，在乾隆时代，中原王朝的军队才再次占领西域。

安史之乱后，唐朝的西北局势发生急剧的变化。代宗广德二年（764）八月，叛臣仆固怀恩引回鹘、吐蕃十万兵将入侵，长安告危。河西副元帅、河西节度使杨志烈，从敦煌、肃州、甘州、凉州调集五千精兵，由监军柏文达率领，突袭仆固怀恩的驻地灵武。仆固怀恩撤军回救，长安得以挽救。但柏文达率五千战士苦战数日，全军覆灭。杨志烈"围魏救赵"一战，河西主力丧失过半，吐蕃趁机重兵进攻河西。由于河西精兵大多被朝廷内调以平定安史之乱，各州皆兵力空虚，凉州很快陷入吐蕃之手，杨志烈不得已逃到甘州。坚持一年后，兵员难以为继，杨志烈乃西赴北庭征兵，在途中被叛军杀害。

永泰二年（766），吐蕃攻陷甘州、肃州。河西唐军主力被歼灭，接替杨志烈出任河西节度使兼河西副元帅的杨休明战死。《旧唐书》记载：

> （建中三年五月）丙申，诏："故伊西北庭节度使杨休明、故河西节度使周鼎、故西州刺史李琇璋、故瓜州刺史张铣等，寄崇方镇，时属殷忧，固守西陲，以抗戎虏。殁身异域，多历岁年，以迄于兹，旅榇方旋，诚深追悼，宜加宠赠，以贲幽泉。休明可赠司徒，鼎赠太保，琇璋赠户部尚书，铣赠兵部侍郎。"[1]

吐蕃对西域唐军采取围而不打的方针，重在发动政治诱降攻势。大历七年（772），代宗曾密遣使臣抄小道带着密诏，慰问西陲将士，题为《谕安西、北庭诸将制》，诏曰：

> 敕……河西节度使周鼎、安西北庭都护曹令忠、尔朱某等，义烈相感，贯于神明，各受方任，同奖王室……战士致命，出于万死……不动中国，不劳济师。横制数千里，有辅车首尾之应。以威以怀，张我右掖，棱振于绝域，烈切于昔贤。微二臣之力，则度隍逾陇，不复有汉矣。每有使至，说令忠等忧国勤王，诚彻骨髓，朝廷闻之，莫不酸鼻流泪，而况于朕心哉！遐想勤劳，耿叹何已。或恐凶丑狡谲，反复离间，妄说国难，摇动人心。今所以疏其事实，一以相报。[2]

唐朝此次遣使宣诏的目的，就是"疏其事实"，表示在谈判中绝不以

---

[1] 《旧唐书》卷 12《德宗本纪》，第 333 页。

[2] 《大唐诏令集》卷 116《政事》"抚慰中"条，北京：中华书局，2008 年，第 606 页。

图42 柏孜克里克第20窟三都统像。上方有汉文和回鹘文榜题"智通,进慧,法慧三都统供养像",三位汉僧穿交领广袖的中原式袈裟,双手持花供养。

放弃西陲领土为代价,以此坚定飞地将士抗蕃守土的决心。

虽然安西、北庭被隔绝,李嗣业、荔非元礼、孙志直、马璘等将领还遥领节度使名。守在当地的是李元忠与郭昕,分别为伊西北庭、安西四镇留后。西域与长安之间十五年不通消息,唐朝政府也不知道他们的存亡。考古发现见证了他们坚韧的存在:"1992 年 3 月中旬,在新疆新和县通古斯巴什唐代古城遗址,一次出土大历元宝、建中通宝钱 3 000 多枚。"[1] 在遗址中还出土许多借粮契,上面落款竟然是"大历十五年",甚至还有"大历十六年",要知道"大历"是代宗

---

① 王永生:《丝绸之路新疆段历史货币考察纪要》,《中国钱币》1995 年第 1 期,第 20—23 页。

的年号，且只用了十四年。因为与内地隔绝，他们不知道代宗已经去世，还一直沿用大历的年号。郭昕是郭子仪的侄子，其父死于大历八年（773），当时正是郭昕隔绝在西域的时候，恐怕他不知道自己父亲的死讯。

建中二年（781），西域守将终于与大唐取得了联系。郭昕派遣使者从回鹘绕了很远的路到达长安，李元忠的使者也到达了唐廷。德宗下诏曰："二庭四镇，统任西夏五十七蕃、十姓部落，国朝以来，相奉率职。自关、陇失守，东西阻绝，忠义之徒，泣血相守，慎固封略，奉遵礼教，皆侯伯守将交修共理之所致也。"① 加李元忠北庭大都护，赐爵宁塞郡王；以郭昕为安西大都护、四镇节度使，赐爵武威郡王；西域将士全部记为战功七等。

兴元元年（784）四月，德宗遣太常少卿兼御史中丞沈房入吐蕃谈判，意欲割让西部飞地与吐蕃讲和，未果。沈房旋即转而以安西、北庭宣慰使之身份赴安西、北庭，慰问西陲将士。郭昕因此由安西四镇节度观察使正式受册为四镇节度使，同年五月，又加授尚书左仆射。西行求法的僧人悟空在其《悟空入竺记》中，留下了郭昕主政安西时期的唯一详尽记载：

> 疏勒镇守使鲁阳，留住五月。次至于阗镇守使郑据，延住六月。次至安西，四镇节度使、开府仪同三司、检校右散骑常侍、安西副大都护兼御史大夫郭昕。西门外有莲花寺。

从莲花寺可知当时汉传佛教已经传到了西域了，今天的乌兹别克斯坦也发现了汉传佛教寺院的遗址。

---

① 《旧唐书》卷 12《德宗本纪》，第 329 页。

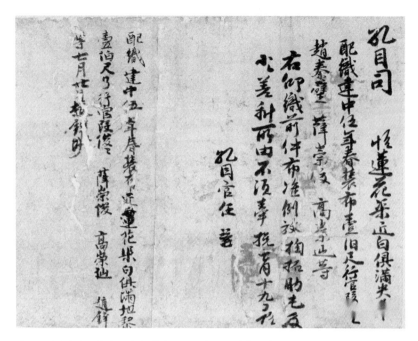

图43 《唐建中五年安西大都护府孔目司为配织春装布事帖及行官赵璧收领抄》。省称"孔目司帖",为唐代的商品税单。1908年日本大谷探险队成员于克孜尔石窟发掘,旅顺博物馆藏。卷内钤盖"西州都督府之印"三处。

贞元二年(786)六月,吐蕃又进攻邠、宁、泾、陇四州,四州陷落。同年,吐蕃赞普亲自指挥攻城,坚持抗蕃十余年的西部重镇、战略通道沙州陷落。贞元五年(789)吐蕃围攻北庭,回鹘大相颉于迦斯率兵援救,兵败。贞元六年(790)北庭陷落 唐朝北庭节度使杨袭古逃到西州,颉于迦斯返回回鹘。贞元七年(791),颉于迦斯统兵反攻北庭,杨袭古与之联兵,自西州北上,又战败。二人全都逃到回鹘,归至牙帐,被回鹘可汗所杀。北庭陷落后,安西成为大唐最后的飞地,腹背受敌。

吐蕃不断劝降,郭昕"屡拒之"。随后吐蕃多次发动对安西的围攻,郭昕率将士坚守城池,外联回鹘,多次取得对蕃战役的胜利。贞元十四年(798),吐蕃墀松德赞即位,古稀之年的郭昕和他的数千残兵面对的是正值而立之年的英主亲率的十万虎狼之师。贞元十九年

（803），大漠重镇、战略要地西州（今吐鲁番）陷落。同年，吐蕃围攻安西，郭昕与回鹘里应外合，大获全胜，吐蕃"尸骸臭秽，非人所堪"。元和三年（808），初冬，在吐蕃的一次夜袭中，孤悬大漠西部已四十二年的安西终于陷落。唐代诗人戴叔伦有纪念郭昕将军的《塞上曲二首》诗曰：

军门频纳受降书，一剑横行万里余。
汉祖谩夸娄敬策，却将公主嫁单于。

汉家旌帜满阴山，不遣胡儿匹马还。
愿得此身长报国，何须生入玉门关。

四、张议潮和归义军

沙洲也称敦煌。"敦，大也；煌，盛也"，早在汉代，就与凉州以富裕闻名于河西走廊。唐朝时，敦煌因为是丝绸之路上的贸易重镇，成为商业和农业都很发达的城市。《资治通鉴》评价："是时中国强盛，自安远门西尽唐境万二千里，闾阎相望，桑麻翳野，天下称富庶者无如陇右。"[1] 这时候中国的对外贸易前沿就是以敦煌为代表的丝绸之路上的各个城市。唐朝以后，中国转向东方，海上贸易取代了陆上贸易。这些曾繁荣一时的城市，慢慢被人遗忘在沙漠绿洲之中。

安史之乱后，唐军主力调往内地。吐蕃逐渐蚕食了包括沙州在内的河西诸州。从乾元元年（758）到大历十一年（776），廓州、凉州、兰州、瓜州相继陷落；建中二年（781），坚守多年的沙州也就是敦煌也陷落。客观地讲，吐蕃的社会发展比较落后，统治非常残暴，尤其是对沦陷区的汉人的暴行，令人触目惊心。史料记载："每得华人，其无所能者，使充所在役使，辄黥其面；粗有文艺者，则涅其右臂，以候赞普之命。"[2] 甚至"令穴肩骨，贯以皮索，以马数百蹄配之"[3]，

---

[1] 《资治通鉴》卷 216《唐纪三十二》，第 6919 页。

[2] （唐）赵璘：《因话录》，北京：中华书局，1985 年，第 26—27 页。

[3] （唐）段成式撰，方南生点校：《酉阳杂俎》卷 7，北京：中华书局，1981 年，第 272 页。

图 44　唐马鞍。（本图源自傅芸子：《正仓院考古记》，上海：上海书画出版社，2014 年，第 101 页）

可以说把汉人百姓当牲口对待。丁壮者沦为奴婢，种田放牧；年老体弱者遭到杀害，有的被"断手凿目"。建中元年（780），唐朝使臣韦伦在与吐蕃会盟结束后的归乡途中，经过河陇地区，当地汉民听闻故国来使，纷纷前来拜见，"皆毛裘蓬首，窥觑墙隙，或捶心陨泣，或东向拜舞，及密通章疏，言蕃之虚实，望王师之至若岁焉"[1]。老者拉着唐使问："天子安否？""今子孙未忍忘唐服，朝廷尚念之乎？"[2] 说完已是老泪纵横，不能言语。

敦煌陷落七十年之后，迎来了它的光复。张议潮（799—872），出生时沙洲已经被吐蕃占领。他一生亲历吐蕃的残暴统治，尽管从未在唐朝统治下生活过一天，但是深深认同中华文化，最仰慕的是威震西域的大将封常清，曾亲笔抄写封常清的《谢死表闻》。在他十七岁的时候，还手抄过一首《无名歌》：

> 天下沸腾积年岁，米到千钱人失计。
>
> 附郭种得二顷田，磨折不充十一税。
>
> ……
>
> 舞女庭前厌酒肉，不知百姓饿眠宿。
>
> 君不见城外空墙遥，将军只是栽花竹。

---

① 《资治通鉴》卷 226《唐纪四十二》引《建中实录》，第 7280 页。

② 《新唐书》卷 216《吐蕃下》，第 6102 页。

君看城外恓惶处，段段茅花如柳叶。

海燕衔泥欲作巢，空堂无人却飞去。

这首诗明显带有对吐蕃统治者的不满。根据《张淮深碑》记载，张议潮在沙洲"论兵讲剑，蕴习武经"，他认为"吐蕃之运尽"，于是"誓心归国，决心无疑"。为了打探吐蕃实情，张议潮甚至前往吐蕃中心逻些城。

张议潮暗暗积蓄力量，广结豪杰，争取支持。敦煌当地的名门望族索氏、张氏、李氏都团结在他的旗帜下。汉传佛教僧团在敦煌光复中也扮演了极为重要的角色。河西高僧洪辩虽然担任吐蕃"知释门都法律兼摄行教授"的高位，但是"远怀故国，愿被皇风"，全力支持张议潮。佛教在西域影响很大，在僧人的感召下，敦煌当地回归中华的精神深入人心。除了汉人外，粟特胡人也反对吐蕃的统治。吐蕃的统治让经济破败、贸易凋敝，不符合胡人的利益。张议潮麾下也聚集了不少胡人。

九世纪，吐蕃赞普朗达玛因灭佛被刺杀后，吐蕃陷入内乱。加上灾荒连年，"人饥疫，死者相枕藉"。吐蕃权臣论恐热和鄯州节度使尚婢婢争权，互相攻击。虽然唐朝已经迈入暮年，但仍有力量主动攻击吐蕃。大中元年（847），河东节度使王宰率代北诸军于盐州大败吐蕃大将论恐热所率军队。第二年，凤翔节度使崔珙相继收复原州、威州、扶州等三州七关。唐军的一系列军事胜利，极大鼓舞了河西人民反抗吐蕃统治的斗志。在此期间，论恐热再次率领五千骑兵来到瓜州，劫掠河西鄯、廓等八州，更激起了当地人的不满。

就在同年的某日清晨，张议潮率众披甲在州府门口聚集鼓噪，唐人纷纷响应。沙州的吐蕃守将惊恐逃走，张议潮顺利掌握沙州的统治权。沦陷将近七十年的敦煌，回到了唐人手中。吐蕃守军败退之后，从周边调集军队反攻，将沙州包围，但是被张议潮率军击溃。张议潮的起兵不但让敦煌回归唐朝，而且也宣告了吐蕃帝国的彻底瓦解。

沙州光复后，张议潮派遣使者，赴京师告捷。当时，凉州等地仍控制在吐蕃手中，东道受阻，张议潮所派十队使者，只有高僧悟真所率的一支绕过大漠，到达了天德军（今内蒙古乌拉特前旗）。至大中四年（850）正月，才通过天德军防御使李丕奏闻唐廷，前往长安。宣宗大力褒奖张议潮等人的忠勇和功勋，擢升他为沙州防御使。

此时，张议潮以沙州作为基地，先后收复了瓜（治今甘肃安西东南）、伊（治今新疆哈密）、西（治今新疆吐鲁番东南）、甘（治今甘肃张掖）、肃（治今甘肃酒泉）、兰（治今甘肃兰州）、鄯（治今青海乐都）、河（治今甘肃和政西北）、岷（治今甘肃岷县）、廓（治今青海贵德东）等州。大中五年（851）八月，张议潮第二次向长安派出使团，以其兄张议潭和州人李明达、李明振，押衙吴安正等二十九人入朝，献上瓜、沙十一州图籍。至此，除凉州以外，陷于吐蕃近百年之久的河西地区复归唐朝。十一月，唐廷于沙州置归义军，统领沙、甘、肃、鄯、伊、西、河、兰、岷、廓等十一州，以张议潮为节度、管内观察处置等使，加检校吏部尚书兼金吾大将军、特进，封南阳郡开国公，食邑二千户，实封三百户。作为人质留在长安的张议潭被授为金吾卫大将军。

吐蕃军集于凉州。凉州是北朝、隋唐以来的河西重镇，唐朝前期一直是横断吐蕃和突厥的河西节度使所在地。吐蕃统治时期，又

图 45　张议潮统军出行图。莫高窟第 156 窟壁画。

是统辖河西东部的大军镇驻地。张议潮于大中十二年（858）八月命其侄张淮深率蕃、汉兵七千人东征。经过三年的血战，在懿宗咸通二年（861）克复凉州，并表奏朝廷。至此，陷没百余年之久的河、湟故地全部收复。咸通四年（863），唐朝复置凉州节度使，统领凉、洮、西、鄯、河、临六州，治所在凉州，由张议潮兼领凉州节度使。河西走廊又畅通无阻。河西人民热忱赞颂张议潮的英雄业绩说："河西沦落百余年，路阻萧关雁信稀。赖得将军开归路，一振雄名天下知。"①

咸通七年（866），张议潮克复西州、北庭、轮台、清镇等城。同年十月，又大败吐蕃军，并斩杀尚恐热，传首京师。自此之后，"西尽伊吾，东接灵武，得地四千余里，户口百万之家，六郡山河，宛然而旧"②。但是此时唐朝国力趋于衰微，除置军设使以官爵羁縻张议潮以外，已没有经营河西的能力。史称"不暇疆理，惟名存有司而已"③。

张议潮在武功达到极盛的时候，选择了前往长安。咸通八年（867）二月，张议潮在长安留为人质的兄长张义潭去世，已经六十九岁的张议潮离开沙洲，前往长安为质。张议潮入朝后，拜右（一作左）神武统军，加司徒。赐给田地，并于宣阳坊赐宅第一区，自此留居长安。咸通十三年（872）八月，张议潮在长安溘然长逝，享年七十四岁，获赠太保。

《张淮深变文》则记载，张义潮入京后，他的族子张淮深留守陇右并大破回鹘，上表向朝廷献捷。皇帝下诏褒奖，张淮深读过诏书

---

① 徐俊纂辑：《敦煌诗集残卷辑考》，《敦煌遗书诗歌散录卷上（法藏部分）·张淮深变文末附诗七首》，北京：中华书局，2000 年，第 801 页。

② 陈尚君辑校：《全唐文补编》卷 138《敕河西节度兵部尚书张公德政之碑》，北京：中华书局，2005 年，第 1684 页。

③ 《新唐书》卷 40《地理四》，第 1040 页。

后，"东望帝乡，不觉流涕"。之后，中原的使者来参观了陇右十一州，发现这些地方因沦陷于吐蕃达百余年，故而风俗也变得胡化了，当地人穿衣服都是左衽，唯有张义潮曾经在的沙州依然是"人物风华，一同内地"。张淮深又引使者入开元寺，亲拜玄宗圣容。使者不禁泪流满面，说："叹念敦煌虽百年阻汉，没落西戎，尚敬本朝，余留帝像。"

此时，是归义军最辉煌的时刻，朝廷"便驰星使，重赐功勋。甲士春冬，例沾衣赐"。但荣景并没有持续多久。唐朝对归义军并不信任，企图从内部将其分化瓦解，原先听命于张议潮的西州回鹘牧守安宁、庭州回鹘首领仆固俊等先后脱离归义军的管辖。876年，归义军内部爆发继承问题，西州回鹘趁机攻陷伊州（今新疆哈密）。唐朝爆发黄巢起义以后，张议潮在首都长安担任人质的儿子张淮鼎回到敦煌，担任沙州刺史，得到归义军内部将领的支持。890年，原来的节度使张淮深一家被张淮鼎所杀。892年，将领索勋篡权。894年，张议潮的第十四女跟诸子合力铲除索勋，张议潮之孙张承奉掌控实权。在归义军内乱的时候，甘州被回鹘攻占，肃州也不再听从归义军的号令。凉州因有甘、肃二州相隔，也脱离了归义军。归义军从原先十一州之地，收缩到瓜、沙二州。

唐朝灭亡以后，张承奉于开平四年（910）建立"西汉金山国"，自称至文神武天子。连年战争让瓜沙地区经济凋零，内部怨声载道。五年，甘州回鹘击败张承奉，迫使其认回鹘可汗为父。三年后，沙州的另一个大族曹氏家族中的曹议金取代张承奉，恢复了归义军称号。曹议金之后，子孙相继，先后有曹元德、曹元深、曹元忠、曹延恭、曹延禄等为节度使，凡七代，将近九十年时间。曹氏归义军政权吸取了张承奉失败的教训，接受中原王朝的封号，奉中原正朔。努力改善与周边政权的关系，通过联姻等办法与甘州回鹘、西州回鹘、于阗等政权建立了友好关系。这些政权都信仰佛教，所以从敦煌往西，形成了一个佛教政权联盟。佛教在敦煌、于阗、高昌、龟兹等地继续繁荣。敦煌藏经洞的文献可以证明这一点。

1002 年，曹延禄执政时，和甘州回鹘发生战争。归义军内部发生兵变，曹延禄与其弟曹延瑞被其族子曹宗寿胁迫自杀。曹宗寿掌握了归义军政权。天禧四年（1020）和天圣元年（1023），曹贤顺曾两次向宋廷进贡物品。景祐三年（1036）李元昊灭亡归义军政权，曹贤顺向西夏投降。归义军政权存在了近两百年，历经唐朝、五代和宋、辽、西夏的时代。

敦煌的归义军政权和于阗关系最密切，两者近乎同盟。晚唐时期，于阗便与执掌归义军的张淮深建立了联系，双方互通书信。十世纪初，曹氏执掌沙州政权以后，双方开始联姻，曹议金的女儿嫁给于阗王李圣天为后，曹议金之孙曹延禄又娶于阗公主为妻，双方通过姻亲结成了政治同盟。李圣天与曹氏所生的太子李从德，自孩提时期便留居沙州，直至其长大成人后回国即位。这一时期，佛国于阗，成为对抗伊斯兰教东进的主要力量。高昌回鹘、吐蕃、归义军这些佛教势力也给予于阗大力支持。《北史·于阗传》记载："自高昌以西，诸国等人，深目高鼻。惟此一国，貌不甚胡，颇类华夏。"

960 年，喀喇汗王朝的木萨汗宣布伊斯兰教为国教，信奉佛教的于阗国和信奉伊斯兰教的喀喇汗王朝之间，爆发了持续近四十年的宗教战争（喀

图 46　高昌回鹘王供养像。柏孜克里克第 31 窟壁画。

喇汗于阗战争）。969 年，于阗王李从德联合高昌回鹘组成联军，进攻黑汗王朝，缴获了大批珠宝、良马和一头会跳舞的大象。大约在 11 世纪初，于阗彻底被伊斯兰势力占领，结束了佛教在该地区千余年的统治，中原王朝在南疆一千多年的汉化影响至此中断。十六世纪初，伊斯兰教最终将佛教势力排挤出哈密，从此佛教在新疆再也没有了立足之地。

多说一点

敦煌——唐朝的"档案库"

1900 年敦煌藏经洞的发现，使埋藏近千年的 5 万余卷文书重见天日。这些文献包罗万象，其中一大部分写于唐代，成为唐史研究的宝库。

如法国人伯希和（Pelliot）发现的 P.2640 李义府撰《常何墓碑》写本。此文记述了唐初重要人物常何的生平，为历史学家们研究唐初政治史提供了重要的材料。如陈寅恪指出，此写本记录了常何早年跟随李建成平定河北的经历。这很好地解释了常何为何能获得李建成的信任，得以镇守玄武门，并对之后李世民花精力、财力收买这个地位并不高的军官的举动作出了解释。

除了具体历史事件的考证外，敦煌文书也为研究唐代制度史提供了重要资料，如 P.4643 等文书组成的《唐永徽东宫诸府职员令残卷》。有学者将这些文书与传世文献对读，发现其中记录了不少东宫官和王府官制度的变迁。这些职官大多与当时的宫廷政变有密切关系，相关制度的变化正是对太子、亲王权势升降的一种有趣反映。再如户籍文书 S.514《大历四年手实》，详细记录了索思礼一家的授田数量及种类。索思礼当时已经做到了别将，非常有钱：有田 240 亩，奴婢四人。按照当时的规定，他的户等应被评为下上户，可在文书中却赫然记着"下下等"。很显然，索思礼通过某些手段谎报户等来逃税。这也非常生动地展现出代宗朝后期糟糕的财政情况。

第十章

唐朝覆亡和五代的形势

时间来到唐懿宗时期，唐朝的气数只剩下四十多年了，但当时人并没有意识到这一点。大中十三年（859）八月，唐宣宗弥留之际，密嘱内枢密使王归长、马公儒及宣徽南院使王居方立夔王李滋为太子。这几位宦官首先想到解决与他们一向不对付的左军中尉王宗实，遂矫诏宣布调王宗实为淮南监军使。这一计策被掌握着禁军的王宗实看破，他宣称王归长矫诏，转而拥立皇长子郓王李温为帝，是为唐懿宗。王归长、马公儒、王居方被处死。这一事件给懿宗继位的合法性蒙上了阴影，甚至有人认为他不是宣宗真正的儿子。在他登上皇位不久后的咸通二年（861）二月，几个大宦官来到宰相们议政的中书省，要求这些在宣宗病危时担任宰相的大臣编造一份回溯日期的奏疏，内容是在宣宗生病时请求郓王监国。可见懿宗或者是拥立他的宦官们仍然在为合法性问题而担心。

一、唐朝走向末路——懿宗的统治和黄巢起义

唐懿宗即位时年二十七。根据史料记载，唐懿宗"姿貌雄杰，有异稠人"[1]。宣宗制《泰边陲乐曲词》有"海岳晏咸通"之句。唐懿宗即位，即以"咸通"为年号。英武的皇帝，美好的年号，宣宗"大中之治"营造的中兴局面似乎有望延续下去，但历史的发展却是讽刺性的。首先，懿宗为人反复无常，而又任性残忍，穷奢极侈，史书称其"器本中庸，流于近习……以蛊惑之侈言，乱骄淫之方寸"。[2] 更严重的是，懿宗时期，宰相的权力受到了宦官的严重侵蚀。武宗时期，宰相李德裕坚持"政出一门"，即所有的政令都应该出自宰相之手。到了懿宗朝，大宦官以"定策国老"自居，宦官中的二位枢密使和二位宣徽使被称为"四相"，使得宦官与政府官僚集团之间长期处于敌对状态。宣宗时代，官僚集团跟大宦官之间保持了密切的关系。但是到了懿宗时期，如果一个官员和宦官结交，会被官僚集团鄙视。可见中央政府的分裂多么严重。整个懿宗朝，宰相没有出身强大背景的人，权威性不足。而懿宗还不断更换宰相，让整个政府无从适应。

咸通五年（864），年仅35岁的路岩成为宰相，在相位上待了七年。此后他又扶持女婿韦保衡做宰相。韦保衡于咸通十年（869）和

---

[1] 《旧唐书》卷 19《懿宗本纪》，第 649 页。

[2] 《旧唐书》卷 19《懿宗本纪》，第 649 页。

皇帝爱女同昌公主结婚。他们的婚礼极为豪侈，并得到 500 万缗钱的赏赐和一座豪华府邸。此年，公主去世。唐懿宗因为医官韩宗绍等医药无效，杀了这些医官，又株连韩宗绍亲族三百余人。宰相刘瞻、京兆尹温璋上疏论谏行法太过，被当场赶出朝堂。驸马宰相韦保衡乘机清洗他的对手，宰相刘瞻和其他八名著名高官被赶出朝廷，温璋被迫自杀。

懿宗任用宠臣，缩小了中央政府的政治基础，打击了传统的政治精英，代之以宦官、暴发户和小部分低级贵族，这彻底瓦解了唐朝的统治基础。此外，懿宗爱好音乐和宴游，尤其热衷佛教，靡费了大量财富。咸通十二年（871），他临幸安国寺，对僧人们大肆赏赐。两年后，又不顾大臣们的反对，决定恢复迎佛骨的仪式，规模甚至超出了宪宗时举行的那一次。史料记载："自开远门达安福门，彩棚夹道，念佛之音震地。"[1] 实际上，在这种繁华场面的背后，是镇压庞勋起义等造成的巨大开支，当时国家财政早已入不敷出。故《旧唐书》批评说"（懿宗）削军赋而饰伽蓝，困民财而修净业……土德凌夷，祸阶于此"[2]，掏空了国库，埋下了唐朝灭亡的种子。咸通十四年（873）七月，懿宗驾崩，皇位由他十二岁的儿子李儇继承，是为僖宗。

在中央权威衰颓，内忧外患之际，唐朝的统治也越发风雨飘摇。大中十三年（859）十二月，裘甫在浙东率百余人起事，攻下象山、剡县，连续击败官军，众至三万余，自称天下都知兵马使，改元罗平。唐朝财政的根基在于江淮，裘甫起兵对唐朝构成严重威胁，唐朝派出大军讨伐，到次年才平定。更大的事变却是由内忧外患的连环性导致的。咸通三年（862）朝廷在徐州募兵，南戍桂林，以防南诏北侵。按规定戍卒三年一替，这批戍卒戍边六年仍不得回乡。到了咸通

---

① 《旧唐书》卷 19《懿宗本纪》，第 683 页。

② 《旧唐书》卷 19《懿宗本纪》，第 685 页。

九年（868），戍卒们发动兵变，推判官庞勋为首，武装北归徐州。在遭到唐军阻击后，叛军挺进淮泗地区，正碰上淮北大水，大量民众参加叛军，人数达到六七万人。庞勋攻克泗州、宿州、徐州等地，光、蔡、淮、浙、兖、郓、沂、密等地民众纷纷响应，形势极度恶化。庞勋于年底攻占淮口，随后又击败唐军戴可师部，阻断了漕运。这场民众暴动一直到第二年下半年才被平定，但是埋下了以后更大规模民众暴动的隐患。

曹州冤句（今山东菏泽曹县西北）人黄巢出身世代贩卖私盐的家庭，曾多次应试进士科，皆不中。他的《不第后赋菊》诗广为流传，杀气尽露："待到秋来九月八，我花开后百花杀。冲天香阵透长安，满城尽带黄金甲。"这首诗如同谶语般预言了唐末最大一场动乱的发生。

当时河南连年发生水旱灾，遍地饿殍，百姓流离，无处控诉。僖宗乾符元年（874），黄巢的同乡王仙芝与尚君长等聚众数千人，于长垣（今河南长垣市）揭竿而起，自称天补平均大将军兼海内诸豪都统，传檄诸道。黄巢聚众数千人，响应王仙芝。在此之前，各地曾流传着"金色蛤蟆争努眼，翻却曹州天下反"的民谣，似乎得到了应验，鼓舞了农民军的斗争士气。唐廷诏淮南、忠武、宣武、义成、天平等五节度使进击义军。在敌强我弱的形势下，王仙芝与黄巢采取了避实就虚的流动战术，率军进围沂州，转战河南，攻占了阳翟、郏城（今河南郏县）等八县之地。接着，又攻陷了汝州，威胁东都洛阳。后来起义军攻郑州不下，于同年十二月转而进攻申、光、庐、寿、舒、通等州，逼近扬州。

在此形势下，唐朝以左神策军押牙兼监察御史的官职招抚王仙芝，王仙芝有意接受，黄巢却不愿意投降唐朝，因此与王仙芝分道扬镳。乾符四年（877），黄巢率军攻破郓州、沂州，与王仙芝部将尚让合兵，义军再度整合。但是接下来战事不利，王仙芝率兵马南下，再次与黄巢分裂。次年，王仙芝在湖北黄梅兵败战死，其余部一部分南下，一部分北上与黄巢会师。此后众将推黄巢为主，号"冲天大将军"，改元王霸，置官职，建立政权。黄巢大军在中原地区转战，唐朝调集重兵入河南进剿，黄巢遂撤出河南，向唐朝兵力薄弱的南方进军。他在乾符五年（878）下半年攻入浙东，随后披荆斩棘，开山路七百里，攻入福建。同年十二月，攻下了福州。乾符六年（879）初，在遭到唐军攻击失利后，黄巢又从福建攻入广东，并向朝廷请封广州节度使，被拒绝，唐朝仅授予他率府率，黄巢大怒，于九月占领广州。

黄巢在东南沿海大肆劫掠。当时泉州和广州等地一直是唐朝海外贸易的重镇，阿拉伯、波斯、犹太等民族的商人聚集在这里。唐朝开放包容的精神容纳了不同信仰、族群的人们，在这里形成了绚烂的文明。然而，黄巢似乎执行了排外的政策，对泉州和广州的外国居民进行劫杀，据当时阿拉伯人阿布赛德哈散（Abu Zaid Hassan）的记录，黄巢攻占广州后，除中国人外，阿拉伯人、犹太人、基督徒、拜火教徒等死难者甚多，达十二万人[①]。广州这一远东重要的大都市化为焦土，百年的财富与文化积淀毁于一旦。此后广州战乱不已，贸易中绝。黄巢在东南沿海针对外国居民的屠杀，可以放在唐朝从世界帝国衰退的大背景下看。排斥外来文明的倾向，在中国的知识思想领域，乃至政治行动中越来越浓重了。

黄巢本来计划以岭南为基地，割据自守，但是广东发生了大瘟疫，黄巢军兵力损失惨重。在众人支持下，黄巢又率军北上，广明元年（880）渡过淮河，年底攻下东都洛阳，接着越潼关天险。唐僖宗闻风逃亡四川。黄巢于广明元年（880）十一月进入长安，即位于大

---

① 张星烺编注：《中西交通史料汇编》，第三编《古代中国与阿拉伯之交通》，中华书局，1977 年，第 207—208 页。

明宫含元殿，建立了大齐政权，年号金统。他大杀留在长安的唐朝宗室，又没收富家财产，号称"淘物"。次年，唐军反攻，黄巢逃出长安，但是入城的唐军军纪败坏，部伍不整，且后援不至，黄巢军很快返回，第二次攻占长安。黄巢怨恨长安百姓帮助唐军，下令屠城，将城中男丁杀戮殆尽。史书称："巢复入长安，怒民之助官军，纵兵屠杀，流血成川，谓之洗城。"[1] 长安，这座当时世界上最伟大的城市之一，累积了数百年的灿烂物质和精神文明，经历了安禄山叛军、吐蕃、藩镇兵的多次攻陷都没有衰亡，终于在黄巢的恶意屠杀劫掠中一炬成灰。此后，长安再也无缘成为中国的首都，其积累的辉煌文明遗产也几乎毁灭殆尽。

中和三年（883）四月，归附唐朝的西突厥别部沙陀部落首领李克用率军攻入长安，黄巢力战不胜，遂连夜撤离长安，最终兵败自杀。在这场大动荡中，唐朝也耗尽了自己最后的精气，稍后被朱温篡夺帝位，结束了近三百年的统治。

---

① 《资治通鉴》卷 254，《唐纪二十》，第 8250 页。

二、朱温代唐和五代前期的攻战

黄巢的灭亡，并没有拯救唐王朝，之后唐帝国已经名存实亡。各地藩镇武力割据，成为完全无视唐朝中央的独立王国。其中宣武节度使朱全忠、河东节度使李克用、凤翔节度使李茂贞、卢龙节度使刘仁恭、镇海节度使钱镠、淮南节度副大使杨行密等人势力最大。长安的唐朝中央政府不但完全不能控制京畿以外地区的财税、人事，而且时常处在强藩的武力威胁之下。在众多的藩镇中，朱全忠、李克用与李茂贞这三派藩镇对唐朝后期、五代前期的政治产生了最重要的影响。后梁为朱全忠所建立，而后唐、后晋、后汉与后周，都是由出身沙陀的李克用的子孙或部属建立的。黄巢革命，沙陀助唐平叛。五代十国中，后唐、后汉，均属沙陀部族。如后汉皇帝刘知远，“其先沙陀部人也”[1]。再如后晋皇帝石敬瑭，祖上居甘州，其父本出西夷，德宗贞元年间，沙陀部落内附唐朝时，跟随沙陀部入居阴山。突厥部落下常集结许多中亚胡人，而甘州及盐、夏地区本是胡人聚集区。从石敬瑭的姓氏来看，其种族或更接近昭武九姓中的石国。

朱温和李克用是镇压黄巢起义的唐军主力，也是黄巢起义的最大受益者。朱温（852—912）于乾符四年（877）参加黄巢军，反抗朝廷，因军功升为大将。黄巢建立大齐政权后，任命朱温担任同州防

---

① 《新五代史》卷 10，《汉本纪》，中华书局，1974 年，第 99 页。

御使。朱温率军攻河中地区，屡次被唐军挫败，随着形势对黄巢军不利，朱温权衡利弊，选择了背叛黄巢，向唐河中节度使王重荣投降。唐僖宗赐名"全忠"，让其担任河中行营副招讨使，随后又于中和三年（883）授其宣武节度使。朱温逐渐以开封为中心建立起自己的割据势力。龙纪元年（889），朱温击败黄巢余部蔡州节度使秦宗权，被封为东平王，天复元年（901）封为梁王。与朱温不同，李克用（856—908）出身沙陀贵族，出生在神武川之新城（在今山西定襄），本姓朱邪，其父受唐朝天子赐李姓。为了镇压黄巢，唐朝邀李克用从代州率沙陀骑兵南下。李克用在收复长安的战役中功劳最大，因此被唐朝任命为河东节度使。之后，李克用及其子李存勖逐渐将河东地区作为自己的根据地。朱温的开封和李存勖的太原在五代早期成为两大势力对决时的政治、军事中心。这是后话。

朱温与李克用的矛盾由来已久。黄巢军退出长安后，仍然保有一定的战斗力，转战中原，中和四年（884）五月，兵锋直指朱温的老巢开封。朱温吓得向李克用求援。李克用率军南下大败黄巢军，黄巢最终在山东泰山虎狼谷自杀。李克用在回师途中受朱温邀请进入开封，或许是李克用酒后对朱温有不敬之语，朱温突然发兵袭击李克用军。李克用差点被杀，狼狈逃回太原。从此之后，朱温的宣武镇和李克用的河东镇成为彼此的敌人。实际上，在黄巢灭亡之后，北方实力最为强大的就是朱温和李克用，他们都想消灭对方。此后数年，双方持续战争，成为争夺天下的最大竞争者。光启元年（885），李克用率军攻入关中，击败朱温的同盟朱玫、李昌符，唐僖宗逃往凤翔。河东军攻入长安后，纵火大掠，不久又自行撤出。长安久经战乱，这次遭到河东军的纵火抢掠，再次遭到重创。昭宗大顺元年（890），朱温和宰相张濬力主讨伐河东。昭宗下诏削除李克用官爵，诸镇兵联合进攻河东，但是却被河东军击败，朝廷只好再次妥协，恢复李克用的官爵。历史的吊诡之处在于，最初作为唐朝主要叛臣的李克用，此后却成为唐朝存亡的关键救命人物。乾宁二年（895），李茂贞、王行瑜及韩建三帅进京挟持唐昭宗，正是李克用率兵将昭宗夺回，李克用也因此被封为晋王。但是在李克用和朱温的对抗中，李克用渐渐处于下风。朱温利用朝中的势力打压李克用，并且趁李克用与李茂贞等人抗衡之际威服河北各藩镇，并吞河中军、淄青军等节度使领地。地盘的扩充使得朱温的势力远大于李克用。尤其是本投向河东的幽州刘仁恭叛变，使得黄河以北几乎全部归附朱温。天复元年（901）及次年，朱温两次率军围攻太原，差点将李克用消灭。有赖于太原城坚，李克用躲过一劫。不过自此之后，李克用只能龟缩于河东，不敢再与朱温全面对抗。朱温一家独大之后，得以挟天子以令诸侯，唐皇室的命运更如风中残烛，朝不保夕了。

　　唐昭宗即位之后，宰相崔胤与宦官韩全海争权。双方各自引藩镇作为党援。天复元年（901），昭宗被宦官韩全海幽禁，崔胤招朱温入援。韩全海不得已挟昭宗投靠凤翔节度使李茂贞。朱温于是率军围困凤翔。天复二年（902）冬，凤翔城内粮尽，"市中卖人肉，斤直钱百，犬肉直五百"。[1]李茂贞只好向朱温请降，为示诚意，杀韩全海及其党羽，又在凤翔城内捕杀宦官七十余人，与朱温和解。天复三年（903）春，朱温终于解凤翔之围，昭宗又回到长安。朱温和崔胤乘机将在长安的宦官数百人杀死，并废神策军。至此，作为皇权的延伸势力，一百多年来掌控禁军、把持朝政的宦官终于退出了政治舞台。同时，唐朝皇室再也没有任何可以依靠的势力，彻底沦为强臣的傀儡。在此之后，朱温掌握朝廷大权，派兵控制长安。宰相崔胤后悔不已，有意摆脱朱温的威胁，暗中招募军队，又拆毁长安城中的佛像造兵器。天祐元年（904），朱温杀崔胤，逼迫唐昭宗迁都洛阳，八月壬寅夜，指使义子朱友恭等人杀昭宗，另立昭宗子李柷为帝，即唐哀帝。

---

[1]《资治通鉴》卷 263《唐纪七十九》，第 8586 页。

天祐二年（905）六月，朱温于滑州白马驿一夕尽杀宰相裴枢、崔远等朝臣三十余人，投尸于河，史称"白马之祸"。唐朝中央政府完全瓦解。

在昭宗时代朝臣与宦官勾结强藩、威胁皇权的同时，李唐皇室的统治也到了行将结束的地步。不过，在这个时候，李唐皇室并非没有作出抵抗。昭宗想到了宗室的势力——从玄宗时代就开始遭到严厉压制的李氏诸王。诸王典禁军，在唐代历史上并不是什么特例，在睿宗、玄宗朝，就有薛王、岐王典左右羽林军。景福元年（892），凤翔节度使李茂贞讨伐盘踞兴元（今陕西南郑）的叛臣杨复恭，攻陷了汉中地区。景福二年（893），朝廷遂任命其为山南西道节度使，坐镇汉中。为避免其坐大，朝廷免其凤翔节度使之职，李茂贞不从。这种形势下，"昭宗以藩臣跋扈、天子孤弱，议以宗室典禁兵"[①]，又派嗣覃王允讨伐李茂贞，然而嗣覃王军不战自溃。乾宁二年（895），宦官骆全瓘、刘景宣作乱，昭宗离开长安避难，命嗣薛王知柔回长安"收禁军，清宫室"[②]。回到长安后，昭宗又命诸王检视禁军，收拾神策军的残兵，并置安圣、捧宸、保宁、安化四军，号称"殿后四军"，由嗣覃王允与嗣延王戒丕统领。

用宗室子弟控制禁军，固然是一个很好的主意，但是此时的李唐诸王，经过百余年的压制，已完全没有了唐代前半叶飞扬跋扈、纵横四海的气魄。诸王典禁军，很快就在强藩和宦官的挤压中失败了。乾宁三年（896），诸王典兵之举引起了李茂贞的疑忌，他率军进攻长安，嗣覃王防守不利。诸王率禁军奉昭宗离京，要去太原投靠李克用，中途被华州节度使韩建拦下，去了华州。不久，韩建手下将领花重武告发睦王等八王欲谋杀韩建，劫持昭宗离开华州。韩建以此为由

---

① 《新唐书》卷 50《兵志》，第 1335 页。

② 《新唐书》卷 50《兵志》，第 1335 页。

强迫昭宗囚禁八王，"殿后四军"也被解散。从此，"天子之卫士尽矣"①。事情到这里还没有结束。很快，韩建又与宦官刘季述合谋诛杀了诸王，场面相当惨烈：

> （韩建）乃与知枢密刘季述矫制发兵，围十六宅。诸王惧，披发沿垣而呼曰："官家救儿命！"或登屋沿树。是日，通王、覃王已下十一王并其侍者，皆为建兵所拥，至石堤谷，无长少皆杀之，而建以谋逆闻。②

至此，李唐诸王被屠杀殆尽，使得唐朝灭亡之后，不会有宗室子弟能够举旗再起。朱温取代李唐之后，举起李唐大旗的是太原的李克用及其子李存勖。

图47　曲阳王处直墓彩绘奉侍浮雕。（动脉影　摄）

---

① 《旧唐书》卷20《昭宗本纪》，第761页。

② 《旧唐书》卷20《昭宗本纪》，第762页。

天祐四年（907），朱温逼迫唐哀帝禅让，建立梁朝，改元开平，定都汴州。唐朝亡，五代十国时期开始。但是河东的李克用拒绝臣服后梁，依然使用唐天祐年号，以复兴唐朝为名，与后梁继续争斗。908年，李克用去世，李存勖继承其父遗志。此后后梁、后唐、后晋、后汉、后周先后成为控制北方的主要政权，但是它们都无法完全控制局面，均属于藩镇型的朝廷。五代各朝虽然掌控了中原与关中地区（除

图 48　曲阳王处直墓栖凤踏牛武士像浮雕。（动脉影　摄）

后梁未控制关中），但是没有像唐朝一样成为所有藩镇认可的共主，主要势力范围也不出华北地区。其他割据一方的藩镇，或自立为帝，或奉五代正朔而称藩。后梁建立之后，中原地区归附后梁的义武节度使王处直、成德节度使王镕、卢龙节度使刘仁恭都属半独立政权；凤翔李茂贞、河东李克用更是根本不理会后梁，依然使用唐朝年号。西川王建干脆自己称帝，建立前蜀政权。其他地区如荆南军高季兴、湖南武安军马殷、岭南清海军刘隐、淮南军杨行密、浙江钱镠、福建王审知等，都属独立的政治实体。交趾静海军曲承裕自立，是越南地区脱离中原王朝的开端。党项族组成的定难军也在陕北夏州一带割据自立，后来发展为西夏。

后梁的统治相对来说比较残暴。朱温征战多注重掠夺，而弱于建设，始终以一种藩镇的心态经营天下。比如，他将在吴地抢夺的耕牛，以苛刻的条件出租给后梁境内的农民，令其按年缴纳牛租。以至于乾化二年（912），他讨伐河北，与李存勖争夺蓨县（今河北景县）

时，当地农民奋起痛击后梁军队，迫使朱温放弃武器、辎重逃回贝州。此外，后梁的政权组成也发生了变化。五代时失意士人大量获得任用，这些人重实际而轻名义，重吏干而轻文学，形成新的风气。后梁政权也是如此，其任用的李振、敬翔等人，都带有这样的特征。

后梁的对外开拓并不顺利。李克用去世后，其子李存勖在李克宁、张承业的辅佐下逐渐崛起。910年，本来归附后梁的成德军王镕与义武军王处直倒向李存勖。朱温出兵讨伐王镕，在柏乡之战中大败于李存勖军。912年，李存勖军又攻灭割据幽州的刘守光，朱温亲自率军救援也被晋军击溃。

朱温败退洛阳后病危，后梁政权发生内讧，其子朱友珪刺杀了朱温，取得皇位。913年，其弟朱友贞联合天雄军节度使杨师厚夺取皇位。杨师厚去世后，因为后梁分魏博六州为两镇，激起了魏博军人的反抗，天雄军等河北诸镇都陆续归附晋国。到了916年，后梁的疆土只能勉强维持在黄河以南。

921年，成德军将领张文礼杀成德节度使王镕，控制成德军，联合契丹与后梁，对抗晋国。李存勖率军在镇州大破梁、赵联军。923年，李存勖在魏州称帝，建国号唐，史称后唐。不久，后唐军队就攻灭了后梁。后唐庄宗李存勖在建国过程中表现出英明神武的一面，在对外开拓方面取得了一系列成就。灭亡后梁后，庄宗定都洛阳。此时河北、河南、山西都在后唐控制之下，在陕西的李茂贞也对后唐称臣。924年，李茂贞去世，后唐兼并其领地，控制关中。前蜀王衍奢侈无度，残暴昏庸，庄宗于925年派遣郭崇韬等攻入成都，灭亡前蜀。到此为止，后唐几乎就要统一天下了，李存勖甚至准备平定长江以南，统一天下，可是因为后唐沙陀贵族内部的分裂而功亏一篑。庄宗派遣义兄弟李嗣源去平定魏博军乱，后者反而受到部众与叛军拥护，掉头进攻庄宗。庄宗于内乱中流矢而死。皇位落入李嗣源之手，即后唐明宗。

三、契丹的崛起与南方的情形

李嗣源，也就是后唐明宗执政时期，局势逐渐安定。在政治上，他裁撤冗官，建立三司等财政机关；在经济上，重视水利，促进农业生产；在军事上，继续增强中央军事力量，建立侍卫亲军，用于压制藩镇。这些制度也被后来的宋朝继承。不过可惜的是，在其晚年，政局再次陷入混乱之中。明宗幼子李从厚（即后唐闵帝）即位后，明宗的养子李从珂任凤翔节度使，女婿石敬瑭任河东节度使。这两人都拥兵自重，当朝廷希望调动节度使时，激起了兵变。应顺元年（934），李从珂率兵攻入洛阳，闵帝逃往魏州，被石敬瑭俘虏，最后被李从珂所杀。李从珂称帝，即后唐末帝。在后唐政局混乱之时，本来已经被征服的四川地区再次独立。后唐庄宗任命的西川节度使孟知祥称帝建国，史称后蜀。

后唐的混乱局面，给了北方的契丹一个重要的战略机遇。契丹借此崛起，成为此后威胁中原王朝两百多年的一股重要力量。后唐末帝和石敬瑭关系不合，在前者即位后，后者即怀有叛变之心。清泰三年（936），后唐末帝欲将石敬瑭从其大本营山西调到远在山东的天平军，石敬瑭当然不愿意，双方终于到了摊牌的时刻。后唐军队围困石敬瑭所在的太原，石敬瑭则向契丹借兵，条件是对契丹主耶律德光称儿，并且事后割让燕云十六州给契丹，年输帛三十万匹。耶律德光不但如约率军解围，还顺手帮助石敬瑭于太原建国，史称后晋。937年，后晋和契丹联军大举南下，不久晋军攻入洛阳，末帝自焚而死，后唐灭亡。石敬瑭定都汴州，将燕云十六州割让给契丹国。这使中原政权失去了防范北方民族的缓冲地带以及长城之险，为宋朝的积弱埋下了隐患，亦开启了北方民族（辽、金、蒙古）长期进攻中原的契机。从此，契丹成为影响和干预中原的重要外族力量，中原王朝时时受到契丹的威胁。并且，在五代十国分裂时期，南方的割据政权往往联合契丹，制约中原政权。

长久以来，石敬瑭因为自称"儿皇帝"以及割让燕云十六州等事而被视为汉奸的代名词。不过从种族上看，石敬瑭祖先为中亚人，其父亲跟随沙陀部落移居山西，其母为何氏，或也是中亚血统。从出土的石敬瑭养子石重贵的墓志看，其自称为后赵石勒后裔，或为自托，但其并无汉族文化认同，大概没有问题。在当时的历史背景下，契丹的耶律德光在北方的诸藩镇看来，不过是更大的一个藩镇。况且从北方游牧部族借兵，本身就是很悠久的传统。唐高祖起兵时就从突厥借兵。不过高祖初能效之，终能反之，唐朝最终消灭了突厥。而石敬瑭并没有这样的能力和运气。从他即位开始，契丹利用重要的战略机遇，一跃登上东亚政治的舞台，成为重要的角色。

再来看看南方的情况。这一时期，南方最主要的政权是杨行密建立的吴国。杨行密本为唐庐州刺史。唐僖宗光启年间，军阀秦宗权部将毕师铎率军攻打扬州，杨行密赴援，趁机占据淮南，逐渐壮大了自己的力量。902 年，唐朝封杨行密为吴王。吴国拥护唐朝中央，与朱温敌对。即便在唐朝灭亡之后，吴国也不承认后梁的正统地位，依然使用唐哀帝"天祐"年号，一直到 919 年吴国改元武义，才正式放弃了唐朝的正朔。吴国在南方持续扩张，先后攻占江西，统一江淮。937 年，大臣徐知诰篡夺杨氏帝位，改吴为齐，建都金陵。同年北方的后唐灭亡。两年后，徐知诰自称李唐皇室后裔，改姓名李昪，改国号唐，史称南唐。南唐对内与民休息，国力持续强盛，把地盘扩大到江东、江西、湖北以及浙江和湖南的一部分地区；对外则联合辽朝压制后周，并且寻找时机攻灭了闽国和楚国。南唐鼓励农民垦种，栽桑养蚕。有时还提高农产品和丝织品的价格，借以刺激生产。江东水乡河身较高，田在水下，这里的农民便在河渠两岸农田周围筑成堤坝，内以围田，外以隔水，称为圩（围）田。每一圩方圆几十里，像大城一样。沿堤有许多闸门（斗门），旱则开闸引水入圩，以收灌溉之利，涝则关闭闸门，以避泛滥之灾。南方的经济获得了极大的发展。

钱塘江流域以至太湖周围的十三州之地，则是在吴越钱镠控制之下的。钱镠起家于唐末战争，被封为镇海、镇东节度使。唐朝灭亡后，907 年，后梁封其为吴越王。钱镠和他的继承人都没有过分地加重人民的徭役和赋税负担，也没有频繁发动战争。因此，在吴越统治的八十多年中，这一地区的经济得到比较好的发展。吴越地区的农民同样修造了很多圩田。吴越时期，还创造了一种“石囤木桩法”，阻止了钱塘江入海处两岸的田地经常遭受的海潮冲击。在西湖和太湖，吴越统治者都设有“撩湖军”，负责日常的修治和疏浚工作，这对当地的生产事业也产生了良好作用。在对外关系上，吴越奉后梁、后唐、后晋、后汉、后周这五代政权为宗主，与南方的吴以及后来的南唐为敌，这种策略一直维持到亡国为止。

四川地区则先后建立了前蜀和后蜀两个政权。前蜀为王建所建立，最后被后唐所灭。但是因为后唐的分裂，后唐派去统治四川的孟知祥再次独立，建立了后蜀政权。孟知祥死后，其子孟昶继位，与民休息，加上四川地区独立半个多世纪，长期没有大规模战争，政府的财政收入，无一丝一粒入于中原，所以府库充实。蜀地呈现出富饶景象。

湖南则出现了一个由武安军节度使马殷建立的楚国。十世纪初，马殷攻占潭、澧、衡、道等二十几州之地，他接受后梁的封号为楚王，势力范围涵盖今天的湖南和广西北部，对北方的朝廷称臣，使周围邻国不敢相犯。马殷比较有经济头脑。他在从湖南到河南的交通要道上的郢、复、襄、唐等州，都设置"邸务"，卖茶取利。他也不征收商税，借以招徕四方商贾。此外，楚国只铸造铅铁钱行用，这种钱在楚国以外用不了，因此，外地商贩离开楚国前，必须要购买楚国的物产，把铅铁钱花出去。这也促进了楚国贸易的发展。马殷死后，诸子纷争不已，951年南唐乘机出兵把楚国消灭。但是不久，楚国旧将周行逢等人将南唐军队赶走，周行逢控制潭、朗、衡、永数州之地，并把治所迁往武陵，依旧维持独立。

在福建，河南固始人王潮和王审知兄弟入闽，乘着黄巢把唐朝在东南诸道统治力量打垮的机会，占领了泉、汀等五州之地。唐昭宗任命王潮为威武军节度使。王潮死后，王审知自称福建留后。909年，后梁封王审知为闽王。王审知"起自陇亩，以至富贵，每以节俭自处。选任良吏，省刑惜费，轻徭薄敛，与民休息。三十年间，一境晏然"[1]。福建地区的经济和文化,在其统治时期都有所发展。王审知去世后，诸子弟内讧，945年，南唐出兵将其灭亡。然而吴越趁机介入，闽将李仁达以福州附吴越，泉州、漳州又为清源军节度使留从效所据，南唐最后只获得建州与汀州。此时，南唐开始从拓展的顶峰滑落，到了957年，北方的后周击败了南唐，割走了江北十四州。南唐几经波折，政权落入有文学才能但无雄才大略的后主李煜手中，再也无力对外开拓，只能保境安民而已。留从效驱逐了南唐屯守泉州的军队，占有泉州和漳州，继续在那里割据称雄，一直到北宋建国。

今天湖北省的西部形成了南平政权。建立者高季兴为后梁太祖朱温的将领，907年被封为荆南节度使，治所为江陵，兼辖归、硖二州。后唐建立后，封高季兴为南平王，俨然一个小小的独立王国。此地物产不丰，地狭兵弱，高季兴和他的继承人便对四周称帝的各国都

---

① 《旧五代史》卷134，《僭伪列传一·王审知传》，第1792页。

称臣，希求赏赐。但是此地为交通要道，而且是荆州最大的茶市。南平统治者对诸国过境的货物往往抢掠，被称为"无赖子"。

广东地区，则由一个参与镇压黄巢农民军的清海军节度使刘隐控制，形成一个以广州为中心的割据政权。907年，后梁封刘隐为大彭郡王，后又先后封为南平王、南海王。刘隐重用当地士人，为将来建国打下了基础。刘隐去世后，由其弟刘䶮继位。917年，刘䶮统一岭南，即位称帝，国号大越，都番禺，号兴王府。次年，自认是汉朝刘氏后裔的刘䶮改国号为汉，史称南汉。937年，南汉的交州发生兵变，属将吴权最后击败南汉的军队，占据交州，即越南吴朝。南汉是一个商业发达的国家，"每见北人，盛夸岭海之强"①。刘䶮和他的继承人都很残暴荒淫，赋敛繁重，政刑苛酷，从十世纪三十年代初期就不断有人举兵反抗。到了后主刘鋹时，他将政事都委托给宦官龚澄枢及女侍中卢琼仙等人，台省官员形同虚设。后来刘鋹又将政事交予女巫樊胡子，连龚澄枢及卢琼仙都依附她，政事更加紊乱。在刘鋹看来，百官们有家有室，有妻儿老小，肯定不能对皇上尽忠。所以规定科举被录取者，若要做官必须阉割，以至于宦官一度有两万人之多。

① （宋）陶毂撰，郑村声、俞钢整理：《清异录》卷上"小南强"条，郑州：大象出版社，2019年，第55页。

四、五代后期的政治、社会形势

在北方，后晋建立过程中得到契丹的支持，所以跟契丹存在特殊关系。但是由于后晋财政匮乏，加上藩镇多不愿意顺从契丹，石敬瑭采取安抚藩镇、谨事契丹的方式，勉强使形势得以维持。但是原燕云十六州官员如吴峦、郭崇威耻臣于契丹，不愿投降；937 年，天雄军节度使范延光反于魏州，前去讨伐的张从宾反而调转枪口，跟范延光一起率军向开封进攻，到最后关头被大将杜重威等人击败。不仅天雄军，其他藩镇对石敬瑭向契丹称臣也很不满。另外也有一些藩镇企图仿效石敬瑭勾结契丹夺取皇位。比如魏博节度使杨光远就自恃手握重兵干预朝政。成德节度使安重荣指责石敬瑭对契丹称儿皇帝，甚至派兵抢掠契丹派往开封的使者。941 年，兵强马壮的安重荣向邺都进发，石敬瑭派遣天平军节度使杜重威率军抵御。双方在河北宗城展开决战，安重荣最后溃败被杀。次年，石敬瑭派人将安重荣的首级献给契丹。与安重荣一样，河东节度使刘知远也拥兵自立，不听从后晋的命令。吐谷浑部与契丹是敌人，他却收留吐谷浑的残部。契丹国派使者向石敬瑭问罪，石敬瑭也无可奈何，最后忧愤而死。他死之后，大臣冯道等拥立其养子石重贵继位于邺都，即后晋出帝。

晋出帝一改石敬瑭对契丹称儿皇帝的政策，希望能够得到后晋将领和百姓的支持。执政大臣景延广也对契丹持敌视态度，屡屡挑衅。这激起了契丹可汗耶律德光的愤怒，他于 944 年率军南下，攻掠贝州而还。第二年，后晋派杜重威率军北伐，与契丹在白沟展开战斗，后晋军队取得胜利，将契丹军击溃。到了 946 年，出帝再次派遣杜重威率军北伐，与耶律德光在滹沱河会战。这一次杜重威怀有二心，希望能够仿效石敬瑭夺取帝位，于是投降耶律德光。契丹军得以直扑开封，迫使后晋出帝开城投降，后晋灭亡。耶律德光以中原皇帝的仪仗进入东京汴梁，在崇元殿接受百官朝贺。次年正月，耶律德光在东京皇宫下诏将国号"大契丹国"改为"大辽"，正式建立辽朝，企图建立一个以中原为中心的政权。但是契丹军队的野蛮抢掠遭到了中原百姓的反抗。拥兵太原的刘知远也称帝，建立后汉。辽太宗耶律德光最后只好率军北返，放弃控制中原的计划。在撤退的途中，耶律德光病死在河北栾城县的杀胡林。

辽军北返后，刘知远派军击败杜重威，并杀死称帝于开封的后唐宗室李从益。948 年，刘知远去世，其子刘承祐继位，是为后汉隐帝。河中、长安、凤翔三镇连横抗命。后汉派遣郭威出兵讨伐，经过一年多的时间才相继平定下去。此后不久，后汉统治集团内部发生矛盾，隐帝因将相事权过高，"厌为大臣所制"，而把"总机政"的杨邠、"典宿卫"的史弘肇、掌财赋的王章一起杀掉，并且将郭威、柴荣等人的家属屠杀殆尽，还派人往邺都去谋害郭威，以致激起郭威叛变。郭威

图 49　唐代彩绘陶俑。宁夏博物馆藏。这尊陶俑看起来像是一位黑人女性，开脸的细节特征与常见的唐代宫女俑有所不同。

起兵南下，攻入开封。同年十一月，郭威诛隐帝，建立后周，建都汴梁，改元广顺。他广招人才，励精图治，得魏仁浦、李穀、王溥、范质等辅臣。广顺三年（953），封义子柴荣为晋王。广顺四年（954），周太祖去世，因亲生儿子全都被刘承祐杀害，妻侄柴荣继位。不过后汉高祖刘知远之弟刘崇拥兵太原，得知郭威称帝，也自立为帝，建立北汉。直到北宋建立才将其攻灭。

柴荣的即位，开启了中国重新统一的序幕。柴荣即周世宗，可以说是五代十国所有君主中最有成就的一位。在他即位之初，就遭遇辽朝和北汉的联合进攻。周世宗在高平之战中击败辽汉联军，稳定了形势。柴荣在政治军事上采取了一系列措施，加强中央权威。他改革了军事制度，精简中央禁军，补充强健之士，选武艺超绝者为殿前诸班，使得"征伐四方，所向皆捷"，自中唐以来的冗兵积弊，一扫而光。在内政方面，柴荣招抚流亡，稳定经济。953 年，后周朝廷下令把此前由政府出租给农民的官田，全部拨归耕种的农民所有，作为他们的永业田。农民们原来所住的庐舍和所使用的牛畜农具，也全归农民所有。又废除从后梁时沿袭下来的"租牛之课"，减轻农民的负担。得到土地的农民，都在各自的田地上修造房舍，种植树木，尽可能使地力得以发挥，因而使生产得到较快的发展。柴荣还积极延聘文人，打压武人政治，使后周政治清明。军事与经济实力的提升都为日后统一中国建立了重要的基础。

五代时期，诸国大凡对佛教采取保护措施。后唐庄宗最为佞佛，诸臣也多信仰佛教。晋高祖下敕：国忌行香饭僧，永为定式。后周太祖以龙潜旧宅为天胜禅寺。北方契丹从十世纪初开始建立佛寺，其后诸帝基本都信奉佛法。辽圣宗太平四年（1024），诸路奏饭僧尼 36 万。辽兴宗、道宗皆致力刻经。而在南方，吴越钱氏历代奉佛，西湖上的佛寺多与之有关，宋初的名僧多为其所庇护。南唐更因为佞佛为人所诟病。周世宗则迥然不同，于显德二年（955）开始，对全国的佛像进行了大规模的清理，史称"世宗毁佛"。从现有的史料记载来看，周世宗此次灭佛，并没有大量屠杀僧尼、焚毁佛经，而是带有一种整顿佛教的性质，还保留了很多寺院与僧尼。显德二年（955）五月，"敕天下寺院非敕额者悉废之"[①]，也就是说，只有国家认证的寺院才可存在，私办的被废了。想要出家的男女，必须得到家中的同意，然后经过严格的读经考试，才能去国家指定的戒坛剃度。同时，"弃背父母、逃亡奴婢、奸人细作、恶逆徒党、山林亡命、未获贼徒、负罪潜窜人等"都不能做和尚[②]。如果寺院一不小心剃错了头发，也会受到严厉的惩罚。由于整个中国佛教的发展，已经走向了勉强维持的阶段，经过这一个打击之后，就更显得萧条衰落了。但佛教在辽和西夏得到了政权的支持，继续繁荣发展。

周世宗有统一天下的意图，他以"十年开拓天下，十年养百姓，十年致太平"为目标，积极对外开拓。显德二年（955）诏令群臣献《为君难为臣不易论》《平边策》，确定王朴提出的"先南后北"的统一方略；命兵部撰集兵法，名《制旨兵法》。他击败后蜀的孟昶，取得秦、凤、成、阶四州，孟昶大惧，致书请和；又先后三次征南唐，创建水军，恢复淮南十四州。显德六年（959）三月，试图一举收复燕云十六州，一连攻陷瀛州、莫州二州，莫州刺史刘楚信、瀛州刺史高彦晖投降，再向北挺进，又连陷益津关、瓦桥关、高阳关三关。五月在议取幽州时，柴荣病倒，只好撤退。显德六年（959）六月，柴荣去世，年仅三十九岁。柴荣去世后，政权落入赵匡胤之手，国家统一的责任也落到了别人的肩上。但是柴荣已经为统一奠定了坚实的基础。史书称："世宗顷在仄微，尤务韬晦……不日破高平之阵，逾年复秦、凤之封，江北、燕南，取之如拾芥，神武雄略，乃一代之英主

---

① 《资治通鉴》卷 292《后周纪三》，第 9527 页。

② 《旧五代史》卷 115《周书六·世宗纪二》，第 1530 页。

也……而降年不永，美志不就，悲夫！"①

五代十国大体延续了唐朝后期的政治体制，主要设有主管行政的三省六部、主管财政的三司与主管军事的枢密院，这个制度后由宋朝继承。经济上，南方在人口、经济、文化上逐渐超越北方，这一局面此后再也没有逆转。关中经济崩溃，政治上也不再重要。此后政治中心转移到隋唐大运河的枢纽开封。文化上，词作为一种文学形式获得了发展，禅宗也进入繁荣期。

---

① 《旧五代史》卷 119《周书十·世宗纪六》，第 1587 页。

多说一点

新旧《五代史》对朱温评价有什么不同?

薛居正的《旧五代史》与欧阳修的《新五代史》在有些人物的描写和评价上区别明显。薛居正保留了大量原始材料比如诏令。欧阳修的文笔则要好得多。欧阳修《新五代史》有很多情怀和寄托,希望激浊扬清。在欧阳修笔下,朱温是罪恶的,"天下恶梁久矣"。甚至指控他破坏人伦,残酷暴虐。但《旧五代史》则记载了不少朱温珍惜民力,鼓励农桑之事——这些内容都被欧阳修删去。

唐朝皇帝年号表（肃宗至哀帝）

唐肃宗 李亨	756—762 （6年）	至德（756—758） *天宝十五载七月改元	
		乾元（758—760） *至德三载二月改元	乾元元年起复"载"为"年"。
		上元（760—761） *乾元三年闰四月改元	自上元二年九月始，不用年号，只称元年，使用以干支纪月的"干支月"，以建子月（即十一月）为岁首。
唐代宗 李豫	762—779 （17年）	宝应（762—763） *元年建巳月甲子（即四月十五日）改元	宝应元年复以正月为岁首，四月二十日，唐代宗继位。当年楚州报告，有老尼上天，上帝赐宝玉十三枚，改元宝应。
		广德（763—764） *宝应二年七月改元	
		永泰（765—766）	
		大历（766—779） *永泰二年十一月改元	改元大历当日（766年12月18日）为冬至。大历十四年五月癸亥德宗即位，继续沿用此年号至是年年底。
唐德宗 李适 (kuò)	780—805 （26年）	建中（780—783）	
		兴元（784）	
		贞元（785—805） *贞元二十一年正月，德宗驾崩，三天后顺宗即位	梁章钜《浪迹三谈》卷二《元庆》："唐德宗初拟改年'元庆'，后用李泌之言，改贞元，合贞观、开元之名，以取法二祖，见《玉海》。"
唐顺宗 李诵 （禅位）	805	永贞（805） *贞元二十一年八月庚子（805年8月31日），顺宗被迫禅位李纯；八月辛丑（805年9月1日），改元永贞；永贞二年正月丁卯（806年1月25日），改元元和	顺宗朝仅历时七个月，永贞二年的第一天为正月丙寅（806年1月24日），因此永贞二年仅有一天。
唐宪宗 李纯	806—820 （15年）	元和（806—820） *元和十五年正月庚子（820年2月14日），宪宗暴毙；正月丙午（820年2月20日），穆宗即位	

唐穆宗 李恒	821—824 （4年）	永新—元和 *元和十五年二月改元永新，后 又取消，仍沿用元和作为年号	据黄永年《唐元和后期党争与宪宗之死》："以事属政局特殊变动，在当年二月五日丁丑即提前改元永新，但稍后感到如此做法易引起人们对帝位交替产生疑问，于巩固统治转形不利，乃又取消此永新年号而按正常办法在第二年正月三日辛丑改元长庆，同时将元和十五年二月五日丁丑赦文中改元永新之文字删除，其他文字中有永新年号者也一律窜易或毁去。"
		长庆（821—824） *元和十六年正月辛丑（2月8日）改元	元和十六年正月己亥朔（2月6日），太阳周围出现光圈，被视为祥瑞之兆。长庆四年正月穆宗去世，次日敬宗继位，仍用长庆作为年号至是年年底。
唐敬宗 李湛	824—826 （2年）	宝历（825—827） *长庆五年正月改元	宝历二年十二月八日，敬宗被弑；十二日，文宗即位。
唐文宗 李昂	826—840 （14年）	太和（827—835） *宝历三年二月改元	
		开成（836—841） *太和十年正月初一改元	开成五年正月四日，文宗驾崩；十四日，武宗即位。
唐武宗 李炎	840—846 （6年）	会昌（841—846） *开成六年正月初九改元	
唐宣宗 李忱（chén）	846—859 （13年）	大中（847—859）	大中十三年八月十三日，懿宗即位。
唐懿宗 李漼（cuǐ）	859—873 （14年）	咸通（860—874）	《旧唐书·懿宗本纪》："宣宗制《泰边陲乐曲词》有'海岳晏咸通'之句。又大中末，京城小儿叠布渍水，纽之向日，谓之拔晕。帝果以郓王即大位，以咸通为年号。"
唐僖宗 李儇（xuān）	873—888 （15年）	乾符（874—879） *咸通十五年十一月改元	乾符为帝王受命于天的凭证，为祥瑞之兆。班固《东都赋》云："于是圣皇乃握乾符，阐坤珍，披皇图，稽帝文，赫尔发愤，应若兴云。"
		广明（880—881） *乾符七年正月初一改元	《黄帝内经·素问》："圣人南面而立，前曰广明。"清人周亮工《字触》云："唐僖宗改广明元年，相字者曰：'人自崖下出，姓黄氏；左足踏日，右足踏月，自此天下被扰。'是年，黄巢入长安，乱天下。《随笔》云：'广明'为唐去丑口，而着黄家日月，以兆巢祸之乱。"

唐僖宗 李儇 xuān	873—888 （15年）	中和（881—885） *广明二年七月改元	贞元五年，德宗创立中和节，取"天地中和同心，共生万物"之意，代替正月的晦日节，与上巳节、重阳节组成新的"三令节"。
		光启（885—888） *中和五年三月改元	中和五年三月，因避黄巢之难前往成都的唐僖宗返回长安，改元光启。
		文德（888） *光启四年二月改元	
唐昭宗 李晔	888—904 （16年）	龙纪（889） *文德二年正月初一改元	
		大顺（890—891） *龙纪二年正月初一改元	
		景福（892—893） *大顺三年正月改元	
		乾宁（894—898） *景福三年正月改元	乾宁元年正月，有彗星划过鹑首。鹑首是朱鸟七宿中的井宿和鬼宿，古人认为其为秦的分野。
		光化（898—901） *乾宁五年八月改元	乾宁五年八月，因避李茂贞之难前往华州的唐昭宗返回长安，改元光化。
		天复（901—904） *光化四年四月改元	
唐哀帝 李柷 zhù	904—907 （3年）	天祐（904—907） *天复四年闰四月改元	天祐四年三月唐哀帝禅位于朱温；四月朱温称帝，改年号为开平元年，建立后梁。

安史之乱时间简表

	天宝十四载（755）
十一月	安禄山叛于范阳，率所部及同罗、奚等部兵十五万人南下，河北郡县望风瓦解。 以封常清为范阳、平卢节度使，镇守洛阳。 以郭子仪为朔方节度使。
十二月	高仙芝领兵五万人屯于陕郡。 安禄山渡黄河，攻陷洛阳。封常清兵败，与高仙芝退守潼关。 河北诸郡推颜真卿为盟主，聚兵自守。 玄宗杀封常清、高仙芝，命哥舒翰将兵守潼关。
	至德元载（756）
正月	安禄山称帝于洛阳，国号燕。 李光弼为河东节度使。
二月	李光弼率军入河北，克常山郡。
三月	郭子仪率军入河北，与李光弼合军，克赵郡。
五月	郭子仪、李光弼大败史思明军于嘉山，河北十余郡县复归唐。安禄山军与范阳路绝。
六月	玄宗迫哥舒翰率兵出潼关，大败于安禄山军。潼关失守。 玄宗逃离长安。至马嵬驿，兵变，杨国忠被杀，杨贵妃自尽。 安禄山军入长安。 郭子仪、李光弼率军归河东。
七月	太子至灵武，即帝位，改元至德。 张巡固守雍丘，数败安禄山军。 郭子仪军至灵武，李光弼镇守河东。
十月	史思明攻陷河间、景城、平原、信都等郡，河北诸郡再次沦陷。
十二月	永王李璘引兵东下，攻吴郡、广陵，江淮大震。
	至德二载（757）
正月	安禄山为其子安庆绪所杀。 张巡引兵入睢阳，与许远共同守城。
二月	郭子仪克河东郡，南下攻潼关，败于安庆绪军。 永王之乱平。

九月	唐军与安庆绪军大战于长安城西香积寺北，大捷，收复长安。
十月	睢阳城陷。 唐军收复洛阳，安庆绪逃至相州邺城。
十一月	唐军收复河南、河东诸郡县。
十二月	史思明降唐，河北郡县复为唐有。
乾元元年（758）	
六月	唐廷使乌承恩入范阳宣慰，承恩欲离间史思明部下。事发，史思明复有反意。
九月	郭子仪、李光弼等九节度使讨伐安庆绪，围邺城。
十月	史思明遣军援救安庆绪，攻陷魏州。
乾元二年（759）	
正月	史思明自称大圣燕王。
三月	九节度使之军与史思明军战，惊溃。 史思明杀安庆绪，吞并其土地、军队。
四月	史思明自称大燕皇帝。
七月	肃宗召郭子仪还京师，以李光弼代为朔方节度使。
九月	史思明军南渡黄河，攻陷汴州、郑州。唐军放弃洛阳，退守河阳。
十月	李光弼军大败史思明于河阳。
上元元年（760）	
二月	李光弼攻怀州。
十一月	李光弼克怀州。 史思明遣其将招抚淮西、陈州、兖州等地。
上元二年（761）	
二月	李光弼军攻洛阳，大败。河阳、怀州皆沦陷。
三月	史思明为其子史朝义所杀。
宝应元年（762）	
十月	仆固怀恩、李光弼等攻洛阳，连克洛阳、河阳、郑州、汴州、濮州。中原平定。
十一月	史朝义逃至河北。相、卫、洺、邢、赵、恒、深、定、易等州降唐。河北大部平定。 史朝义逃至莫州，为唐军包围。
广德元年（763）	
正月	史朝义逃至范阳，范阳守将降唐，不纳，史朝义自缢身亡。安史之乱结束。

参考文献

一、古籍

01 《安禄山事迹》，（唐）姚汝能撰，曾贻芬点校，北京：中华书局，2006年。

02 《白居易诗集校注》，（唐）白居易著，谢思炜校注，北京：中华书局，2006年。

03 《册府元龟》，（北宋）王钦若等编，周勋初等校订，南京：凤凰出版社，2006年。

04 《长安志》，（宋）宋敏求撰，毕沅校正，台北：成文出版社有限公司，1970年，
　　影印民国二十年铅印本。

05 《大唐西域求法高僧传校注》，（唐）义净撰，王邦维校注，北京：中华书局，1988年。

06 《杜牧集系年校注》，（唐）杜牧撰，吴在庆校注，北京：中华书局，2008年。

07 《杜诗详注》，（唐）杜甫撰，（清）仇兆鳌注，北京：中华书局，2015年。

08 《佛祖统纪》，（宋）志磐撰，《大正藏》第46册。

09 《扶桑略记》，[日] 皇圆，《国史大系》第6卷，东京：经济杂志社，1897年。

10 《韩愈文集汇校笺注》，刘真伦、岳珍校注，北京：中华书局，2010年。

11 《羯鼓录（外二种）》，（唐）南卓撰，上海：上海古籍出版社，1988年。

12 《旧唐书》，（五代）刘昫等撰，北京：中华书局，1975年。

13 《历代名画记》，（唐）张彦远撰，杭州：浙江人民美术出版社，2019年。

14 《廿二史札记校证》，（清）赵翼撰，王树民校证，北京：中华书局，2013年。

15 《全唐诗》，（清）彭定求等编，北京：中华书局，1960年。

16 《全唐文》，（清）董诰等编，北京：中华书局，1983年影印本。

17 《入唐求法巡礼行记校注》，[日] 圆仁著，白化文等校注，北京：中华书局，2019年。

18 《宋本册府元龟》，（宋）王钦若等编，北京：中华书局，1988年影印本。

19 《宋高僧传》，（宋）赞宁撰，《大正藏》第50册。

20 《水经注校证》，（北魏）郦道元著，陈桥驿校证，北京：中华书局，2007年。

21 《苏辙集》，（宋）苏辙著，陈宏天、高秀芳点校，北京：中华书局，1990年。

22 《太平广记》，（宋）李昉撰，北京：中华书局，1961年。

23 《太平御览》，（宋）李昉等编，北京：中华书局影印本，1966年。

24 《唐大诏令集》，（宋）宋敏求编，北京：商务印书馆，1959年。

25 《唐国史补校注》，（唐）李肇撰，聂清风校注，北京：中华书局，2021年。

26 《通典》，（唐）杜佑撰，北京：中华书局，1988年。

27 《新唐书》，（宋）欧阳修、宋祁撰，北京：中华书局，1975年。

28 《夷坚志》，（宋）洪迈撰，何卓点校，北京：中华书局，2006年。

29 《因话录》，（唐）赵璘撰，《丛书集成初编》本第2831册，上海：商务印书馆，1939年。

30 《酉阳杂俎》，（唐）段成式撰，方南生点校，北京：中华书局，1981年。

31 《云溪友议校笺》，（唐）范摅撰，唐雯校笺，北京：中华书局，2017年。

32 《增订唐两京城坊考》（修订版），（清）徐松撰，李健超增订，西安：三秦出版社，
   2006年。

33 《资治通鉴》，（宋）司马光撰，（元）胡三省注，北京：中华书局，1992年。

二、近人论著

01 陈寅恪《元白诗笺证稿》，北京：商务印书馆，2017年。

02 陈寅恪《唐代政治史述论稿》，上海：上海古籍出版社，1982年。

03 陈寅恪《隋唐制度渊源略论稿（外一种）》，石家庄：河北教育出版社，2002年。

04 崔瑞德主编，中国社会科学院历史研究所译《剑桥中国隋唐史：589—906年》，
   北京：中国社会科学出版社，1990年。

05 仇鹿鸣《五星会聚与安史起兵的政治宣传——新发现燕〈严复墓志〉考释》，载
   《复旦学报》2011年第2期，第114—123页。

06 仇鹿鸣《长安与河北之间：中晚唐的政治与文化》，北京：北京师范大学出版社，
   2018年。

07 李碧妍《危机与重构：唐帝国及其地方诸侯》，北京：北京师范大学出版社，2015年。

08 陆扬《清流文化与唐帝国》，北京：北京大学出版社，2015年。

09 倪润安、张占民：《唐梁恂夫妇墓志释读》，载西安碑林博物馆编：《碑林集刊》第
   21辑，西安：三秦出版社，2015年，第14—19页。

10 饶宗颐：《中国史学上之正统论》，上海：上海远东出版社，1996年。

11 荣新江《中古中国与粟特文明》，北京：生活·读书·新知三联书店，2014年。

12 荣新江《归义军史研究》，上海：上海古籍出版社，2015年。

13 孙英刚《无年号与改正朔：安史之乱中肃宗重塑正统的努力——兼论历法与中古
   政治之关系》，《人文杂志》2013年第2期，第65—76页。

14 谭凯《中古中国门阀大族的消亡》，北京：社会科学文献出版社，2017年。

15 张国刚《唐代藩镇研究》，长沙：湖南教育出版社，1987年。

16 张世民《杨良瑶：中国最早航海下西洋的外交使节》，载《咸阳师范学院学报》
   2005年第3期，第4—8页。